中国书刊发行业协会
全行业优秀畅销品种

新世纪财经系列教科书

李海波工作室

财务管理

CAIWU GUANLI

（第十版）

李海波 蒋 瑛／主编

立信会计出版社
LIXIN ACCOUNTING PUBLISHING HOUSE

图书在版编目(CIP)数据

财务管理 / 李海波，蒋瑛主编. —10 版. —上海：立信会计出版社，2021.5(2025.2 重印)
(新世纪财经系列教科书)
ISBN 978-7-5429-6829-6

Ⅰ. ①财… Ⅱ. ①李… ②蒋… Ⅲ. ①财务管理—教材 Ⅳ. ①F275

中国版本图书馆 CIP 数据核字(2021)第 083018 号

责任编辑　孙　勇

财务管理(第十版)

Caiwu Guanli

出版发行	立信会计出版社		
地　　址	上海市中山西路 2230 号	邮政编码	200235
电　　话	(021)64411389	传　　真	(021)64411325
网　　址	www.lixinaph.com	电子邮箱	lixinaph2019@126.com
网上书店	http://lixin.jd.com		http://lxkjcbs.tmall.com
经　　销	各地新华书店		

印　　刷	浙江天地海印刷有限公司		
开　　本	710 毫米×960 毫米	1/16	
印　　张	22.25	插　　页	3
字　　数	412 千字		
版　　次	2021 年 5 月第 10 版		
印　　次	2025 年 2 月第 2 次		
书　　号	ISBN 978-7-5429-6829-6/F		
定　　价	46.00 元		

如有印订差错，请与本社联系调换

李海波 毕业于中央财经大学，教授，研究员，中国注册会计师，享受国务院政府特殊津贴的专家。

长期从事会计、财金等教学、理论研究和高校管理工作。先后兼任中国会计学会理事，中国审计学会理事，中国生产力学会常务理事，上海生产力学会常务副会长等职。多年来，主编出版了《公司会计》《企业会计》《股份制会计》《新编审计学》《财务管理》《新编会计学原理》《经济法》《财政与金融》《金融会计》《管理会计》《中国税制》《珠算》《生产力词典》等著作、词典、教科书四十多部，发表论文数十篇，教学、科研成果突出；多次荣获国家教育部、中国书刊发行业协会等颁发的“全国优秀畅销书”奖、“全国生产力理论实践成果著作一等奖”“建国50周年精品图书”奖、全国“优秀教材特等奖”“全国优秀畅销书”排行榜金杯奖和“优秀畅销书一等奖”；多次被授予“上海市财贸系统有突出贡献的优秀专家”称号，荣获“宝钢奖”。曾受聘担任国家教育部全国专科教育人才培养工作委员会副主任，并被收入《中国大学校长名典》和《中国教育名人录》。

前　言

为适应会计与国际惯例接轨及会计改革之后各类院校教学、上岗培训、自学进修、业务学习和专业技术资格考试的需要，受全国经济书店、全国立信会计事业协作会和立信会计出版社委托，我们组织有关专家、学者和财会教育工作者编写了《财务管理》一书。

本书根据财政部发布的最新《企业会计准则——基本准则》《企业会计准则——应用指南》以及一系列具体会计准则的规定，吸收了近年来财会研究的新成果，全面、系统、科学地阐述了企业财务管理的理论、方法和内容。在编写过程中，本书紧密结合会计实务和学校教育、培训人才，以及适应当前企业改革的需要，着重阐述企业资金筹集、投资、营运、分配及业绩分析考核等方面的管理理论，结合实例，十分注意正确性、及时性和实用性，力求做到内容新颖、科学规范、富有特色。

本书自出版以来，在全国各省、自治区、直辖市发行，连续再版并数十次印刷，多次荣获优秀图书奖，数次被中国书刊发行业协会评为全行业优秀畅销品种。为使本书内容更趋完善，作者对全书作了充实和修改，并将原《财务管理习题集》的内容并入教材，敬献给广大读者。

本书可作为各类院校、职业技术教育的教科书，也可作为广大财会教学工作者、经济理论工作者和财会实务工作者以及各类管理人员自学、培训、进修和提高业务水平的读物。

本书由我国著名会计学专家、中国注册会计师、中国会计学会理事、中国审计学会理事、中国生产力学会常务理事、曾受聘担任全国专科教育人才培养工作委员会副主任、享受国务院政府特殊津贴的李海波教授和会计专家蒋瑛主编。

为了方便教学，本书各章内容后均有练习题，其参考答案则附在书后，同时还提供三套模拟试卷和答案。

本书在编写过程中曾得到中国会计学会、全国经济书店、全国立信会计事业协作会、中国生产力学会、中央财经大学、上海立信会计金融学院、上海商学院、立信会计出版社等单位有关同志的大力支持，在此表示衷心的感谢！

本书疏漏和不足之处，恳请读者批评指正。

《财务管理》编委会

李海波工作室

2021年5月

目　　录

第一章

财务管理概述

内容提示 本章主要概述企业财务管理的基本原理和基础知识。通过学习，学生应了解财务管理的基本概念和目标，明确财务管理的内容和方法，为企业开展财务管理工作、树立适应经济发展的理财观念奠定良好的理论基础。

第一节 财务管理的含义和作用

一、财务管理的含义

企业财务管理是组织财务活动和处理财务关系的一项经济管理工作，是企业管理的一个重要组成部分。随着经济的发展和改革开放的深入，财务管理在企业管理中的地位和作用也越来越重要，有时甚至成为企业生存和发展的关键所在。

（一）财务活动

在商品经济条件下，企业的职能是组织产品的生产和商品的销售，在生产过程中，劳动者将生产产品所消耗的生产资料价值转移到产品中去创造出新的价值，通过商品的出售，实现转移价值和新创造的价值，表现为使用价值的生产和交换过程与价值形成和实现的统一，而企业在生产经营过程中的商品价值的货币表现就是资金。

在企业生产经营过程中，商品不断运动，商品价值形态也不断变化，由一种形态转化为另一种形态，周而复始地不断循环。从使用价值形态看，这种运动表现为商品运动；从价值形态看，则表现为资金运动。随着生产经营活动的不断进行，企业的资金始终处于不断循环周转之中，周而复始形成资金运动。因此，企业的资金运动是企业经济活动的一个方面，具有其独特的运动规律，这就是财务活动。

企业的财务活动是企业各项财务收支的资金运动的总结,是组织生产和经营的必要条件。在生产经营中,企业必须用各种方式,通过不同的渠道,以最低的代价,筹集一定数量的资金,用于各项必要的投资和生产经营的各个方面,谋求最大限度的资金运用效果,并对实现的利润进行合理的分配,以保证资金积累和股东的合法收益。所以,资金筹集、资金使用和资金分配等一系列活动都是企业财务活动的主要内容。

资金筹集活动是资金运动的开始。企业组织商品生产必须具有一定数额可供支配的资金,一般来说,企业可以通过投资者投资和向银行或其他金融机构借入来筹集资金,而因筹集资金所发生的资金流入和流出,则是筹集资金所形成的财务活动之一。

资金使用活动包括企业内部使用资金和投放资金两个方面。在企业内部资金的营运过程中,资金使用活动表现为购买材料、商品,支付工资和其他费用及销售商品收回资金的资金收支活动;在投放资金过程中,表现为购置资产、对外投资的资金支出和收回以及企业对内投资所形成的资产变卖和收回。不论是营运资金或投入资金,都是企业使用资金而引起的财务活动。

资金分配活动是企业通过资金的营运和投放,对取得的各种收入在扣除各种成本费用、税金后的收益进行分配的活动。资金分配活动可以通过投资人收益或企业留存方式进行。企业在生产经营过程中所形成的经营成果和收益在分配中所发生的资金收入、支出和退出,同样也是财务活动。

(二)财务关系

财务关系是指企业在组织财务活动中与有关各方面所发生的经济利益关系。企业的各项财务活动必然要与国家、企业所有者、债权债务人和职工等发生财务关系。企业必须严格执行国家的法制和法规,认真处理好各种关系,做到既要符合国家和企业利益,又要保护股东和利害关系人的利益。这些关系包括如下内容。

1. 企业同政府之间的关系

企业同政府之间的关系是强制无偿的分配关系,体现在政府行使行政管理职能,担负维持社会正常秩序,保证国家安全,组织和管理社会活动等任务,无偿参与企业利润的分配关系。企业应按照税法规定向中央和地方政府缴纳所得税、消费税及其他税款,并上缴规定的有关费用。

2. 企业同投资者之间的财务关系

企业同投资者之间的财务关系,是企业的投资者(包括国家)向企业投入的资本以及企业向其所有者支付的投资报酬，形成的企业同其投资者之间的财务关系。企业投资者包括国家、法人和个人，企业同投资者必须按照合同、章程、协议的规定，履行出资义务和享受企业实现利润后所取得投资报酬的权利。

3. 企业同其债务人、债权人和其他关系人之间的财务关系

现代企业投资关系复杂，往来结算频繁，与金融机构、其他企业和个人之间有着信用、结算方面债权、债务关系。企业与债权人之间发生的财务关系主要是借入资金、发行债券和商业信用等方面的借贷和结算关系，企业必须合理调度资金，恪守信用，及时付息，如期履行付款义务；企业与债务人之间发生的财务关系，主要是购入债券，提供借贷和商业信用等方面的借贷和结算关系。企业必须要求债务人依法按时偿还债务，务使双方按照合约办事，促进社会主义市场经济的健康发展。

4. 企业与内部各单位之间的财务关系

在企业内部实行经济核算制的条件下，企业内部各部门之间，在相互提供产品、材料或劳务时，也有内部计价结算，拨付、交还的财务关系，以明确各自的经济责任。它体现了企业内部的责权关系。

5. 企业与职工之间的财务关系

企业与职工之间的财务关系，是企业向职工支付劳动报酬之间的关系。企业按照职工提供劳动数量和质量，根据工资分配原则支付职工应得的报酬，包括工资、津贴、奖金等，它体现了按劳分配的关系。

综上所述，财务管理的含义可以概括为：财务管理是组织企业财务活动和处理财务关系的一项经济管理工作，是企业管理的一个重要组成部分。

二、财务管理的特点

财务管理是一项综合性的管理工作，在社会主义市场经济条件下，每个企业都要根据其面临的市场环境独立经营、自负盈亏，其特点主要有三个方面。

（一）价值管理

财务管理主要是运用价值形式对企业的生产经营活动进行全面管理，通过对企业的资金活动及其形成的财务关系进行组织、监督和调节，促进企业全面改善生产经营管理；同时，由于企业的资金活动贯穿于生产经营的全过程，还涉及社会的各个方面，这就决定了财务管理工作必然会在管理企业内部的整个生产经营活动之外，还要关心社会各方面的经济利益，因而企业的财务管理成为一项

范围广泛、关系复杂的综合性管理工作。

（二）信息反馈

在市场经济条件下，市场充满着竞争，企业必须及时获得市场信息，并以此作出相应的决策方案。企业的决策是否正确，经营是否合理，生产是否符合市场需要，都可以在财务指标中及时得到反映。财务管理信息反馈迅速，有利于提出对市场的分析和反应，提高企业参与市场竞争的能力。

（三）控制和调节

对企业生产经营活动进行控制和调节，是财务管理的重要职能。财务管理主要是利用价值形式对企业生产经营活动进行控制和调节的，通过合法性检查和合理性检查达到控制和调节企业生产经营过程的目的。合法性检查是指检查是否遵守国家财经法规；合理性检查是指检查是否讲求资金使用效果。企业通过对各项财务收支和财务指标的检查和对计划定额的编制和分析，可以及时发现和制止不合法和不合理的行为，使企业财务行为规范化，并从中发现问题，改正工作，提高经济效益。

三、财务管理的作用

随着经济改革的深入，我国国内、国际的经济和市场环境不断发生着变化，使企业面临着剧烈的竞争和挑战，每个企业都要独立经营，独立确定财务决策，加强以财务管理为中心的企业管理工作，在市场经济客观要求条件下，为追求企业效益和资本增值的目标而发挥作用。企业财务管理的作用主要表现在五个方面。

（一）指导企业经营，参与市场竞争

财务管理是一个全面性的管理活动，它的作用必然经常贯穿于企业经营战略和经营方针的全过程，因而必然要经常研究企业环境、政府政策和市场营销策略，积极参与市场竞争，财务部门通过制订合理的财务计划，经常作出检查分析，指导企业生产经营，使财务工作由被动转向主动。

（二）研究筹资策略、优化资本结构

筹集资金是企业的基本财务活动，是决定企业经营规模和发展速度的重要环节。随着金融市场的发展，企业的筹资渠道增多，通过一定的筹资渠道，采取合理的筹资方式，有效地组织筹集资金，也是财务管理作用的一项重要内容。企业在筹资渠道多元化、多层次的条件下采取最佳的筹资渠道和筹资方式筹集企业所需资金，研究合理筹资组合和最佳的资本结构，从而优化资源配置，降低综合资金成本，提高资金效益。

（三）组织资金投放，提高投资效益

企业财务管理在客观上易受资金时间价值、投资风险报酬和通货膨胀的影响。财务管理通过分析、评价在资金的投放、使用活动中，按照报酬与风险平衡的原则，作出最佳投资策略，确定有利的投资方向、投资规模和投资结构，降低投资风险，提高投资效益，达到既可行又有利，为提高企业创利能力而发挥应有的作用。

（四）加强营运资金管理，实现资金管理效益

营运资金是企业日常经营活动所需垫支的流动资金，是企业理财工作的重点。加强对营运资金的管理，是加速资金周转、提高资金利用效果的重要方面，财务管理通过合理安排日常营运资金的使用，达到实现最佳的流动资金管理效益，最合理的发展速度和最佳的偿债能力。

（五）合理分配利润，维护各方利益

利润分配是财务管理的主要内容，合理分配利润对国家、企业和投资人有着密切关系。企业利润总额在向国家缴纳所得税后的净利润按比例提取盈余公积金用于扩大企业积累，并将剩余的部分分配给投资人作为投资报酬，如果支付投资报酬过多，会影响企业再投资能力，减少未来收益；反之，则会引起投资人的不满。为此，确定合理的分配规模和方式，达到既维护企业长期利益，又维护国家利益和投资人利益，是企业财务管理应发挥的作用之一。

第二节　财务管理的目标和内容

一、财务管理的目标

财务管理的目标是指企业财务管理的目的行为，即在一定时期内，企业财务管理方向的奋斗目标。明确财务管理的目标，是搞好财务管理工作的前提。

在社会主义市场经济条件下，企业是一个按照市场需求，自主地组织生产经营，实现保值增值的经济组织。财务管理是企业管理的重要组成部分，其目标是由企业的总体目标所决定的。企业的目标是要求通过生产经营活动创造更多的财富，最大限度地满足人民物质和文化生活的需要。所以，当前企业的财

务管理目标是要求在不断改善财务状况的条件下,扩大财务成果,提高经济效益,实现财富最大化。企业财务管理目标具体有三个方面。

（一）生存

在当前市场竞争激烈、优胜劣汰的条件下,企业作为一个经济组织,成立后就面临着是否能生存下去、不被市场所淘汰,继续经营的考验。要达到生存目标的基本条件有:一是要加速资金周转,及时回笼货币,以收抵支,维持继续经营;二是按期还债,避免企业举债过多,无力偿还,导致资不抵债而无法生存。

（二）发展

企业仅靠维持生存是不够的,一个好的企业必须不断发展,扩大生产经营规模,提高竞争能力在发展中求生存。任何事物都必须要发展,要前进,这是事物发展规律。在如今科技迅速发展的时代,不发展就意味着原地踏步,停滞不前,产品老化,模式陈旧,卖不出去,货币无法回笼,导致企业生存没有活力。"不进则退"永远是为人处世的古训。

（三）获利

企业在经营活动中要求以尽可能少的资产占用和耗费来获取更多的经济效益,为国家和企业创造更多的资金积累,实现企业价值最大化。这是经济工作的出发点,也是企业财务管理的最终目标。企业要实现这一目标,必须考虑资金的时间价值和投资的风险价值,克服短期行为以实现企业资产保值增值、获取盈利,这是企业的出发点和归宿。如此,才能实现企业价值最大化,企业才能有生存的价值,才能不断发展。

二、财务管理的内容

资金是企业赖以生存和发展的物质条件,企业财务管理主要是资金管理。其对象是资金及其流转,即资金运动。资金运动是先从货币资金形态开始,经过生产、供应、销售三个阶段,不断改变货币资金形态,最后又回到货币资金形态形成的资金循环、资金周而复始地不断循环即为资金周转。为此,财务管理的主要内容也是资金循环的各个阶段的活动,围绕资金筹集、资金投放和资金分配进行的管理。管理的基本点是在社会主义市场经济条件下,按照资金运动的客观规律,对企业的资金运动及其引起的财务关系进行有效的管理。

（一）资金筹集管理

企业的资金包括权益资金和负债资金。权益资金是企业的自有资金,是企业吸收投资者直接投入的资金和发行股票以及企业留存等方面的资金，自有资金筹集风险小，无需归还，期望报酬率高。负债资金是企业借入资金包括银行借贷、发行债权、商业信用等方面。负债资金要按期归还，有一定筹资风险，期望报酬率比自有资金低。企业筹集资金的基本要求是遵照国家法律和政策的要求，从不同渠道，用不同方式，按照经济核算的原则筹集资金，从数量上满足生产经营的需要。为此，企业在筹资时要考虑降低资金成本，减少财务风险，提高筹资效益，以实现财务管理的目标。

资金筹集是企业财务管理中一项最基本的管理内容，包括筹资渠道、筹资方式、筹资风险、筹资决策和筹资成本等方面。筹资决策是筹资管理的核心，通过有效的筹资决策，解决筹资渠道、筹资方式、筹资风险、筹资决策和筹资成本等问题，要求确定最佳的资本结构，选择最合适的筹资方式，并在风险和成本之间权衡得失。筹资决策的内容包括以下几个方面：

(1) 预测企业资金的需要量，估计筹资额度。

(2) 规划企业的筹资渠道和资本结构，合理筹集和节约使用资金。

(3) 规划企业的筹资方式，使筹集的资金符合实际的需要。

(4) 确定企业的资金成本和资金风险，使企业获得最佳收益，并防止因决策失误而造成的损失。

(5) 保持一定的举债余地和偿债能力，为企业的稳定和发展创造条件。

(二) 资金投放管理

资金投放管理包括投资管理和营运资金管理两个方面。

1. 投资管理

企业投资包括固定资产投资、证券投资和对其他企业的直接投资。投资管理的基本要求是建立严密的投资管理程序，充分论证投资在技术上的可能性和经济上的合理性。在收益和风险同时存在的条件下，力求做好预测和决策，以减少风险，提高收益。

企业筹集的资金投入生产经营中去，用于购买固定资产和无形资产，便形成对内投资；用于购买其他企业的股票、债券或直接投资，便形成对外投资。无论是对内投资或者对外投资，企业在作出投资决策时需要考虑的问题，主要是投资的对象和投资的时期，投资的报酬和投资的风险，力求选择收益大、风险小的投资方案。

投资决策的主要内容应该包括下列几个方面：

(1) 预测企业投资的规模，使之符合于企业需求和偿债能力。

(2) 确定企业的投资结构，分散资金投向，提高资产流动性。

(3) 分析企业的投资环境，正确选择投资机会和投资对象。

(4) 研究企业的投资风险，把风险控制在一定限度内。

(5) 评价投资方案的收益和风险，进行不同的投资组合。

(6) 选择最佳的投资方案，为实现企业整体目标而服务。

2. 营运资金管理

营运资金是指企业对流动资产的运用。净营运资金是指流动资产减去流动负债后的余额。因此，营运资金的管理既包括流动资产的管理，又包括流动负债的管理。

营运资金在企业资金中比重很大，其特点是周转快、容易变现。加速资金周转，提高资金使用效率，是企业资金管理的重点，具体内容将在有关章节中作重点介绍。企业对营运资金的管理必须遵循以下原则：

(1) 既要根据生产经营的需要保证资金的供给，又要挖掘资金潜力，节约使用资金。

(2) 加速流动资金的周转，提高资金的使用效果。

(3) 合理配置资金，妥善安排流动资产和流动负债的比例关系，既要防止流动资产的闲置，又要保证有足够的偿债能力。

(三) 利润分配管理

利润分配管理即股利分配管理，包括企业销售收入管理、利润管理和股利分配管理。利润分配基本的管理要求是认真做好销售预测和销售决策，开拓市场，扩大销售，确保货款回笼；认真做好利润预测和利润计划，确保利润目标的实现，并合理分配盈利，确保各方面的利益。

企业的利润分配影响企业的长远利益和股东的收益。企业应一方面通过降低成本、减少风险，扩大企业内部的积累，保留更多的盈余进行各种新的投资；另一方面也要考虑股东的近期利益，发放一定的股利，以调动股东的积极性。

利润分配决策主要内容应该包括下列几个方面：

(1) 分析企业盈利情况和资金变现能力，协调好企业近期利益和长远发展的关系。

(2) 研究市场环境和股东意见，使利润分配贯彻利益兼顾的原则。

(3) 确定股利政策和股利支付方式，使利润分配有利于增强企业的发展能力。

(4) 筹集股利资金,按期进行利润分配。

财务管理中的筹资决策、投资决策、营运决策和利润分配决策等内容是互为因果,相互联系的。企业有了较好的筹资决策,就会合理配置资金,有较多的投资机会和较低的投资成本,以及有较多的收益提供分配;有较好的投资决策,就会实现较多的利润,提供较多的资金;而有了较好的利润分配决策,就能调动投资各方的积极性,创造更多的筹资途径和投资机会。所以,在进行财务管理时,企业必须把以上几个方面内容联系起来,加以统筹安排。

(四) 成本费用管理

成本费用反映了生产经营过程中的资金耗费。合理降低成本费用,对节约资金使用,扩大利润具有决定性意义。它的管理内容包括成本费用的目标管理、成本费用的计划管理和成本费用的控制。

成本费用管理是财务管理的一个重要部分,但它是一项同财务管理、生产管理和技术管理相并列的综合性管理工作,所以,在财务管理中仅作为一个方面加以阐述,不包括全部成本管理。

产品成本的管理内容主要着重于下列几个方面:

(1) 加强产品成本费用的预测,作为降低成本决策的前提,并为编制成本计划,进行技术经济分析提供数据。

(2) 编制产品成本费用计划,反映单位产品成本结构及其在计划期内应达到的成本水平,并提出降低成本的主要措施。

(3) 按照企业的成本费用计划或目标成本进行控制和考核,纠正实绩与计划、目标的偏离,或作必要的调整,从而对企业生产经营活动进行指导、调节和监督。

(4) 从严抓好质量,把质量指标和成本费用指标落实到每个部门和每个职工,成为每个职工的奋斗目标,努力实现产销与效益的同步增长。

第三节 财务管理的基本观念和环境

一、财务管理的基本观念

在社会主义市场经济条件下,人们必须改变一些旧的传统观念,树立新的观念和采用现代管理方法,才能适应市场经济的发展。这些观念主要是市场观念、经济效益观念、资本保值增值观念和价值观念等,其中价值观念又分为资金时间价值观念和投资风险价值观念等。

(一) 市场观念

企业的一切工作必须以市场为导向,面向市场,参与市场竞争,在竞争中求生存、求发展。在当前经济体制转换过程中,人们不仅要懂得市场经济的基本理论和一般知识,而且还要应用这些基本理论和知识。价值规律、供求规律、市场竞争和建立现代企业制度都是社会主义市场经济的重要理论,人们只有先树立起正确的市场观念,才能正确地接受市场信息,参与市场竞争。

(二) 经济效益观念

经济效益是指企业在经济活动中所取得的有效成果与劳动消耗相比较,力争以尽量少的活劳动和物质的消耗和占用,生产出更多符合社会需要和产生经济效益的产品。提高经济效益是一切工作的出发点,也是经济体制改革的根本要求。我国提出以提高经济效益为中心的目标,已有 20 年历史,取得了一定效果,但总的来说,经济效益差的状况还没有根本扭转,今后仍然要牢固地树立经济效益观念,下大功夫提高经济效益。企业要明确以建立提高经济效益指标作为检查考核的目标;以技术改造作为提高经济效益的主要手段,并把加强管理作为提高经济效益的重要途径。

(三) 资本保值增值观念

企业所有者权益必须得到保障,使投入的资本不受任何侵犯。如不得随意冲减资本,不得随意转移资本,除依法转让外不得以任何方式抽走资本。企业在生产经营过程中,其成本补偿和利润分配必须在保证资本完整性的前提下进行,保证资本权益不受任何形式的侵蚀。国家公布国有资产保值增值考核指标,企业法人代表对企业全部法人财产及其净资产的保值增值状况承担经营责任,对无特殊原因连续 2 年未完成核定考核指标的厂长(经理)要按有关规定承担经济和行政责任。

(四) 价值观念

在市场经济条件下,商品的价值是根据市场需求、价值规律和风险条件进行调节的。企业要做好财务管理,必须用新的观念去考虑时间价值、风险报酬和利息率等理论和方法,以便正确计算不同时期、不同条件下的财务收支和正确评价企业盈亏。

1. 资金时间价值观念

资金时间价值是指一定量的资金在不同时点上具有不同的价值,即资金在运动中由于时间因素所增加的价值。这是财务管理的一个重要观念,企业在筹资、投资、利润分配等方面进行财务计量时,必须树立资金时间价值观念。

在市场经济条件下,即使没有通货膨胀因素,等量的资金在不同的时间,资金的价值是不相同的。例如,将资金存入银行,可以得到利息。又如,用于投资和再投资,经过一定时间取得利润,这部分因增加利息和利润所创造的新价值,使资金增值,就是资金时间价值。

在资金时间价值基础上建立起来的终值和现值的计算,在财务管理上有着重要的作用。随着财务问题的日益繁杂,资金的时间价值在存货管理、养老保险、租赁决策、资产和负债估价以及长期筹资、投资决策等方面的应用日益增加,因此,企业在财务管理中必须牢固树立资金时间价值观念,在资金活动的筹资、投资、使用、收回各个环节上,计算分析不同时期财务收支,才能进行正确的财务决策,提高财务管理水平。

2. 投资风险价值观念

风险是指在一定条件下和时间内某一行动可能发生的各种结果的变动程度。企业的财务活动几乎都是在有风险的条件下进行的。少冒险、多获利，是人们处理风险的基本原则。在风险不可避免的情况下，投资者由于冒险而进行投资时，必须争取获得超过时间价值以外的额外收益，这种额外收益称为投资的风险价值，也称风险报酬。为了做好财务工作，财务工作者必须研究风险、计算风险，并设法控制风险，这是财务管理的基本观念和基本原理。离开了风险，就无法正确评价企业的收益，也无法进行融资和投资的决策。

风险能为企业带来收益,也能为企业带来损失,因此,控制风险便成为财务工作的重点,计算风险也成为经常性的工作。

二、财务管理环境

企业财务活动是在一定的环境中进行的,在很大程度上受到客观条件变化的影响和制约。财务管理环境分为宏观环境和微观环境。宏观环境主要包括政治环境、经济环境、金融环境和法律环境;微观环境主要是指企业管理体制和经营方式,市场营销、科技、生产等环境。企业研究财务管理环境,有利于企业预测客观环境的发展情况、保证及时正确地作出财务决策,提高企业的财务管理水平。

（一）宏观环境

1. 政治环境

政治环境主要是指国家各种方针政策在各种社会活动中所起的决定性影响，企业财务工作相应地也会受其影响。例如，我国实行了社会主义市场经济政策以后，国家的各种经济、法律等因素都要受到市场经济政策的指导。又如，在国际交往中，各国政府政策都会对国际投资、信贷和贸易条件、国际经济环境产生影响。

2. 经济环境

经济环境是指国家的各项经济政策和经济发展水平对财务工作的影响。经济政策包括财政、税收、金融、价格和物资流通等各个方面的政策。企业在制定经营和财务决策时，都必须认真考虑有关经济政策对自身的影响。例如，我国财税政策的改变，会影响企业的资本结构和投资项目，以及产品的价格、流通和企业的收益，这是每一个企业都关心的问题。经济发展水平是指国家整个经济增长和发展的水平。它对企业调度资金、调整生产结构有很大影响。例如，在国家经济发展阶段，经济发展水平必然会对企业的生产和经营起促进作用；在国家经济发展缓慢或不景气阶段，经济发展水平必然要使企业的生产、经营和资金调度产生不平衡状态；持续的通货膨胀会给企业理财带来困难，促使企业资金需求膨胀，资金供应缺乏和货币资金贬值，企业都必须作出相应的调整措施，消除不利影响。

3. 金融环境

金融市场是资金供应者和需求者融通资金的场所，企业可以在市场中从事筹资和投资活动（如资金融通、各种有价证券、外汇和金融衍生品交易等），从而获取理想的投资报酬。组成金融市场的要素主要有市场主体、金融工具、交易价格和组织形式。因此，金融政策的变化（如利率的波动、证券价格的升降等）会给企业财务活动带来很大影响，对企业的财务决策具有重要作用，是财务工作者研究的重要内容。

4. 法律环境

从一定意义上来说，市场经济也就是法制经济，企业的一切经济活动主要以法律为依据，企业的筹资，投资、利润分配等各项财务活动都要与外部发生经济关系，处理这些经济关系一定要受法规的制约，因此已出台的各种法律，对企业的财务活动有重大的影响，包括企业组织法律、税务法律、财务法律等，财务人员必须熟悉这些法规，执行这些法规，合法地完成各项财务管理的职能。

（二）微观环境

1. 企业管理体制和经营方式

企业管理体制由企业所有制性质和国家宏观经济管理体制所决定。在一定管理体制下，不同的企业经营方式，决定了不同的财务管理方法，会产生不同的经营效果。企业必须根据自己的企业性质，研究所处的经营环境，努力争取优良的条件，发扬优势，克服困难。

2. 市场营销、科技、生产等环境

不同的企业各有不同的销售、采购、生产和科技条件，企业必须研究客观环境，改善企业的营销条件，提高生产能力，改革生产技术。特别是科学技术的改革和发展，对企业扩大市场、降低成本有重大影响，它促使企业在财务管理上作重点转变。

企业的微观管理环境虽然只影响到一类企业或者某一个企业，但对企业理财行为有很大的影响。企业经营管理存在着差异，其经营成果也必然有较大的差异，企业财务管理部门必须通过自身的行动，改善企业的微观环境，实现良好的理财效果。

第四节　财务管理的程序和方法

财务管理的程序和方法是指企业进行财务管理活动所采用的程序和手段。在市场经济条件下，财务预测、财务决策、财务计划、财务控制和财务分析已成为企业进行财务管理的主要环节。财务管理的方法一般以财务管理环节为基础进行研究。

一、财务预测

财务预测是指根据企业财务活动的历史资料，结合企业现实情况，对企业未来的财务状况作出的预计和测算。财务预测是财务决策的依据，是编制财务计划的前提，也是提高企业经济效益的手段。

（一）财务预测的基本程序

财务预测一般有下列四个步骤：

(1) 确立财务预测的目标，明确财务预测对象，使预测工作有目的地进行。

(2) 收集和分析与预测目标相关的企业内、外部的资料，并加以分类、整理、汇总和加工处理。

(3) 选择合适的预测方法,建立相应的财务预测模型,有效地进行预测工作。

(4) 选择适当的预测方法,检查和修正预测的结果,分析产生误差及其原因,以保证目标的完成。

(二) 财务预测的主要方法

财务预测的主要方法有定性预测法和定量预测法。

1. 定性预测法

定性预测法也称专家预测法,是指依靠专家个人的经验和直觉的资料,主观地对事物的未来情况作出预测的方法。定性预测法的优点是在资料不足的情况下可以加快预测速度,其缺点是科学依据不足,可靠性较差。

2. 定量预测法

定量预测法是指根据变量之间的数量关系建立数学模型来进行预测的方法。它可分为时间序列预测法和因果预测法两种。

(1) 时间序列预测法也称趋势预测法,是将按时间顺序排列的历史资料,根据事物发展趋势进行预测的一种方法。这种方法可以分为移动平均法、指数平滑法、回归趋势法等。

(2) 因果预测法是根据历史资料找出要预测的因素与其他因素之间的因果关系所建立的以数学模型进行预测的方法。它可分为一元回归分析法、多元回归分析法和投入产出法等。

二、财务决策

财务决策是指企业为了实现财务目标,从几个决策方案中选择最优决策方案的过程,它的正确与否,往往关系到企业的兴衰成败,因而是财务管理的核心。

(一) 财务决策的步骤

(1) 根据财务预测信息收集、探查环境,确立财务决策目标。

(2) 根据收集的信息资料设计制订各种可行的备选方案。

(3) 根据备选方案,按照决策目的,运用分析、对比等方法,评价各种方案的经济效益,遵循择优原则,选择最优方案。

(4) 试验和实施决策方案,并根据发展情况,评价决策质量。

（二）财务决策的常用方法

1. 比较分析法

比较分析法是指运用简单的数学方法，对各个备选方案进行比较分析，从而选出最佳方案的方法。它适用于确定型的决策事件。

2. 线性规划法

线性规划法是指根据运筹学的原理，对变量间具有线性联系的问题进行研究，建立和求解有关变量之间的数学模式，从而得出最优决策的方法。

3. 概率决策法

概率决策法是指运用概率来计算各个方案的期望值的决策方法。它适用于风险型决策。在决策时，企业可以运用概率来分析估计随机事件发生的可能性，从而进行择优决策。由于在决策中该方法往往把各种概率分枝用树形图列示出来，因而也称为决策树法。

4. 最大最小收益值法和最小最大后悔值法

此两种方法适用于不确定型决策。在不确定型决策中，由于未来事件是否发生及其发生的概率都不能肯定，因而采取一种比较稳健的方法。最大最小收益值法是指在各个方案中算出最小收益值，然后在各个方案中进行比较，选择其中最大的作为最优方案的方法，所以也称为小中取大法。最小最大后悔值法是指在各个方案中算出由于未采取"相对最优方案"而造成的最大后悔值进行比较，选择其中后悔值最小的方案作为最优方案的方法，所以也称为大中取小法。

三、财务计划

财务计划是在一定时期内以货币形式综合反映企业资金运动和财务成果的形成和分配的计划。它是组织和指导企业财务活动以及处理财务关系的重要依据，既可以使各项经营目标具体化、系统化，协调各项计划指标，综合平衡各项生产经营计划，也可以为检查、考核和分析生产经营过程与结果提供依据。

（一）编制财务计划的程序

(1) 确定计划指标。收集和整理资料，并根据上期指标预计执行情况和财务决策，结合市场形势，全面确定财务计划指标。

(2) 计划综合平衡。紧密结合企业经营目标，合理安排财务收支，对各项指标进行协调，实现计划综合平衡。

(3) 编制财务计划。在确定先进、合理的技术经济定额的基础上，调整各项指标,编制企业财务计划,并通过组织讨论,提出措施,发动职工,贯彻计划的执行。

（二）编制财务计划的方法

1. 平衡法

平衡法是指利用有关指标客观存在的内在平衡关系计算确定计划指标的方法。例如,期末存货＝期初存货＋本期进货－本期销货。

2. 因素法

因素法是指根据影响各项指标的各种因素来推算计划指标的方法。例如,在计算产品成本时企业应根据材料的价格变动因素调整材料的成本价格。

3. 比例法

比例法是指根据企业历史上已经形成的各种指标之间的比例关系来计算计划指标的方法,也称比例推算法。例如,历史上产品的销售费用占销售收入的一定比例,在计算销售费用时,就可以根据计划销售收入进行计算。

4. 定率法

定率法是指根据有关规定的固定比率来确定计划指标的方法。例如,税金、利息、折旧等都可以按照固定比率计算确定有关计划指标。

5. 定额法

定额法是指根据国家或企业规定的定额作为计划指标的方法。例如,企业对某一种产品规定一定的材料消耗定额,就可以按产品数量,根据定额计算材料耗用计划,但是定额必须切实可行,并经常按实际情况进行修改。

6. 趋势计算法

趋势计算法是指根据历年指标的发展趋势确定计划指标的方法。例如,企业的资金周转率逐年加速,可以根据发展趋势确定资金周转率的计划指标。

四、财务控制

财务控制是指在企业生产经营过程中,以计划的各项定额为依据,利用有关信息和措施,对财务活动进行计算和审核,以实现财务目标。财务控制的方法步骤如下。

（一）事前控制

事前控制是指在财务活动发生之前所进行的控制活动。例如,制定控制标准,对指标进行分解,将各项指标分解后落实到各归口部门,使各项指标的实现有切实可靠的保证。又如，规定计划执行的标准和制度，如现金使用范围、费用开支标准等，用以事前加强内部的控制能力。

（二）事中控制

事中控制是指对企业生产经营过程中实际发生的各项业务活动按照计划、制度和标准进行审查，并采取措施进行的控制。例如，为了控制企业的短期偿债能力，随时分析企业的流动比率，在发现不合理时，采取措施加以调整。又如，为了执行限额制度，在企业内部实行限额发料、限额开支等措施，保证计划目标的执行。

（三）事后控制

事后控制是指在计划执行后，认真分析检查实际与计划之间的差异，采取切实的措施，消除偏差或调整计划，使差异不致扩大的控制。

五、财务分析

财务分析是指根据有关信息资料，运用特定方法，对企业财务活动过程及其结果进行分析和评价的一项工作。本书将在第十章中对财务分析予以专门介绍。

练 习 题

一、判断改错题

1. 企业财务管理是实现价值最大化的一项经济活动。（ ）
2. 企业筹集资金的渠道是资金的循环和周转。（ ）
3. 企业在生产经营过程中的资金收支及所形成的经营成果也是财务活动。（ ）
4. 企业与政府之间的关系是企业与所有者之间的关系。（ ）
5. 企业的财务管理主要是资金管理。（ ）
6. 企业财务活动中的分配活动应包括企业向职工支付工资。（ ）

二、填空题

1. 企业财务管理的特点是（ ）（ ）和（ ）。
2. 企业财务活动的环境分为（ ）和（ ）两个方面。
3. 企业财务管理的目标是（ ）（ ）和（ ）。

4. 资金时间价值是资金在运动中由于(　　　)所增加的价值。

5. 财务控制的方法有(　　　)(　　　)和(　　　)。

6. 决定利率高低的基本因素是资金的(　　　)和(　　　)。

三、单项选择题

1. 企业财务管理的内容包括资金筹集、资金投放、成本费用和(　　　)等方面。

A. 利润分配　　B. 资本增值

C. 财务计划　　D. 财务预测

2. 企业财务管理的特点主要是(　　　)。

A. 资金收支　　B. 价值管理

C. 计划管理　　D. 预算管理

3. 搞好企业财务管理工作,必须树立(　　　)、控制风险和计算风险的观念。

A. 收集资料　　B. 确定目标

C. 研究风险　　D. 检查预测结果

4. 企业财务管理的目标是(　　　)。

A. 维持生存　　B. 获取盈利

C. 谋求发展　　D. 价值最大化

5. 企业财务管理的对象是(　　　)和财务关系。

A. 商品运动　　B. 财务活动

C. 货币收支运动　　D. 投资活动

6. 企业与其他投资者的关系是(　　　)。

A. 财务关系　　B. 交易关系

C. 债务债权关系　　D. 受资与投资关系

四、多项选择题

1. 财务预测的主要方法有(　　　)。

A. 定性预测法　　B. 线性规划法

C. 分析预测法　　D. 定量预测法

2. 在市场经济条件下,商品的价值是根据(　　　)进行调节的。

A. 市场需求　　B. 企业利润

C. 风险条件　　D. 价值规律

3. 下列各种财务决策方法中，常用的有(　　)。

A. 概率决策法　　B. 最大最小收益法

C. 线性规划法　　D. 趋势计算法

4. 下列各种关系中，属于企业财务关系的有(　　)。

A. 企业与政府之间的关系　　B. 企业与职工之间的关系

C. 企业投资者之间的关系　　D. 企业与所有者之间的关系

5. 下列各种环境中，属于企业宏观环境的有(　　)。

A. 政治环境　　B. 法律环境

C. 经济环境　　D. 市场营销环境

6. 企业财务活动的主要内容有(　　)。

A. 资金筹集　　B. 资金营运

C. 资金投放　　D. 资金分配

五、名词解释

1. 财务管理　　2. 财务关系

3. 市场观念　　4. 资金时间价值

5. 财务预测　　6. 财务计划

六、简答题

1. 企业财务活动的主要内容是什么？
2. 企业财务活动有些什么特点？
3. 企业财务关系体现在哪些方面？
4. 企业财务管理的宏观环境包括哪些方面？
5. 我国财务管理的目标是什么？
6. 搞好企业财务管理，应树立哪些观念？

第 二 章

资金时间价值

内容提示 资金时间价值和风险报酬是财务管理的重要内容，本章主要阐述资金时间价值和风险报酬的基本知识和计算方法。资金时间价值是财务管理的一个重要价值观念，它揭示了资金在不同时点上相互之间的换算关系，在企业的投资、筹资、营运、利润分配、财务收支等方面的重要作用。通过学习，学生应了解资金时间价值的概念、形式及其重要性和风险报酬的分析，掌握现值和终值以及一次性收付款和年金的各种不同计算方法；弄清风险的概念、财务风险与风险报酬的关系，掌握分析规避和测算风险报酬的方法。

第一节 资金时间价值概述

资金投入企业后会不断地进行运动，创造新的价值，使资金得以增值。一定量的资金投入企业生产经营或存入银行后，会得到一定的利润或利息，这就是资金时间价值。它是在资金运动中，由于时间因素而形成价值量的差额，也称货币时间价值。

等量的货币，其今日与将来的价值是不等的，它与资金周转期的长短，资金量的多少有着密切的关系。在其他条件不变的前提下，投入生产经营过程的资金量越多，则资金时间价值越大；资金使用时间越长，实现的价值增值也越多；资金周转速度越快，实现的价值增值也越多。如果将 100 元存入银行，银行存款的年利率是 4%，那么 1 年后就可得本息 104 元，增值的 4 元便是资金在 1 年内实现的新价值，同样将资金投入企业生产经营过程，不断周转，会产生利润增加新的价值。

第二节　资金时间价值的计算

一、利息的计算

资金时间价值反映在投资上表现为利润;反映在借贷上表现为利息。由于不同企业有不同的利润率,利润这部分资金时间价值的计算,不易统一计算。这里主要介绍以利息或贴息来表示的计算方法。

资金时间价值计算的基本方法有两种:一是现值计算法;二是终值计算法。现值又称本金,是指未来资金折算的现在价值,也称贴现值。终值又称未来值,是指未来期终的资金价值,即将来的价值,是本金在若干期后加上应计利息的总数,即本利和。现值与终值在换算过程中的差额,即为利息或贴息。现值、终值、利息三者之间的关系为:

现值+利息=终值

或　　终值-利息=现值

资金时间价值的计算有一次性收付款项的计算和非一次性收付款项(即年金)的计算。

(一) 一次性收付款项的计算

一次性收付款项的计算是指在某一特定时点上的一次性收入或支出。

计算利息的方法有单利和复利两种。现将其常用的计算方法简述如下。

1. 单利的计算

单利是指本金在使用年限中所取得的利息。不论时间长短均按本金计算利息,上期的利息不计入本金内生息。单利的计算有单利终值计算和单利现值计算两种。

(1) 单利终值的计算。单利终值为本金与单利每年利息之和。其计算公式为:

$$F=P\cdot(1+i\cdot n)$$

式中　F——单利终值;

P——本金;

i——利率;

n——期限。

【例 2-1】 设本金为 10 000 元，年利率为 10%，期限为 3 年，到期单利终值应为：

$$单利终值(本利和)=10\,000\times(1+10\%\times3)=13\,000(元)$$

(2) 单利现值的计算。单利现值计算是单利终值的逆运算，主要用来计算票据的贴现值。其计算公式为：

$$P=\frac{F}{1+i\cdot n}$$

式中 F——应收票据面值；

i——贴现率；

n——期限；

P——贴现值。

【例 2-2】 某企业将一张面值为 10 000 元、期限为 6 个月的商业汇票到银行去贴现，年贴现率为 10%。其贴现值应为：

$$贴现值=\frac{10\,000}{1+10\%\times\frac{6}{12}}=9\,524(元)$$

2. 复利的计算

复利是指除本金计算利息外，将期间所生利息亦一并加入本金计算利息。复利的计算有复利终值计算和复利现值计算。

(1) 复利终值的计算。复利终值是将本期利息加入下期本金一起计算利息。是本金按复利计算的若干期后的本利和。其计算公式为：

$$F=P\cdot(1+i)^n$$

式中 F——复利终值(本利和)；

P——本金；

i——利率；

n——期数。

$(1+i)^n$ 称为复利终值系数或 1 元复利终值，表示现在的 1 元钱，按一定利率计算，在若干时期以后值多少钱。复利终值系数可通过查阅“1 元复利终值系数表”直接查得(见附表一)。

【例 2-3】 设本金为 10 000 元，年利率为 10%。其 3 年后的复利终值应为：

$$\text{复利终值(本利和)} = 10\,000 \times (1+10\%)^3$$
$$= 10\,000 \times 1.331\,0 = 13\,310(\text{元})$$

[查阅“1元复利终值系数表”，$(1+10\%)^3$ 的复利终值系数为1.331 0。]

此例也可从第1年算起，计算各年年末的复利终值。

$$\text{第1年年末复利终值} = 10\,000 \times (1+10\%) = 11\,000(\text{元})$$

$$\text{第2年年末复利终值} = 11\,000 \times (1+10\%) = 12\,100(\text{元})$$

$$\text{第3年年末复利终值} = 12\,100 \times (1+10\%) = 13\,310(\text{元})$$

同样是本金10 000元，期限3年，用单利计算，终值为13 000元，而用复利计算，终值为13 310元，增加了利息310元。

(2) 复利现值的计算。复利现值是在复利本利和已知的条件下，按利率贴现所得的现值。可以通过复利终值的计算公式进行换算。前述复利终值公式为：

$$F = P \cdot (1+i)^n$$

$(1+i)^n$ 的倒数即为 n 期后1元钱的现值，而 $\frac{1}{(1+i)^n}$ 即 $(1+i)^{-n}$，因此，复利现值的计算公式为：

$$P = F \cdot (1+i)^{-n}$$

式中　P——复利现值；
　　　F——复利终值；
　　　i——贴现率。

$(1+i)^{-n}$ 是将终值折算为现值的系数，称为复利现值系数或1元复利现值，表示未来一定时期的1元钱，按一定利率计算相当于现在的多少钱。复利现值系数可通过查阅“1元复利现值系数表”直接查得(见附表二)。

【例2-4】 设年利率为10%，某人欲在3年后收到复利本利和10 000元。其现在应存入的本金为：

$$\text{复利现值} = 10\,000 \times (1+10\%)^{-3} = 10\,000 \times 0.751\,3 = 7\,513(\text{元})$$

[查阅“1元复利现值系数表”，$(1+10\%)^{-3}$ 的复利现值系数为0.751 3。]

(二) 年金的计算

年金是指在一定相同的间隔时间内陆续收入或付出一定等额的款项。年金的形式很多，如养老金、保险金、折旧金、等额分期收款，等额分期付款以及银行储蓄中的零存整取和整存零取、债券利息等都是年金。年金按每次收、付发生的时点不同,可分为普通年金、即付年金、递延年金和永续年金等。普通年金是指在一定时期内各期期末发生的收入或付出的等额款项;即付年金是指在一定时期内各期期初发生的收入或付出的等额款项;递延年金是指在第一期期末以后的某一时期开始发生的收入或付出的等额款项;永续年金是指无限期发生的收入或付出的等额款项,是无限期的年金。在以上几种年金中,普通年金是基本形式,其他各种形式的年金都是普通年金的转化。

1. 普通年金的计算

普通年金是以复利作为计算基础的。普通年金是指一定时期内等额的期末间隔时期相等,收入、支出金额相等的系列收付款项。它也有终值和现值两种计算方法。

(1) 普通年金终值的计算。普通年金终值是指在一定时期内,每期期末发生的收入或付出一笔同额的本金,按同一利率计算复利,到年金期限终了时所得的本利和。普通年金终值的计算公式为:

$$F=A\cdot\left[\frac{(1+i)^n-1}{i}\right]$$

式中 F——普通年金终值;

A——每期年金;

i——利率;

n——期数。

$\frac{(1+i)^n-1}{i}$ 称为年金终值系数,表示普通年金 1 元、利率为 i、经过 n 期后的年金终值。为简化手续,在计算时可直接查阅"1 元年金终值系数表"上的系数(见附表三)。

【例 2-5】 设某人每年年末存入银行 10 000 元,年利率为 10%,计算其至第 3 年年末可从银行取出的金额。

经查"1 元年金终值系数表",3 年的年金终值系数为 3.310,则至第 3 年年末,可从银行取出 33 100 元。其计算过程为:

$$10\,000\times\frac{(1+10\%)^3-1}{10\%}=10\,000\times3.310=33\,100(元)$$

从图 2-1 所示可以看出,第 1 年年末存入 10 000 元,可得 2 年利息;第 2 年年末存入 10 000 元,可得 1 年利息;第 3 年年末存入 10 000 元,不计利息,只算本金。

由此,3 年年末各存入 10 000 元,则可共得本息 33 100 元。

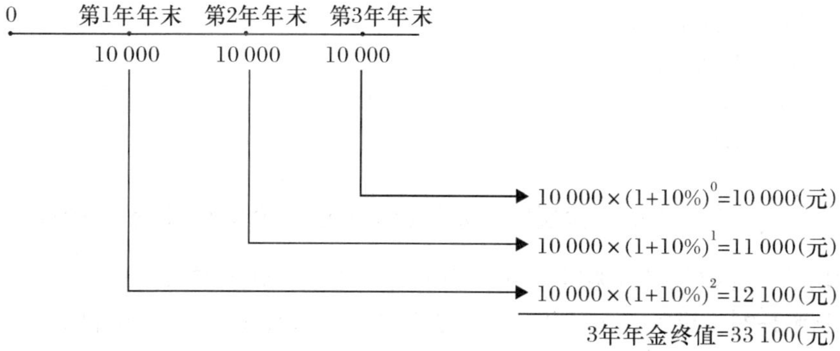

图 2-1　本息计算表

(2) 年偿债基金的计算。偿债基金是指未来某一时点所偿还的债务或者积累的资金而分次等额提取形成的存款准备金。其性质相当于年金存款,也可获得按复利计算的利息,而到期偿还债务则等于年金终值,其计算方法为年金终值的逆运算。其计算公式为:

$$A = F \cdot \left[\frac{i}{(1+i)^n - 1}\right]$$

式中　A—— 每期基金;

F—— 到期需偿还的债务;

i—— 利率;

n—— 期数。

【例 2-6】　设某企业要建立一笔储备基金,5 年到期值为 100 万元,假如年复利率为 10%,则每期应建立的基金为:

$$A = 100 \times \frac{10\%}{(1+10\%)^5 - 1} = 100 \times \frac{1}{6.1051}$$
$$= 100 \times 0.1638 = 16.38(\text{万元})$$

$\frac{i}{(1+i)^n - 1}$为偿债基金系数,是普通年金终值系数$\frac{(1+i)^n - 1}{i}$的倒数,两者可以互为逆运算。此题也可查"1 元年金终值系数表"得相应的系数为 6.1051。

(3) 普通年金现值的计算。普通年金现值是指一定时期内每期期末发生的等额收付款项的复利现值之和。其计算公式为:

$$P=A\cdot\frac{1-(1+i)^{-n}}{i}$$

式中　P——普通年金现值；

A——每期年金；

i——利率；

n——期数。

$\frac{1-(1+i)^{-n}}{i}$称为“年金现值系数”，表示普通年金1元、利率i、经过n期的年金现值。此数值可查阅“1元年金现值系数表”得到(见附表四)。

【例2-7】 设某人每年年末存入银行10 000元，连存3年，年利率为10%。3年期的年金现值应为：

$$年金现值=10\ 000\times\frac{1-(1+10\%)^{-3}}{10\%}=10\ 000\times2.4869$$
$$=24\ 869(元)$$

[经查阅“1元年金现值系数表”，$\frac{1-(1+10\%)^{-3}}{10\%}$的年金现值系数为2.4869。]

3年期的年金现值计算如图2-2所示。

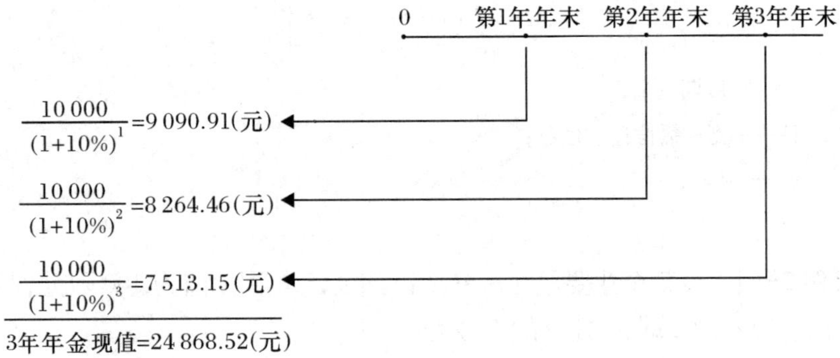

图2-2　年金现值图

2. 即付年金的计算

即付年金是指从第一期开始，在一定时期内每期期初等额发生的与普通年金只是收付时间不同的系列收付款项。

(1) 即付年金终值的计算。即付年金终值是收付款最后一期期末的本利和，因收付款发生在期初要比普通年金多算一期利息，要乘以$(1+i)$。其计算公式为：

$$F = \frac{A \cdot (1+i)^n - 1 \cdot (1+i)}{I} = A \cdot \frac{[(1+i)^{n+1} - 1]}{i}$$

式中　F——即付年金终值；

A——每期年金；

i——利率；

n——期数。

$\frac{(1+i)^{n+1}-1}{i}$称为即付年金终值系数，它是在普通年金终值系数基础上，期数加1，数值减1得的结果，通常记为$[(F/A, i, n+1)-1]$。通过查阅“1元年金终值系数表”，得$(n+1)$期的数值，然后减去1便是即付年金终值系数的数值。

【例2-8】　某单位为职工培训准备教育基金，每年年初存1万元，银行利率为年利率5%，6年后本利和为：

$$F=50\ 000\times[(F/A, 5\%, 6+1)-1]=50\ 000\times(8.142\ 0-1)=357\ 100(元)$$

(2) 即付年金现值的计算。相同期初的即付年金现值与普通年金现值相同，因两者收付款时间不同，同期限的即付年金要比普通年金现值少算一期。其计算公式为：

$$F = A \cdot \left[\frac{1-(1+i)^{-(n-1)}}{i}+1\right]$$

$\frac{1-(1+i)^{-(n-1)}}{i}+1$称为即付年金系数，它是在普通年金现值基础上，期数$-1$，系数加1即得。通过查阅“1元年金现值系数表”得出$n-1$期的数值，然后再加1便可。

即付年金的公式也可记为：

$$P = A \cdot [(P/A, i, n-1)+1]$$

【例2-9】　某公司购入办公用房一幢，采用分期付款，每年年初支付30万元，分10年付清，银行利率为6%，该项分期付款相当于一次付款购买价为：

$$P=A\cdot[(P/A, i, n-1)+1]=300\ 000\times[(P/A, 6\%, 9)+1]$$
$$=300\ 000\times(6.801\ 7+1)=2\ 340\ 510(元)$$

3. 递延年金的计算

递延年金是指第一次收付款发生时间是在间隔若干期以后，而不是在第一期开始的系列收付款项。它是普通年金的特殊形式。递延年金终值的大小，与递延期无关。

(1) 递延年金的终值计算。递延年金的计算方法与普通年金相同,只是应注意期数。

(2) 递延年金的现值计算。先计算 n 期的年金现值,再减 m 期普通年金现值。其计算公式为:

$$P=A\cdot[(P/A,\ i,\ m+n)-(P/A,\ i,\ m)]$$

式中 P——年金终值;

A——每期收付款;

i——利率;

n——期数;

m——付款前几期。

【例 2-10】 某公司向银行借入一笔贷款,年利率 10%,每年复利一次,言明前 5 年不用还本付息,第 6 年起至第 10 年,每年年末连续还款,本息为 20 000 元。这笔款项的现值为:

$$\begin{aligned}P&=A\cdot[(P/A,\ 10\%,\ 10)-(P/A,\ 10\%,\ 5)]\\&=20\ 000\times(6.144\ 6-3.790\ 8)=47\ 076(\text{元})\end{aligned}$$

4. 永续年金的计算

永续年金是指无期限的等额收付款项。它没有终止时期,因此也没有终值,是普通年金的特殊形式。永续年金的现值是一个无穷大的期限后付年金的现值,可通过普通年金现值推算计算,其计算公式为:

$$P_{n\to\infty}=A\cdot\frac{[1-(1+i)^{-n}]}{i}=\frac{A}{i}$$

当 n 趋向无穷大时则 $(1+i)^{-n}$ 趋向 0。因此永续年金的现值为 $P=\frac{A}{i}$。

【例 2-11】 某单位拟建立一项永久性职工奖励基金存入银行,年利率为 8%,计划每年颁发 50 000 元,目前应一次性存入的钱为:

$$P=\frac{A}{i}-\frac{50\ 000}{8\%}=625\ 000(\text{元})$$

二、利率的计算

资金的时间价值与利率是有区别的。利率包括时间价值、风险因素和通货膨胀因素。

利率是指一定时间内利息数额与本金的比率。它通常用百分比来表示。利率一般按年计算,也可按季、按月或日计算,其计算公式为:

$$利率=利息数额\div本金\div时间\times100\%$$

利率有名义利率与实际利率之分,实际利率以年作为基本计息期,每年复利1次,但实际上复利的计算期不一定是1年1次,有可能是按季、月或日计算的,在1年内要复利多次,这种1年内复利多次的利率称为名义利率,计算时间价值要用实际利率。

名义利率与实际利率是可以转变的,两者的转换公式为:

$$i=\left(1+\frac{r}{m}\right)^{m}-1$$

式中 r——名义利率;

i——实际利率;

m——每年复利次数。

【例 2-12】 某公司年初存入20 000元,年利率为8%,每季复利计息一次,到第5年年末的本利和为:

$$i=(1+8\%\div4)^{4}-1=8.24\%$$

$$F=20\ 000\times(1+8.24\%)^{5}=14\ 857(元)$$

第三节 资金时间价值的应用

在企业财务管理工作中,应用资金时间价值计算资金增值的面是比较广泛的。如计算投资回收效益,选择筹资渠道等重大经济问题的预测和决策。

【例 2-13】 某企业购入生产流水线设备一台,价值为200 000元,使用期为10年,假定无残值,该设备投入生产后每年可为企业创收40 000元,当时银行贷款年利率为12%,要求对此项投资是否有利作出决策。

此项投资用年金现值计算。其计算公式为:

$$年金现值=40\ 000\times\frac{1-(1+12\%)^{-10}}{12\%}=40\ 000\times5.650=226\ 000(元)$$

$$\left[查年金现值系数表,\frac{1-(1+12\%)^{-10}}{12\%}的年金现值系数为5.650。\right]$$

经计算此项投资收入的现值为 226 000 元,比原投资额 200 000 元多收入 26 000元,而该设备投入生产每年可创利 40 000 元,高于银行利率,说明是有利的。

【例 2-14】 某企业借入长期借款 1 000 000 元,可用两种还款方式:一种是每年还款 250 000 元,分 6 年还清本息;另一种是每年还款 200 000 元,分 8 年还清,当时借款年利率为 13%。请确定该企业采取哪一种还款方式有利。

(1) 6 年还清借款本利的年金现值为:

$$年金现值=250\,000\times\frac{1-(1+13\%)^{-6}}{13\%}=250\,000\times3.998=999\,500(元)$$

(2) 8 年还清借款本利的年金现值为:

$$年金现值=200\,000\times\frac{1-(1+13\%)^{-8}}{13\%}=200\,000\times4.799=959\,800(元)$$

通过以上两种还款方式比较,以每年还款 20 万元,分 8 年还清的现值较低,比较有利。

第四节　财务风险与风险报酬

一、风险

风险是指某一行动在一定条件下和一定时期内,由于难以预料和无法预料的因素可能发生的结果具有多样性,可能带来超出预期的收益,也可能带来越出预期的损失。

简言之,风险是预期结果的不确定性。发生损失可能性越大,风险越大。

从个别理财主体的角度看,风险可分为市场风险和企业特有风险两类。

(一) 市场风险

市场风险是指那些对所有企业产生影响的因素所引起的风险,如战争、自然灾害、通货膨胀、经济衰退等。市场风险涉及所有企业,不能通过多角化投资来分散,所以它又称为不可分散风险或系统风险。

(二) 企业特有风险

企业特有风险是指发生于个别企业的特有事项所造成的风险,如罢工、失去销售市场、诉讼失败等。企业特有风险可以通过多角化投资来分散,所以它又称为可分散风险或非系统风险。企业特有风险从企业的本身来看,按风险形成的原因又可分为财务风险和经营风险两类。

(1) 财务风险。财务风险又称筹资风险,是企业因筹集借入资金而增加丧失偿债能力和企业利润的可变性。例如,在筹资过程中所筹集的借入资金需要还本付息,如果一旦无力偿付到期债务,便使企业陷入困境甚至破产。又如,企业的息税资金利润率低于借入资金利息率,使用借入资金所获得的利润不够支付利息时,必须以自有资金支付,这样会导致自有资金利润率降低,甚至发生亏损,丧失支付能力,出现无法还本付息的危险。这种因筹资而发生的风险,会因借入资金对自有资金比例的大小而变动,借入资金比例越大,风险程度就越大;反之,则小。因此,财务风险管理的关键,在于要保持一个合理的资本结构,维持适当的负债水平。不同的筹资渠道,其财务风险也不同,就一般情况而言,如前面所述的银行借款、长期债券的成本较低,虽然也存在财务风险,但风险较小;普通股股票的资金成本较高,风险较大,而优先股股票次之。即使是一些短期筹资,如应付账款等一些临时性债务,因出现频繁,还款时间集中,也会产生临时筹资风险。

就负债资本的财务风险而言,由于使用财务杠杆,增加企业破产机会或普通股盈余大幅度变动的机会,会带来风险。因为企业为取得正财务杠杆而增加债务,必然会增加企业利息负担。另外,由于财务杠杆作用,在税前盈余下降时,普通股的每股盈余也会下降得更快。这两种情况引起的风险,都称之财务风险。

【例 2-15】 甲、乙企业的资本、利润情况如表 2-1 所示。

表 2-1

甲、乙企业的资本、利润情况

单位:元

项　　目	甲企业	乙企业
普通股股本	1 000 000	500 000
债务(利率为 16%)	—	500 000
资本总额	1 000 000	1 000 000
营业利润	60 000	60 000
借款利息	—	80 000
税前利润	60 000	−20 000

表 2-1 说明,甲企业没有借债,没有风险;乙企业举债经营,就有风险,如果

不及时扭亏为盈,可能导致破产。

综上所述,企业适当利用债务资本,一方面,可以降低企业资本成本,同时由于财务杠杆作用,会使每股盈余增加;另一方面,债务的增加,必然伴随着风险,又会使资本成本上升,这就要求企业在筹资过程中力求回避风险。但报酬与风险并存,风险往往伴随着更多的收益。因此,在作出资本结构决策时,企业应慎重权衡风险与报酬,合理安排资本结构,选择最佳的筹资渠道。

(2) 经营风险。经营风险是指由于企业生产经营上的原因而导致收益不确定性、发生负数的可能性,而带来的风险。影响经营风险的因素很多,有产品供求变化、价格变化、成本不稳定、新材料和新设备出现、产品质量,销售决策失误、固定成本占全部成本的比重变动以及应变能力差等方面。例如,企业资本全部为自有资金,发生经营亏损,可导致股东收益变成负数。又如,企业有一部分借入资金,那么自有资金就要支付借款利息,就会丧失偿债能力,使股东没有收益。企业在生产经营上这些风险必然引起利润或利润率的变化。

二、风险报酬

风险与报酬并存。风险报酬是指投资者因冒风险进行投资而获得的超过资金时间价值的报酬。资金时间价值是投资者在无风险条件下进行投资所要求的报酬,而超过时间价值的那部分额外报酬就是风险报酬。

企业在进行经营活动和财务决策时,必须考虑风险与报酬的关系。按照风险程度,财务决策可分为三种:第一种是确定性决策,报酬是肯定的;第二种是风险性决策,决策可能出现几种结果;第三种是不确定性决策,对未来出现的情况事先无法知道,企业的财务决策大部分是在风险和不确定的情况下进行的。

风险的不确定性与风险程度有关。投资者从事风险活动,其实际结果产生成功与失败,取得成功则获得报酬,失败则蒙受损失。风险越大,报酬越多,损失越大。

三、风险对策

风险是对企业目标产生负面影响的事件发生的可能性,由风险因素、风险事故和风险损失三要素所组成。由于种种难以预测或无法控制的因素导致风险发生,往往使企业的实际收益与预计收益发生背离从而产生经济损失。要获利必定有风险,企业应防范风险,减少风险发生频率,使风险发生的可能性降到最小。究其对策,企业一般应采取避免、减少、转移和接受的方法来应对。

企业在选择投资项目时要力求规避风险,对一些预计有较大损失的投资项目或存在较多问题的项目,要及时采取有效措施,消除隐患,加强防范,控制造成风险因素,必要时甚至可以采取放弃投资项目,尽量将投资损失降到最低程度;对一些风险较低预计损失较小的投资项目,可以在企业有经济能力前提下,采用企业自保、承担风险、提取准备基金、将损失直接计入费用成本等企业内部消化的办法。

另外,企业还可以将一些投资项目通过参加保险、引资合作、出包、租赁等方式转移风险。总之,争取要根据风险产生对事件的影响,分别采取有效措施,尽量控制风险因素,避免风险事故,减少风险损失,企业获得较多利益。

四、风险报酬的计算方法

投资风险都是投资者所不愿承担的,所以都力求回避风险,但是,在多数投资中,风险总是难以避免的,所以投资者就要求获得额外报酬(即风险报酬),以获得补偿。现将计算方法分步说明如下。

(一) 确定概率的分布

某一事件在相同的条件下可能发生,也可能不发生,这类事件称为随机事件。概率就是指这一随机事件可能发生的机会。如某一事件可能发生收益的机会为 60%(0.6),可能发生亏损的机会为 40%(0.4),所有的概率 P_i 在 0 与 1 之间,概率越大,表示发生的可能性越大。

(二) 计算期望报酬率

期望报酬率是指以各随机变量的概率为权数经加权平均后所得的平均数。它反映集中趋势的一种量度。其计算公式为:

$$\overline{K} = \sum_{i=1}^{n} K_i \cdot P_i$$

式中　$\overline{K}$——期望报酬率;

K_i——第 i 种可能结果的报酬率;

P_i——第 i 种可能结果的概率;

n——可能结果的个数。

【例 2-16】　A 公司某投资项目在三种经营情况下可能会发生三种投资报酬,其可能发生的机会也不同,如表 2-2 所示。

表 2-2

A 公司投资报酬测算表

可能出现的市场情况	可能发生的概率(P_i)	报酬率(K_i)
畅　销	0.20	60%
一　般	0.60	30%
平　淡	0.20	0

$$期望报酬率(\overline{K})=60\%\times0.20+30\%\times0.60+0\times0.20=30\%$$

（三）计算标准离差及标准离差率

标准离差是指各种可能的报酬率偏离期望报酬率的综合差异。它是反映离散程度的一种量度。但它是一个绝对值，只能用来比较期望报酬率相同的投资风险程度。

标准离差率是指标准离差同期望报酬率的比值。它是一个相对量，可以用来比较期望报酬率不同的各投资项目的风险程度，标准离差率越小，风险越小。

标准离差(σ)的计算公式为：

$$\sigma=\sqrt{\sum_{i=1}^{n}(K_i-\overline{K})^2\cdot P_i}$$

标准离差率(V)的计算公式为：

$$V=\frac{\sigma}{\overline{K}}\times100\%$$

如[例 2-16]，标准离差为：

$$\sigma=\sqrt{(60\%-30\%)^2\times0.20+(30\%-30\%)^2\times0.60+(0\%-30\%)^2\times0.20}$$
$$=18.98\%$$

标准离差率则为：

$$V=\frac{18.98\%}{30\%}\times100\%=63.27\%$$

如果在[例 2-16]中另外还有一个 B 公司，其期望报酬率假定为 20%，标准离差仍为 18.98%，那么，B 公司的标准离差率为 94.90%$\left(\frac{18.98\%}{20\%}\right)$。因为标准离差率越小，风险越小，所以，A 公司的风险小于 B 公司的风险。

（四）计算风险报酬率

[例 2-16]所述的标准离差率可正确评价投资风险程度的大小，但还不是风

险报酬率,计算风险报酬率需要借助一个风险报酬系数。其计算公式为:

$$Q=b\cdot V$$

式中　Q——风险报酬;

b——风险报酬系数;

V——标准离差率。

风险报酬系数是指将标准离差率转化为风险报酬的一种系数。风险报酬系数一般可以根据以往的同类项目加以确定,或由企业领导组织有关专家确定,或由国家有关部门组织专家确定。

【例 2-17】　承[例 2-16],若 A 公司的风险报酬系数为 5%,则风险报酬率为:

$$5\%\times 63.27\%=3.16\%$$

国库券基本没有风险,其报酬率称为无风险报酬率,投资报酬率是无风险报酬率加上风险报酬率之和。假设国库券的报酬率为 15%,则本例的投资报酬率为:

$$15\%+3.16\%=18.16\%$$

练　习　题

一、判断改错题

1. 风险报酬是指投资者因冒风险进行投资而获取的利润。　(　　)

2. 在利息率和计息期相同的情况下,复利终值和复利现值是一致的。　(　　)

3. 永续年金是只有终值而没有现值的年金。　(　　)

4. 经营风险是由于企业生产经营上的原因而导致收益的不确定性,发生负数的可能性。　(　　)

5. 财务风险是企业持有的筹资事项发生所造成的风险。　(　　)

6. 永续年金是普通年金的一种形式,从第一期开始,每期期初都发生等额收付。　(　　)

二、填空题

1. 普通年金现值是指一定时期内每期期末(　　　　)的(　　　　)之和。

2. 资金的时间价值是资金在运动中由于(　　　　)而形成的(　　　　)的增值额。

3. 利率包括(　　　　)(　　　　)和(　　　　)因素。

4. 即付年金是指(　　　　)从第一期开始,在一定时期内每期(　　　　)发生的。

5. 资金时间价值反映在投资上表现为(　　　　),反映在借贷上表现为(　　　　)。

6. 现值又称(　　　　),也称(　　　　)。

三、单项选择题

1. 在一定时期内,各期期末收入或付出的年金称为(　　　　)。

A. 永续年金　　B. 递延年金

C. 即付年金　　D. 普通年金

2. 复利现值的计算公式是(　　　　)。

A. $F(1+i)^{-n}$　　B. $P(1+i)^{n}$

C. $P(1+in)$　　D. $S(1-in)$

3. 某公司预计 5 年后的银行存款能达到 200 000 元,可用于购买一辆汽车。银行存款年利率为 6%,该公司现在应存入银行(　　　　)元。

A. 140 000　　B. 149 460

C. 156 060　　D. 167 050

4. 投资者因冒风险投资而获得超过时间价值的一部分报酬,称为(　　　　)。

A. 平均报酬　　B. 投资报酬

C. 风险报酬　　D. 合理报酬

5. 某人在银行开设零存整取账户,每年年末存入银行 20 000 元,年利率为 5%,第 4 年年末可从银行取出的金额是(　　　　)元。

A. 86 202　　B. 84 000

C. 84 310　　D. 85 010

6. 某金融机构的贷款年利率为 6%,每半年复利一次,其实际利率应为(　　　　)。

A. 6%　　B. 6. 6%

C. 6. 09%　　D. 12. 36%

四、多项选择题

1. 资金的时间价值表现为(　　　　)。

A. 利润　　　　B. 现值

C. 终值　　　　D. 利息

2. 企业持有风险造成的因素,其中包括(　　　　)。

A. 资金利润率低　　　　B. 负债成本高

C. 员工罢工　　　　D. 失去销售市场

3. 按每次收付发生的时间不同,年金可分为(　　　　)。

A. 普通年金　　　　B. 即付年金

C. 递延年金　　　　D. 永续年金

4. 计算单利终值的要素有(　　　　)。

A. 本金　　　　B. 利率

C. 期限　　　　D. 贴现率

5. 市场风险是所有企业产生影响的因素所引起的,如(　　　　)。

A. 经济衰退　　　　B. 爆发战争

C. 自然灾害　　　　D. 负债增加

6. 现值、终值、利息三者的关系为(　　　　)。

A. 现值+利息=终值　　　　B. 终值+利息=现值

C. 终值-利息=现值　　　　D. 现值-利息=终值

五、名词解释

1. 递延年金　　　　2. 利率

3. 市场风险　　　　4. 风险报酬

5. 永续年金　　　　6. 偿债基金

六、简答题

1. 什么是资金时间价值?它与利率有何不同?

2. 什么是财务风险?

3. 企业应如何规避风险?企业应采取什么对策来规避风险?

4. 什么是复利?复利应怎样计算?

5. 什么是年金?它有几种表现形式?

6. 资金时间价值与资金周转期和资金量有何联系?

七、业务计算题

1. 某人存入银行100 000元,年利率为6%,每年复利一次,请计算该笔款项10年后的终值。

2. 承业务计算题1，若本金、年利率不变，每半年复利一次，请计算10年后的终值为多少？

3. 某公司向银行借入1年期贷款400 000元，到期支付利息24 000元，请用简单法计算其实际利率。

4. 某公司将一张面值300 000元、3个月后到期的商业承兑汇票向银行办理贴现手续，扣去贴息实际兑取294 000元，请计算其实际利率。

5. 甲、乙两企业分别向银行借入长期借款600 000元，年利率为6%，甲企业每年还款150 000元，分4年还清本息；乙企业每年还款200 000元，分3年还清本息。请计算甲、乙两企业的还款方式哪种有利？

第 三 章

筹集资金管理

内容提示 本章主要阐述企业筹集资金的基础知识和方法。筹集资金是指企业根据生产经营的需要和对外投资等活动的需要采取适当方式,通过一定来源渠道获取资金的一种行为。企业筹集的资金主要包括权益资金和负债资金两个方面。通过学习,学生应了解企业筹集资金的渠道和方式,明确权益资金和负债资金的概念和管理方法,掌握计算和分析资金成本的知识,学会合理安排资本结构、选择最佳筹资渠道、减少财务风险、提高资金运筹的能力。

第一节 筹集权益资金

筹集资金管理是企业财务管理的一项基本内容。任何企业为了保证生产经营的正常进行及扩大生产经营的需要,必须持有一定数量的资金,通过一定的渠道,采取适当的方式获取所需的资金。企业资金筹集的渠道一般有股东权益和负债两个方面。

一、权益资金的来源

权益资金也称股权资金,是指企业依法筹集并长期拥有自主运用的资金来源。它包括投资者投入的资本金及企业在持续经营中所形成的经营积累(如盈余公积等)。资本金是权益资金的主要来源和表现形式,是投资者拥有的根本权益。它对企业的盈亏分配、净资产处置等方面权利起直接影响作用。

目前,我国企业权益资金的来源渠道主要有如下几种。

(一) 国家财政资金

国家财政资金是指国家财政部门对企业直接投入的资金。它是国有企业资本金的主要来源，其形式有资本全部由国家投资的国有独资企业、国有控股企业和国有参股企业，以及国家对企业“税前还贷”或减免税款所形成的资金。不论其是以何种形式形成，它们都是国家资金，产权归国家所有。

（二）其他企业资金

其他企业资金是指企业之间相互投资和短期的信用资金占用。企业之间相互投资是企业在生产经营过程中所形成的一部分闲置资金，是为一定目的所进行的相互投资。

（三）个人资金

个人资金是指企业职工和社会个人的合法资产的结余货币。它是在银行或其他金融机构以外的个人资金，用于企业投资，形成民间资金渠道。

（四）企业内部形成资金

企业内部形成资金是指直接由企业内部自动生存或转移所形成的一部分资金，也就是企业自留资金，包括提取的折旧、公积金和未分配利润等。

（五）外商资金

外商资金是指国外投资者和我国港、澳、台地区投资者对企业的投资。

二、资本金

资本金筹集方式是企业从各个资金来源渠道筹集资本金所采用的具体形式。目前，我国企业资本金筹集的方式主要有吸收直接投资和发行股票。

（一）吸收直接投资

吸收直接投资是指企业按照共同投资、共同经营、共担风险、共享利润的原则直接吸收国家、企业和个人投入资金的一种形式。

1. 吸收国家投资

吸收国家投资是指有权代表国家投资的政府机构以国有资产直接拨入所形成的国有资本。吸收国家投资的特点是产权归国家所有，资金的运用和处置受国家约束较大，要遵守国有资本保值增值原则。

2. 吸收法人投资

吸收法人投资是指法人单位以其依法可支配的资产投入企业所形成的法人资本。其特点是投资发生于法人单位之间、以参与企业利润分配为目的，出资方式可以灵活多样，可用货币投入，也可用无形资产、固定资产、商品、原材料等作价投入。

3. 吸收个人投资

吸收个人投资是指社会个人或企业内部职工以个人合法财产投入企业所形成的资本。其特点是,参加投资的人员较多,每人投资数额相对较少,以参加企业利润分配为目的。

4. 吸收外商投资

吸收外商投资是指外国投资者和我国港澳台地区投资者投入企业的资金所形成的外商资本。其特点是,筹资方式灵活,可以筹集外汇资金,以参与企业利润分配为目的,一般为中外合资经营企业所采用。

企业采用吸收直接投资方式,有利于增加自有资金,能尽快形成生产能力,开拓市场,可以减少风险,无需支付利息,只要根据经营情况支付报酬。但是其资金成本较高,要根据出资数额和企业实现利润多少计算支付报酬,而且容易分散企业控制权,要有外来投资者参与企业经营管理。

企业所筹集的资本金代表企业所有者的根本权益,必须严格管理。资本金的管理应注意以下几个方面:

首先,按国家有关规定管理资金。

(1) 企业筹集资本金要与投资者签订合同和协议,明确出资方式、出资额、出资比例及出资期限。确保企业能及时,足额筹集资本金。

(2) 保证资本金所有权的真实可靠。投资者投入的资产(如货币、实物、无形资产、场地使用权等)必须是有可支配权的,不得以已设立有担保物权及租赁资产出资。

(3) 企业筹集的各种资本金必须按规定期限一次或分期筹足,企业应向投资者签发出资证明书。

(4) 企业筹集的资本金可依法享有经营权。在企业经营期内,资本金一经注册认定,不得随意变动,除依法转让外,不能以任何方式抽回;但在转让后,应根据不同情况向工商行政管理部门办理资本金变更手续。

其次,注重国有资产保值、增值。

国家资本金是国家投资形式,企业必须对国有资产进行保值、增值,体现资本金的完整性和保全性。企业在进行改组、改变经营形式时,要组织力量清查财产、债权、债务,达到账实相符,并委托会计师事务所或资产评估专门机构对企业资产进行评估,确定评估价值,作为所有者对改变经营形式以后企业的投资。

再次,资本金应按不同的经济内容分别计价。

(1) 货币资金,应按企业实际收到的现金或各种存款数额计价。

(2) 投资者原有资产应在清查评估的基础上按调整后的账面价值计价。

(3) 实物与无形资产,应按投资双方协商议定的金额计价。

(4) 发行的股票,应按股票面值计价。

(5) 土地使用权应按土地使用面积、土地使用期限及国家规定的土地年使用费标准计价。

(6) 法人企业或国外投资者以建筑物、厂房、机器设备或其他物资、专利权、专用技术、商标及版权等无形资产或非货币形态的资产进行投资,应由投资单位对其用于投资的非货币形态的资产进行清查,清点数量,检查质量,列出资产目录,委托会计师事务所或资产评估专门机构对资产进行评估,并出具评估报告,作为确定投资者出资额的依据。

最后,加强资本金日常管理,做好现金与实物的登记工作。

对于投资者实际缴付的出资额大于注册资金的差额、企业超面额溢价发行股票所得等,企业应将其作为资本公积处理。资本公积可以按投资额的比例转增资本金。

(二) 发行股票

股票是股份有限公司为筹集自有资金而发行的一种有价证券。它是投资人拥有公司股份并获取股利的凭证。它代表股东对股份制公司的所有权。股票一经认购,持股人不能要求退股,但可以在证券市场进行转让。

1. 股票的分类

股票可按不同的标准分为不同的类型。

1) 按票面有无记名,股票可分为记名股票和不记名股票

记名股票是指在股票上注明股东的姓名,并列入股份公司股东名册的股票。其股权归记名股东所有,其他人不得行使其股权。记名股票附有股权手册,要同时具备股票和股权手册才能领取股利。股票的继承、转让均应办理过户手续。

不记名股票是指在股票上不注明股东姓名的股票。其持有股票者即为股份所有人,具有股东资格。不记名股票的继承和转让无需办理过户手续。

2) 按股东的权利和义务,股票可分为普通股股票和优先股股票

普通股股票是指股份有限公司发行的具有管理权的股票。它是资本中的基本部分,是股票的一种基本形式。它的主要特点有:① 股利不固定,股利的多少

要视股份有限公司经营情况和财务情况而定。② 持股人具有公司经营管理权，在股份有限公司董事会选举中，有选举权和被选举权。③ 股份有限公司增发股票时，持股人享有按比例优先认股权。④ 股份有限公司破产清算时，对其剩余财产在偿还债务、支付优先股股利后才能分配给普通股股东。

优先股是指在公司利润分配中享有优先权的股票。其主要特点有：① 依法不承担法定的还本义务。② 有按票面价值比例计算的固定股息。③ 有优先于普通股获取股利的权利。④ 在公司破产时，对其剩余财产有优先于普通股的索偿权利。⑤ 在董事会选举中无选举权和被选举权，不能参与公司的经营管理。

3) 按票面有无金额，股票可分为面值股票和无面值股票

面值股票是在票面上标有每张股票的金额数，借以确定每一股票在公司中所占份额，以及在股份有限公司中股东对每股股票所担负的有限责任最高限额的股票。

无面值股票是在票面只标明股数，而不标明每张股票的面值，表示每股在公司全部股票中所占有比例的股票。无面值股票价值随公司的财产增减而变动。目前我国规定股票应标明面值，不承认无面值股票。

4) 按发行对象和上市地区，股票可分为 A 股、B 股、H 股和 N 股

A 股、B 股是在我国内地发行的标明票面金额的股票，A 股以人民币认购和交易，B 股以外币认购和交易；H 股是在我国香港地区上市的股票，N 股是在纽约上市的股票，H 股、N 股均以外币认购和交易。

2. 股票的发行

企业如需要建立新的股份有限公司或为已设立的股份有限公司增加资本需要筹措资金，在符合国家有关股票发行的条件下，发行股票是主要的筹资方式之一。

1) 发行股票的目的

发行股票的主要目的是筹集自有资金。企业在设立新的股份公司或扩大经营规模增资时，通过股票上市或增资发行股票，首先，可使更多的投资者认购公司股份，公司可将此部分股份转售给投资者，以达到资本大众化、分散企业风险的目的。其次，可提高公司的声誉，增强股票的流动性和变现力。股票上市后，不但便于投资者购买，提高了股票的流动性和变现力，而且使公司的经营状况广为人知，可吸引更多的消费对象，从而扩大公司销售业务，提高公司在市场上的知名度。再次，股票上市后，每日每时变动的股价，客观上也能确定企业的市场

价值。

2）发行股票的条件

发行股票必须遵循一定的法律规定。我国《公司法》规定，发行股票必须符合下列条件：① 生产经营符合国家产业政策。② 发行普通股限于一种，同股同权，同股同利。③ 在募集的方式下，发起人认购的股份不少于公司股份总数的35%。④ 发起人在近3年内无重大违法行为。⑤ 证监会规定的其他条件。

股票上市后如有下列情况之一者应由证监管理部门暂停其股票上市：① 公司股本总额，股权分布等发生变化，不再具备上市条件限期内未能消除者。② 公司不按规定公开财务状况或有虚假记载后果严重者。③ 有重大违法行为后果严重者。④ 连续3年亏损，限期内未能消除者。⑤ 其他公司决定解散，被行政主管部门依法责令关闭或宣告破产者等。

3）发行股票的价格

股票价格是指在证券市场上买卖股票的价格，股票本身不具有价值，仅仅是一种凭证，但它可以在市场上进行买卖。一般来说，决定股票价格高低的因素是股利和银行存款利息率的高低。股票价格与股利大小成正比，而与银行利息率的高低成反比。其计算公式为：

$$\text{股票价格}=\frac{\text{预期股利}}{\text{利息率}}$$

从理论上讲，股票价格是这样计算的，但事实上并非如此。有的股票不发股利，其价格却上扬；而年年发放股利的又股价下跌。这是因为还有不少因素，如国家的政治、经济形势，政策和法规的变化，股份公司经营状况，以及投资者的心理因素等都会影响股价的变动。

股票价格主要是指发行价格和市场价格。股票发行价格的形成有票面价值、股息水平、银行利息率三个因素。其计算公式为：

$$\text{股票发行价格}=\frac{\text{票面价值}\times\text{股利率}}{\text{银行利息率}}$$

市场价格是股票在实际交易过程中的价值。

股票市场是在不断变化的，股票价格也是在不断变化的。根据我国有关的规定，股票的发行出售价格可以按照不同情况采取两种做法：一是按票面额等价发行；二是按高于票面额的价格发行，即溢价发行。

4）发行股票的方式和程序

股票的发行方式一般有三种：一是通过专门发行新证券的市场公开发行；二

是由原有股东优先认购股票;三是与有关投资公司内部协商成交,不公开发行。现主要介绍公开发行股票的一般程序。

首先,做好股票发行的准备工作,编写必要的文件资料,包括公告招股说明书,制作认股书、签订承销协议和代收股款协议等。

其次,聘请会计师事务所、律师事务所及资产评估专门机构,对申请发行股票单位的资产、财产情况进行评估和审定,按隶属关系向省级人民政府或中央企业主管部门提出申请。

再次,发行申请批准后,送证监会复审。经证监会复审同意,申请单位可向证券交易所上市委员会注册,经审查同意后,方可发行股票,按规定程序招股,认股人缴纳股款、交割股票、选举董事、监事等。

3. 普通股发行

1) 普通股股东的权利

普通股股东即普通股股票持有人,一般具有以下权利:

其一,公司管理权。普通股股东在董事会选举中有选举权和被选举权,包括投票权、查账权,阻止越权的权利等。

其二,分享盈余权。普通股股东有分享公司盈余的权利。根据公司每一个会计年度的财务状况和盈利,股东大会有权决定分发股利数额。

其三,出让股份权。普通股股东持有的股票可以出售或转让。

其四,优先认股权。公司增发普通股股票时,股东有权按持有股票比例的优先认购新股票。

其五,剩余财产要求权。公司解散清算时,对公司的剩余财产,普通股股东有要求权,但对破产清算的财产变价收入,应在公司清偿债务、支付优先股股东后才能分配给普通股股东。

2) 普通股筹资的主要优点

其一,无固定股利负担。公司利用普通股筹资,负担较轻,没有固定的股利负担,公司有盈利可以分配给股东股利,如果没有盈利或盈利较小,可以不付或少付。

其二,无固定还款期。公司利用普通股筹资,具有永久性特点,可取得永久性资金,使用时间很长,没有固定的到期日期,也无需到期归还,除非是公司被清算。

其三,筹资风险小。公司利用普通股筹资,无固定股利负担,可永久性使用,因此,筹资风险较小。

其四,筹资限制少。公司利用普通股筹资,比优先股或债券筹资限制少,可增强公司经营的灵活性。

3) 普通股筹资的主要缺点

其一,资金成本高。公司发行普通股的成本一般高于债务资金,因为股利要从税后盈余中支付,而且发行费用也较其他证券高,因此,资金成本较高。

其二,容易分散控制权。公司发行普通股增加了新股东,导致分散和削弱公司控股权。

其三,降低每股收益率。公司发行普通股使更多的股东分享公司盈利,从而降低原股东收益。

4. 优先股发行

优先股是一种具有双重性质的证券,既与普通股有相似之处,又具有债券的某些特点。

1) 优先股的种类

其一,累积优先股与非累积优先股。累积优先股是在任何营业年度内未支付的股利可以累积在以后年度盈利一起支付的优先股;非累积优先股是按当年盈利分配股利的优先股。

其二,可转换优先股与不可转换优先股。可转换优先股是在一定时期内按一定比例将优先股转换为普通股的优先股;不可转换优先股是不能转换为普通股股票的优先股。

其三,参加优先股和不参加优先股。参加优先股是指既能取得固定股利,又有权与普通股一同参加利润分配的优先股;不参加优先股是不能参加剩余利润分配,只能取得固定股利的优先股。

其四,可赎回优先股与不可赎回优先股。可赎回优先股是指股份公司可按一定价格回收的优先股;不可赎回优先股是不能回收的优先股。

从以上几种优先股来看,累积优先股、可转换优先股、参加优先股都对股东有利,而可赎回优先股则对股份公司有利。

2) 优先股股东的权利

优先股股东的权利是相对普通股而言的,主要有:

其一,优先分配股利的权利。优先股股东的固定股利一般在支付普通股股利之前支付。

其二,优先分配剩余资产权。优先股股东对公司破产清算出售的资产收入,先于普通股取得未支付股利的权利。

其三,拥有部分管理权。优先股股东有权参加公司有关问题的研究和表决权利。

3) 优先股的主要优点

股份有限公司以发行优先股的形式来筹集资金,其主要优点有:

其一,无固定归还期。优先股没有固定的到期日,不用偿还本金,且使用时间相当长。

其二,支付股利无约定。优先股的股利支付虽固定,但无约定性,如公司经营财务情况不佳,也可暂时不支付。

其三,扩大公司权益。优先股是主权股,发行优先股可扩大公司权益,保持普通股原股东的控制权。

4) 优先股的主要缺点

其一,筹资成本高。公司发行优先股所支付的股利也要从税后盈余中支付,因此成本也较高。

其二,条款限制多。公司发行优先股较之发行普通股的限制多。

其三,财务负担重。由于优先股需支付固定股利,在税后利润中扣除,虽无约定性且可以延付,但对公司而言终究是一种较重的财务负债。

三、盈余公积

盈余公积又称保留盈余,是指企业税后利润留归企业使用的资金。它也是一种长期筹资方式,是企业资金的主要来源之一。

股份有限公司的税后利润要在股东和企业之间进行分配,分配给股东的称之股利分配,留归企业使用的就是盈余公积。一个股份有限公司的税后利润的分配,如果分配给股东的多,那么留给企业使用的就少;如果分配给股东的少,盈余公积就多。近年来,西方一些股份有限公司广泛采用盈余公积来筹集资金,主要是由于利用盈余公积筹资,既可以降低筹资成本,也可以使股东得益。

公司采用盈余公积筹集资金方式,无需支付筹资费用,而采用其他长期筹资方式(如长期借款、发行股票、债券等)都须支付大量筹资费用,所以,依靠企业内部积累筹集资金,对降低筹资成本无疑是有益的;同时,盈余公积资金属于主权资金,可以增加企业的信用度。而且公司采用盈余公积筹集资金方式,能多留盈余，少分股利，可以减少股东因收取股利所缴纳的个人所得税，也可以使公司股票价格因少发股利而上涨，股东如出售股票，所得可以代替其股利收入，况且，出售股票所得的税率一般较低，可使股东得益大于股利收入。

第二节 筹集负债资金

负债资金即借入资金，是指企业向金融机构或其他企业和个人借入的资金所形成的负债。负债是企业过去的交易或者事项形成的，预期会导致经济利益流出企业的现时义务。它是企业的一项主要资金来源，绝大多数企业都运用负债来筹集资金，以满足生产经营资金的需要。负债筹资可按其使用时期的长短，分为短期负债筹资和长期负债筹资。

一、短期负债筹资

短期负债又称流动负债，是指可以在 1 年以内或者超过 1 年的一个正常营业周期内偿还的债务。它是企业的短期资金来源，包括商业信用、银行信用、商业票据、应付费用等。短期负债具有速度快、成本低、弹性好、风险高等特点。因此，做好短期资金的筹集工作，管好流动负债，是企业一项重要的财务管理工作。

（一）商业信用

商业信用是企业在商品交易中由于延期付款、预收货款或延期交货而形成的一种借贷关系，是企业之间的一种直接信用行为，是企业短期资金的重要来源之一。商业信用产生于银行信用之前，在银行信用出现以后，它仍然存在。商业信用是商品交易中钱与货在时间上和空间上的分离，是自然性融资，运用广泛。它的表现形式主要是先取货、后付款和先付款、后取货两种。在西方一些国家里，90％的商品销售方式是商业信用。在我国，随着商品经济的发展，经济体制改革不断深入，商业信用也正逐步推广，成为企业筹集短期资金的一种方式。

商业信用的表现形式很多，主要有以下几种。

1. 应付账款

人们通常所说的商业信用就是指以应付账款形式购买商品。这是最早出现、最典型的商业信用形式，后来才发展为商业票据等形式。

应付账款是卖方向买方提供的一种短期信用。采用这种形式交易时，卖方先给买方商品，并允许在此后一定时期内付款，即在这段时间内，卖方向买方提供贷款,这样既解决买方暂时性的资金短缺困难,又可便于卖方推销商品。采取这种商业信用形式,买方不需提供任何正式的法律契约,卖方仅以发货单、运单作为收款依据,买卖双方分别在会计账簿上记录“应付账款”和“应收账款”,全凭信用维持赊账关系,因此这种商业信用形式又称“挂账信用”。这种商业信用形式必须在卖方对买方的信用和财务状况充分了解的基础上进行,使用时,由买方提供信用条件。

应付账款的信用条件是卖方对偿付期限和现金折扣所作的具体规定。偿付期限是卖方允许货款拖欠的最长时间,一般的偿付期限为 30 天,超过这一期限,即为拖欠。现金折扣是买方在偿付期限内提前付款所享受的折扣,如“2/10、1/20、n/30”,表明偿付期限为 30 天,买方在 10 天内付款可享受 2%现金折扣;在 10 天以后到 20 天内付款,可享受 1%现金折扣;货款在 20 天以后到 30 天内付清,不享受现金折扣,超过 30 天视为拖欠。

2. 应付票据

应付票据是指企业在对外经济往来中对应付债务所开出的票据。使用应付票据一般是在卖方知道买方的信用不佳或不了解,必须以法律凭据来承诺在未来一定时期内偿还债务的情况下进行。应付票据主要是指商业汇票,它包括银行承兑汇票和商业承兑汇票。

商业承兑汇票必须经过承兑才有效,承兑期最长一般不超过 9 个月,在特殊情况下经买卖双方商定,还可适当延长。商业承兑汇票一经承兑,买方必须承担到期无条件付款的责任。在一定程度上,商业承兑汇票具有流动性,卖方可以提前到银行贴现,获取现金,也可作为借款担保抵押品,买方可以在签发日至到期日这段时间里自主地使用这部分资金。这是一种很好的短期融资方式。

3. 预收货款

预收货款是指卖方按合同或协议规定,在商品未发出以前向买方预收的全部或部分货款所发生的商业信用,即卖方向买方借入以商品归还为条件的一笔借款。预收货款对于买方来说,可以取得期货;对卖方来说,可以预先收入一笔款项。采用这种商业信用方式,在商品供不应求的情况下,可能会使卖方乘机乱收预收货款。因此,买卖双方必须签订供销合同或协议,明确交货、付款等事项,共同严格遵守结算纪律。

4. 应付费用

应付费用是指企业应付而未付的费用。它主要包括应付职工薪酬、应交税费、其他应付款等。应付费用有指定的支付日期,它同应付账款一样,也是一种自然性的短期融资来源,应按规定正确计算,按规定及时支付。利用应付费用没有实际成本,在某种意义上说,它是企业的一笔财富,可为企业节省利息费用。

总的来说,商业信用是一种自然性融资,利用商业信用筹集资金是一种很好的集资方式,不但使用方便、无实际成本,筹资成本低而且容易取得、没有其他短期融资(如银行信用)的限制和约束,其缺点是商业信用时间一般较短,如果到期不付款,则会影响企业信誉,给以后筹资和交易带来不便。

(二) 银行信用

银行信用是指企业向银行及其他金融机构借入的期限不到 1 年的短期借款。

1. 银行信用的分类

银行信用可分为担保贷款和无担保贷款两种。

1) 担保贷款

担保贷款是指必须要有担保物作为担保的贷款。这主要是对一些信用不好、财务状况不佳的企业贷款时所采取的措施,以便向银行提供债务得以履行的担保,在企业不能履行还款义务时,银行有权出售担保品,以获得贷款的偿还。担保的形式一般有证人担保、财产担保、留置担保和货币担保等。其中,证人担保是由企业以外的第三者向银行提供的担保,当企业不能履行债务时,由第三者代为偿还;财产担保是企业以自己财产作抵押品的担保,当企业不能履行债务时,银行可请求法院拍卖其抵押品而得到优先偿还;留置担保是银行按合同、协议规定占有企业财产的担保,当企业不能履行债务时,银行有权扣留其财产,折价变卖以偿还债务;货币担保是企业以预交一定数额定金以担保合同履行的担保。

2) 无担保贷款

无担保贷款是指没有担保物作担保的贷款。这种贷款银行一般是对规模较大,信誉较好的企业提供的。无担保贷款的主要形式有:

(1) 额度贷款。额度贷款是指由银行与企业之间商定,在未来一定时间内,银行可供无担保贷款的最大数量(一般是 1 年商定一次)。企业在商定的贷款额度中运用资金,任何时候都不能超过这个额度。

(2) 临时贷款。临时贷款是指为满足企业某项业务临时需要向银行借入的一次性贷款。在贷款前,银行先要对企业的信用状况、经营情况进行调查,然后确定贷款利率、期限和数量。一般来说,这种贷款时间较短(3～6个月),其利率较额度贷款利率要高。

2. 银行信用的成本和利息率

银行信用的成本决定于贷款利率的高低。利息率是借入本金与利息额之间的比率,表示一定时期资金使用权的价值。它正确揭示了本金和利息增值之间的内在关系,是财务决策的基本依据。

决定利息率高低的主要因素是由供给和需求。此外,利息率还受通货膨胀、国家货币政策、财政政策、国际影响等因素的影响。在没有风险、没有通货膨胀的情况下,利息率将随资金供求量的变化而不断变化。在资本主义市场中,利息率还受到通货膨胀补偿、违约风险报酬、流动性和期限性风险报酬的影响,因而利息率是流动的。只要企业能合理预测上述这些因素,就能合理地测定利息率的水平。此外,在现代经济社会中,利息率作为一个经济杠杆,调整官方利息率已成为各国政府调节经济的一种手段。

我国目前的利息率水平基本上是稳定的,由中国人民银行统一确立,不随市场供求关系而自由变动,但国家对利息率的管制,对市场和理财政策仍有很大影响。一般地说,银行对规模大、信誉好的企业实行基本利率,也就是最低利率。这种利率在全国范围内基本统一,但是,银行对一些不具备享受基本利率信用素质的企业或某种贷款形式(如临时贷款),则借款利率要在基本利率的基础上提高。贷款利率可以采用固定利率,在贷款期内利率不变;也可以采用浮动利率,贷款利率将随基本利率的变化而变化。

3. 银行信用利息率的计算方法

1) 一次支付法

一次支付法又称简单法,是指在借款到期时一次支付利息的方法。其利息率根据实际支付的利息和贷款数额计算。其计算公式为:

$$\text{实际利息率}=\frac{\text{实际支付利息}}{\text{贷款数额}}\times 100\%$$

【例3-1】 假设有一笔贷款200 000元,1年支付利息12 000元。其实际利息率为:

$$\text{实际利息率}=\frac{12\,000}{200\,000}\times 100\%=6\%$$

2) 贴现法

贴现法是指根据实际支付利息数和贷款数额来计算实际利率的方法。与一

次支付法不同的是,其利息要在贷款中预先扣除,而不是在期末支付。其计算公式为:

$$实际利息率=\frac{实际支付利息}{贷款数额-实际支付利息}\times 100\%$$

【例 3-2】 仍以[例 3-1]说明,其实际利率为:

$$实际利率=\frac{12\ 000}{200\ 000-12\ 000}\times 100\%=6.38\%$$

3) 附加法

附加法是指将利息附加到各期还款的本金之中的方法。银行将根据预定利率计算的利息加到贷款本金上去,计算出贷款的本息作为各期偿还的金额。它一般适用于分期均等还款方式采用。

【例 3-3】 假设企业借入贷款 1 200 000 元,年利率为 6%,还款期 1 年,分 12 个月等额归还本息。

从整个贷款而言,企业自第一期开始就分期还本付息,以全年而言,1 200 000元的本金加上利息,全年累计还款 1 272 000 元。但是扣除每月的还款数,实际上企业只平均使用了贷款本金的半数,而却要支付全额的利息。其实际利率为:

$$\frac{1\ 200\ 000\times 6\%}{1\ 200\ 000\div 2}\times 100\%=12\%$$

因此,实际利率要比原定利率高出一倍。由此可见,采用附加法的实际利率非常高。

4. 银行信用的优点和缺点

1) 优点

银行实力雄厚,资金充足,能为企业提供较多的短期贷款,采用银行信用方式进行筹集资金,不仅能满足企业经常性和季节性的资金需要,而且银行贷款弹性较好,可根据资金多少情况借款或还款。

2) 缺点

但是,与商业信用相比,银行贷款不仅成本较高,限制较多,而且银行还要对企业实行一定的控制。此外,短期借款的风险大于长期借款,可能会出现不能偿付的风险。

二、长期负债筹资

长期负债是指偿还期在 1 年或超过 1 年的一个营业周期以上的债务。企业利用长期负债方式筹集资金可以降低财务风险,保证生产经营资金的需要。长期负债的筹资方式主要有长期借款、长期债券、融资租赁等。

(一) 长期借款

长期借款是指偿还期在1年以上的借款。企业为了解决小额固定资产投资,较长时间使用资金,可向商业银行、保险公司或其他金融机构借入超过1年的借款。与短期借款相比,这种借款具有资金使用时间较长、数额较大的特点。我国目前的长期借款较多的是向商业银行借入的基建借款。

长期借款数额较大、期限较长,企业在借款期内财务状况可能有所变化,因而贷款单位在从事长期贷款时,较为谨慎,要求按照一定程序进行。企业应先向贷款单位提出申请书,言明借款原因、借款期限、借款数额,经贷款单位审查同意后再签订借款合同。如果贷款单位认为需要担保,企业还必须提供抵押担保或信用担保。企业应按借款合同规定偿还借款本金,支付利息和费用。

与发行债券筹集资金方式相比,长期借款具有所需时间较短、获取资金较快、可在税前支付利息、借款成本低等优点;若借款期间企业财务状况有变化,企业可直接与贷款单位协商,比与股票、债券持有人协商要方便得多。但是,它也具有必须定期还本付息、财务风险大、筹资数额有限制条件多等缺点。因此,长期借款一般运用于资金需要量不太大、资金要求时间不太长的企业。

(二) 长期债券

债券是一种表明债权债务关系的债务性证券。发行单位应承担还本付息义务,持券人具有按约定条件到期取得本利的权利。

1. 债券的分类

债券有国家债券、企业债券和金融债券,这里主要介绍企业债券。企业债券按不同标准,可以分为不同类型。

1) 按有无财产担保,企业债券可分为抵押债券和信用债券

抵押债券是指以企业的不动产设备做抵押而发行的债券,如不能按期还本付息或破产清算,可以抵押品拍卖补偿。信用债券是指无抵押品担保,全凭公司良好的信誉而发行的债券。由于这种债券无担保品,因此,如公司破产清算,债券持有人只能作为一般债权来分享财产。

2) 按发行方式,企业债券可分为记名债券和不记名债券

记名债券是指在债券名册上登有债券持有人姓名或名称,凭名册偿还本金或支付利息的债券,债券转让时要办理过户手续。不记名债券是指债券上没有

姓名或名称,凭券还本付息的债券,流动方便,转让无需过户。

3) 按偿还方式,企业债券可分为定期偿还债券和不定期偿还债券

定期偿还债券是指在到期还本付息(包括分期偿还)的债券。不定期偿还债券是指按抽签确定债券号码偿还本金和利息的债券。

4) 按有无利息,企业债券可分为有息债券和无息债券

有息债券除本金外再按面值一定比率加计利息。无息债券不计利息,按面值折价出售,到期按面值归还本金。债券的面值与买价的差额就是持券人的收益。一般来说,我国企业债券都是有息债券,只有国外有很少的无息债券。

5) 按计息标准,企业债券可分为固定利率债券和浮动利率债券

固定利率债券是指债券的利息率在债券的年限内保持固定的债券。浮动利率债券是指利息率随基本利率变动而变动的债券(如保值贴补率)。

6) 按可否转换,企业债券可分为可转换债券和不可转换债券

可转换债券是指可以转换普通股的债券。不可转换债券是指不能转换普通股的债券。可转换债券在规定时期内(一般为债券期限)转换时,应按规定的价格或一定的比例转换为普通股。

【例 3-4】 某公司发行 15 年期限的可转换债券,面值为 1 000 元,发行后前 5 年按每股 50 元的价格转换,以后每年按 54 元的价格转换,其前 5 年的转换比率为1∶20,以后各年转换比率为1∶18.52。

2. 债券的发行

股份有限公司、国有独资公司、有限责任公司在具备发行债券的条件下,报请国务院证券管理部门批准后,可以发行债券。企业发行债券必须根据企业财力和偿还能力制订发行方案,按照规定程序上报审定。其中包括面值、期限、利率、偿还方式、发行价格和发行方式等方面内容。

1) 债券的面值

债券的面值是指债券持有人借以生息的本金和债券到期时偿还债务的金额。目前债券的面值一般趋向小面值。

2) 债券的期限

债券从发行日开始至到期日止,这一段时间为债券的期限。在债券的期限内,企业必须定期支付利息,到期必须偿还本金。

3) 债券的利率

债券上一般都注明年利率,利率有固定的,也有浮动的。面值与利率相乘则

为年利息。

4) 偿还方式

债券的偿还方式一般有到期还本付息、分期还息、以新换旧等方式。到期还本付息是指在债券期限到期时一次还本付息。以旧换新是指以新的债券来换取一次或多次发行的旧公司债券。分期付息可用期利率来表示,其计算公式为:

$$期利率=\frac{年利率}{每年利息支付次数}$$

5) 发行价格

一般来说,债券的面值即是债券的价格,但由于资金市场上的供求关系及利率的变化,有时债券的价格会与面值相背离,高于或低于面值,但差额通常不会很大。因此,债券发行的价格有三种:一是按债券面值等价发行;二是低于债券的面值折价发行;三是高于债券的面值溢价发行。

6) 发行方式

企业债券发行方式有委托发行和自行发行两种。委托发行是指企业先委托银行、投资公司或其他金融机构承销全部债券,然后委托方再把企业债券分给投资者个人及单位、代理发售企业债券的机构,按债券发行总面额收取一定比例手续费,但不承担企业经营财务状况责任的方式。自行发行是指不经过金融机构,由债券发行的公司直接配售给投资个人和单位的方式。这种发行没有承销人,可节约发行费用。

(三) 融资租赁

租赁是承租人和出租人之间的一项契约性协议,是指出租人在收取承租人租金的条件下,在合同或契约规定的期限内,给予承租人使用资产的权利。在人类历史上,租赁的形式早已出现,但现代租赁业却是在 20 世纪才开始发展起来的。第二次世界大战以后,租赁公司先在美国出现,业务得到很大发展。以后又传播到其他资本主义国家。近几年来,随着商品经济和商业信用的发展,我国企业之间资金横向融通活动广泛开展,采取租赁方式筹集资金已成为企业一种主要集资形式。

租赁的种类很多,按照租赁性质基本上分成经营性租赁和融资性租赁两大类。

经营性租赁是一种服务性租赁,是指由出租人在短期内按合同或契约规定,向承租人提供资产(主要是固定资产)及服务的业务。承租人支付一定租金,并在租赁期满,将租赁的固定资产归还给出租人。这种租赁方式的特点是:①资产所有权属于出租人。②租赁期较短,只是资产使用年限的一部分。③租赁合同比较灵活,任何一方都可在租期内提前3个月随时通知对方终止合同。④出租人向承租人提供资产维修、保养及人员培训等服务。

这里主要介绍融资性租赁。融资性租赁又称财务性租赁,是指由出租人按照承租人的需要在较长合同或契约时期内,提供给承租人使用固定资产的一种信用业务。融资性租赁是融资与融物的结合,其实质主要是出租人以实物资产为承租人提供信贷。

1. 融资性租赁的特点

融资性租赁的特点有:① 承租人有权在承租期内取得资产所有权。② 租赁期较长,一般是所租赁的资产大部分的使用寿命周期(约75%左右)。③ 租赁合同比较稳定,在租赁期内,承租人必须连续缴纳租金,非经双方同意,中途不得退租。④ 出租人一般不提供保养、维修、人员培训等服务。

2. 融资性租赁的分类

融资性租赁按其租赁的方式不同,又可分为售后租回租赁、直接租赁和杠杆租赁三种。

1) 售后租回租赁

售后租回租赁是指一个企业将某项资产出售给另一企业(出租人),然后通过融资再将这项资产租回而成为承租人的方式。采取这种租赁方式,出售资产的企业可以以融资的方式租回得到相当于市价的一笔资金,同时仍可以在租赁期内取得使用这项资产的权利。当然在租赁期间,企业需要支付租金,而且也失去了资产的所有权,但在租赁期满,企业仍能取得资产所有权,享有资产残余价值。

2) 直接租赁

直接租赁是指承租人直接向出租人承租取得资产使用权的方式。一般来说,直接租赁的出租人主要是产品制造企业、金融企业、租赁企业等。除产品制造企业外,其他金融企业、租赁企业都是向产品制造企业或流通企业购买资产后,再出租给承租人的。

3) 杠杆租赁

杠杆租赁是指由资金出借人为出租人提供部分购买资产的资金,再由出租人将资产租给承租人的方式。因此,杠杆租赁就涉及出租人、承租人和资金出借人三方。这种方式和其他租赁方式一样对承租人没有影响，但对出租人来说，它只支付购买资产的一部分资金(一般 30%左右)，另一部分资金是向资金出借人借来的，因此，它既是出租人，又是借资人，同时又拥有资产所有权，如果不能按期偿还借款，则资产所有权要归资金出借人所有。

3. 融资租赁的租金构成和计算方法

1) 租金构成

租金是指承租人支付给出租人让渡资产的使用权或价值的等价物。融资租赁的租金主要由三部分因素所组成：一是租赁资产的价款，包括资产的买价、运费及途中保险费；二是利息，即出租人所垫付资金的利息；三是手续费，一般按资产价款比率收取，如果规定由出租人支付的其他费用(如进口关税)也应包括在租金之内。

2) 计算方法

融资租赁租金的计算方法常用的有以下两种：

(1) 全均等分偿法。这种方法将资产的价款、利息之和按支付租金的次数平均分摊偿付，不论手续费采用何种方法支付，每次支付租金的数额都是相等的。其计算公式为：

$$R=P\cdot\frac{i}{1-(1+i)^{-n}}$$

式中 R——每次或每年支付租金数(资产价款、利息、手续费之和)；

P——资产价款(本金)；

i——利率；

n——支付租金的次数。

【例 3-5】 某企业向租赁公司租入机器一台，按合同规定，租期为 4 年，每年年末支付一次租金，该机器价款为 100 000 元，按年利率 12%支付利息，手续费按机器价款 1%计算，在租入机器时，一次付清。每年支付租金为：

$$每年支付租金=100\,000\times\frac{12\%}{1-(1+12\%)^{-4}}=32\,923.44(元)$$

这种方法将设备价款和利息算在一起，每期支付数额平均为 32 923.44 元，每年年末支付后，下期设备价款的期初余额减少，利息亦随之减少，由于平均支付数中包括利息数，因此每次支付的设备价款数则有所增加，即每期租金合计数减去每期利息等于每期应付设备价款(见表 3-1)。

表 3-1

融资租入固定资产支付租金计算表

(全均等分偿法) 单位：元

期　数	期初应付设备价款	每期应付设备价款	每期利息	租金合计
1	100 000	20 923	12 000	32 923
2	79 077	23 434	9 489	32 923
3	55 643	26 246	6 677	32 923
4	29 397	29 397	3 526	32 923
租金合计		100 000	31 692	131 692

这种计算方法比较复杂,但每次支付的租金数额相等,便于资金管理。

(2) 均等分偿法。这种方法将设备价款按支付租金的次数均等地分摊,应付设备价款期初余额逐步减少,利息也随之减少,不管手续费以何种方式支付,每次支付的租金均不相等。仍以[例 3-5]资料,其支付租金的计算方法如表 3-2 所示。

表 3-2

融资租入固定资产支付租金计算表

(均等分偿法) 单位：元

期　数	期初应付设备价款	每期应付设备价款	每期利息	租金合计
1	100 000	25 000	12 000	37 000
2	75 000	25 000	9 000	34 000
3	50 000	25 000	6 000	31 000
4	25 000	25 000	3 000	28 000
租金合计		100 000	30 000	130 000

这种计算方法计算简便,通俗易懂。

4. 融资租赁的优点

(1) 能及时解决承租人资金短缺的困难。融资租赁可以使企业在资金缺乏的情况下,迅速获得所需设备,有利于企业尽快形成生产能力,占领市场,打开销路。

(2) 不受价格变动影响。采用融资租赁方式租入的设备,租金是开始租赁时一次规定,并在以后分期支付的。在整个租赁期间租金固定不变,使承租人可免受价格变动而带来的损失。

(3) 限制较少。与发行债券、长期借款相比,融资租赁条款限制较少。而且,租金可在税前扣减,能减少所得税上缴。

(4) 风险较小。融资租赁的租期一般为设备使用年限的75%,租金是在整个租期内分摊的,无需到期一次归还大量本金,因此,风险较小。

第三节 资金成本和资金结构

一、资金成本

资金是企业从事生产经营的必备要素,它与其他活劳动和物化劳动一样,也必须要花费成本才能取得。资金成本又称资本成本,是指企业为筹集资金和使用资金而付出的代价。

(一) 资金成本的内容

资金成本包括资金占用费和资金筹集费。资金占用费是指企业在生产经营、投资过程中因使用资金而付出的费用。它包括资金时间价值和投资风险报酬的费用,这些都是经常发生的,是资金成本的主要内容,如向银行借款所支付的利息、发放股票所支付的股息等。资金筹集费是指企业在筹措资金过程中,为获取资金而付出的费用。资金筹集费通常是在筹集资金时一次性发生的,在用资过程中不再发生,如资金使用者在发行股票、债券过程中所支付的印刷费、注册费、代办费以及向银行贷款的手续费等。

资金占用费用同资金筹集额的大小、占用时间长短有直接联系,可以看作是资金成本的变动费用;而资金筹集费用则同资金筹集额和资金占用期一般无直接联系,可以看作是资金成本的固定费用。

资金成本与资金时间价值既有联系,又有区别。其联系在于资金成本和资金时间价值的基础都是资金。其区别在于看问题的角度不同:资金成本是从使用他人资金所花费的代价角度而言的,而资金时间价值则是从通过投资或借出资金所得的报酬而言的。

(二) 资金成本的计算

资金成本包括资金总成本和单位资金成本两种。资金总成本一般以绝对数表示;而单位资金成本则以相对数来表示,也就是使用资金所负担的费用与筹集资金净额的比率,称为资金成本率,一般也称为资金成本。其计算公式为：

$$资金成本率=\frac{年资金占用费}{筹资总额-资金筹资费}\times 100\%$$

【例 3-6】 某企业发行 500 元面额债券 1 万张，年利率为 10%，筹资成本为 20 万元。其债券资金成本率应为：

$$\frac{500\times 10\%}{500-20}\times 100\%=10.42\%$$

资金成本率一般用于企业筹集资金的测算，选择合理的筹资方案。但这一指标并不是唯一的依据，具体运用时，还要结合资金市场各种因素变化以及未来发展的影响。

1. 各种来源的资金成本计算

资金的来源渠道不同，其资金成本的计算也不同。

(1) 银行及其他金融机构借款。各种借款的资金成本主要是借款利息，资金成本率一般以借款利率来表示。但因为利息费用按规定在所得税前列支。因此，企业借款的实际资金成本率应为税后资金成本率。其计算公式为：

$$资金成本率=借款利率\times(1-所得税税率)$$

【例 3-7】 企业取得长期借款年利率为 8%，所得税税率为 25%。其资金成本率应为：

$$资金成本率=8\%\times(1-25\%)=6\%$$

(2) 长期债券。企业发行长期债券进行筹资，要支付一定数额的筹资费用，使企业实得资金一般少于债券的票面额(不包括溢价发行)。其计算公式为：

$$企业实得资金=债券发行金额\times(1-筹资费率)$$

另外，企业债券利息也是在所得税税前列支的，企业实际负担的债券利息计算的公式为：

$$债券利息=债券利率\times(1-所得税税率)$$

因此，债券成本率的计算公式为：

$$债券成本率=\frac{债券发行总额\times 年利率\times(1-所得税税率)}{债券发行总额\times(1-筹资费用率)}\times 100\%$$

【例 3-8】 某企业发行债券 1 000 万元，筹资费用为 2%，债券利息率为

8%,所得税税率为25%。其债券成本率应为:

$$债券成本率=\frac{1\,000\times 8\%\times(1-25\%)}{1\,000\times(1-2\%)}\times 100\%=\frac{60}{980}\times 100\%=6.12\%$$

(3) 股票。企业发行股票和债券一样,也要支付筹资费用,但其股利是从税后利润中列支的,不涉及扣减税款的问题。股票有优先股股票和普通股股票两种。

一是优先股股票。优先股享有优先支付股利的权利,当企业资不抵债时,优先股股票持有人可先于普通股享有索赔权,由于股利率固定,资金成本率计算比较简单。其计算公式为:

$$优先股成本率=\frac{年股利额}{股金金额\times(1-筹资费用率)}\times 100\%$$

【例3-9】 某股份有限公司按面值发行2 000万元的优先股股票,共支付筹资费用10万元,年优先股股利率为14%。其资金成本率应为:

$$优先股成本率=\frac{2\,000\times 14\%}{2\,000\times\left(1-\frac{10}{2\,000}\times 100\%\right)}\times 100\%$$

$$=\frac{280}{2\,000\times(1-0.5\%)}\times 100\%=14.07\%$$

二是普通股股票。普通股股票为企业基本资金,其股利要取决于企业生产经营情况,不能事先确定,因此,普通股的资金成本率很难预先准确地加以计算。一般地说,普通股的价格按企业获利能力来决定:预期获利能力大,价格就高;反之,预期获利能力小,价格就低。因此,资金成本率也会随之发生变化。股票的资金成本率计算公式为:

$$普通股成本率=\frac{普通股股利}{普通股股金市价总额\times(1-筹资费用率)}\times 100\%$$

【例3-10】 某股份有限公司发行普通股,市价为1 000万元,股利率为10%,筹资费用率为2%。其资金成本率应为:

$$普通股成本率=\frac{1\,000\times 10\%}{1\,000\times(1-2\%)}\times 100\%$$

$$=\frac{100}{980}\times 100\%=10.2\%$$

对于流通中的普通股股票,其成本按上一年股利额除以股票市价外,还要加上股利年增长率。

【例 3-11】 承[例 3-10],预计未来股利每年增长率为 2%。普通股股票的成本率为:

$$普通股成本率=\frac{1\,000\times10\%}{1\,000\times(1-2\%)}+2\%=12.2\%$$

(4) 留存收益。企业所获利润,按规定可留成一定比例的资金,满足自身资金需要,因留存收益属于普通股所有,其成本应与普通股相同,只是没有筹资费用。其计算公式为:

$$留存收益成本率=\frac{普通股股利}{留存收益总额}+留存收益增长率$$

【例 3-12】 某企业留存收益为 50 万元,普通股股利率 10%。其留存收益成本率为:

$$留存收益成本率=\frac{50\times10\%}{50}+2\%=12\%$$

2. 平均资金成本率的计算

企业取得资金的渠道不同,其资金成本率也不同。在决策资金运用时,如果以某一种资金成本率作为依据,则往往会造成决策失误。计算平均资金成本率主要是保证企业有一个合理的资金来源结构,使各种资金保持合理的比率,并尽可能使企业平均资金成本率有所降低。计算平均资金成本率是将各筹资渠道的资金成本率及资金数额进行加权平均。其计算公式为:

$$\begin{matrix}加权平均\\资金成本率\end{matrix}=\frac{\sum各种渠道的筹资额\times各该渠道资金成本率}{各渠道筹资金额}\times100\%$$

【例 3-13】 某股份有限公司的资金来源分别为:银行借款 500 万元,优先股 100 万元,普通股 1 000 万元,留存收益 400 万元。各种渠道资金成本率分别为 9%、10%、12%、8%。其加权平均资金成本率为:

$$\begin{aligned}加权平均资金成本率&=\frac{500\times9\%+100\times10\%+1\,000\times12\%+400\times8\%}{2\,000}\times100\%\\&=\frac{45+10+120+32}{2\,000}\times100\%\\&=\frac{207}{2\,000}\times100\%=10.35\%\end{aligned}$$

二、资本结构

对一个企业而言，各种筹资方式所筹集的资金在资金总额中的比重多少，是个财务结构问题。财务结构的中心是资本结构，它是指企业各种长期资金的构成。一般来说，在企业中，长期资金所占的比重较大，因此，资本结构是决定财务结构的关键。

（一）负债比率对资本结构的影响

资本结构主要是负债比率问题。在一定限度内，企业增加债务，可以降低加权平均资本成本。例如，长期债务资金成本低，而普通股成本高，如果将企业资本结构中长期债务比重提高到一定程度，既不会明显增加债务成本，也不会对普通股成本造成影响，还可以降低综合资金成本；同样，如果减少债务，则可使加权平均资本成本上升。

（二）负债筹资的财务杠杆作用

财务杠杆是指资本结构中长期负债的运用对每股收益的影响。债务比例越大，财务杠杆的作用也越大。

企业通过负债筹集资金不论利润多少，其债务所负担的利息通常是不变的。当息税前盈余增大时，每1元盈余所负担的固定财务费用会相应减少，从而给普通股东带来更多的收益，当息税前利润减少时，每1元盈余所负担的利息就会相应增加，从而减少普通股股东的利益。这种息税前利润、固定财务费用之间与股东每股收益之间的变动所产生的影响就是财务杠杆作用。如果企业没有借入资金就没有固定财务费用支出，财务杠杆也就不存在。

测算财务杠杆作用，财务上通常用的指标是财务杠杆系数。其计算公式为：

$$\text{企业有优先股的财务杠杆系数}=\frac{\text{息税前利润}}{\text{息税前利润}-\text{利息}-\dfrac{\text{优先股股利}}{1-\text{所得税税率}}}$$

$$\text{企业没有优先股的财务杠杆系数}=\frac{\text{息税前利润}}{\text{息税前利润}-\text{利息}}$$

【例3-14】 某企业全部长期资本为8 000万元，其中债务成本占30%，债务年利息为7%，息税前利润为850万元。其财务杠杆系数为：

$$\text{财务杠杆系数}=\frac{850}{850-(8\ 000\times 30\%\times 7\%)}=\frac{850}{850-168}=1.25$$

[例3-14]财务杠杆系数表明，当息税前利润增长1%，则普通股每股税后利润增值1.25%，表现为财务杠杆利益：如果息税前利润减少1%，则普通股每股

税后利润减少 1.25%,表现为财务风险。

由此可见,财务杠杆对普通股每股收益的影响有有利和不利两个方面,财务杠杆对每股收益产生有利影响的方面称为正财务杠杆,产生不利影响的方面称为负财务杠杆。正财务杠杆作用是指在其他条件不变情况下,财务杠杆的运用可使企业每股收益超过未运用财务杠杆的企业。

【例 3-15】 有甲、乙两家企业,甲企业未运用财务杠杆,乙企业运用财务杠杆,其有关资本结构、营业利润情况如表 3-3 所示。

表 3-3

有关财务资料表

单位:元

项 目	甲企业(未运用财务杠杆)	乙企业(运用财务杠杆)
普通股	2 000 000(20 000 股)	1 000 000(10 000 股)
债 务		1 000 000(利率为 8%)
资本总额	2 000 000	2 000 000
营业利润	200 000	200 000
利 息		80 000
税前利润	200 000	120 000
所得税(税率 25%)	50 000	30 000
净利润	150 000	90 000
每股收益	7.5	9

表 3-3 数字表明,运用财务杠杆的乙企业,其每股收益要比未运用财务杠杆的甲企业增加 1.5 元(9−7.5),产生正财务杠杆作用。其主要原因在于:一是净利减少幅度小于股票减少幅度。由于乙企业运用财务杠杆,股票数额比甲企业减少 50%(甲企业 20 000 股,乙企业 10 000 股),净利润减少 40%(甲企业 150 000 元,乙企业 90 000 元)。其净利减少幅度小于股票数额。二是营业利润率高于债务成本率。运用财务杠杆的乙企业,营业利润为 200 000 元,总资本为 2 000 000 元,营业利润率为 10%,而其债务成本率为 8%,这说明可以有 2%的利润分配给股东,从而使每股收益上升。

但是,如果营业利润率低于债务成本率,则会产生负财务杠杆。假设乙企业债务成本率提高为 12%,则其每股收益只有 6 元,详见表 3-4。

表 3-4

乙企业每股收益计算表

单位：元

营业利润	200 000
利　　息(利率为 12%)	120 000
税前利润	80 000
所 得 税(税率为 25%)	20 000
净 利 润	60 000
每股收益	6

练 习 题

一、判断改错题

1. 股票发行价格是由票面价值、股息水平和银行利息率三个因素组成的。（　　）

2. 用简单法计算银行信用利息率的计算公式为：

$$实际利息率=\frac{实际支付利息}{贷款数额-实际支付利息}\times 100\%$$ （　　）

3. 融资租赁的租金计算方法常用的有一次支付法和附加法两种。（　　）

4. 利用债务资本，可以降低企业资本成本，增加每股盈余，而且没有风险。（　　）

5. 采用盈余公积筹集资金方式，需要支付筹资费用增加筹资成本。（　　）

6. 股票一经认购，持股人不能要求退股，但可在证券市场进行转让。（　　）

二、填空题

1. 资本金按资金的所有者划分，可以分为国家资本金、个人资本金、（　　　）和（　　　）等。

2. 企业的组织形式多种多样，有国有企业，外商投资企业、股份制企业、（　　　）和（　　　）等。

3. 企业筹集资金要与投资者签订合同和协议，明确出资方式、出资额、（　　　）和（　　　）。

4. 股票价格主要是指(　　　　)和(　　　　)。

5. 负债集资可按其使用时间的长短,分为(　　　　)和(　　　　)。

6. 银行信用可分为(　　　　)和(　　　　)两种。

三、单项选择题

1. 决定股票价格高低的因素是股利和(　　　　)的高低。

A. 票面价值　　B. 预期股利

C. 银行存款利息率　　D. 银行借款利息率

2. 股票发行出售的价格按我国有关规定可以采取等价发行和(　　　　)的做法。

A. 市场价发行　　B. 低于票面额价格发行

C. 面值加利息价发行　　D. 溢价发行

3. 采用附加法计算实际利息率要比原定(　　　　)。

A. 利率高　　B. 利率低

C. 利率一致　　D. 利率差距小

4. 长期借款筹集资金比发行债券筹集资金具有时间短、获取资金快,借款成本低及(　　　　)等优点。

A. 税后支付利息　　B. 税前支付利息

C. 手续简便　　D. 风险小

5. 融资性租赁的方式有租回租赁、杠杆租赁和(　　　　)三种。

A. 经营租赁　　B. 信用租赁　　C. 直接租赁　　D. 间接租赁

6. 下列债权债务中,属于企业延期交货的项目是(　　　　)。

A. 应付账款　　B. 应收账款　　C. 应付票据　　D. 预收货款

四、多项选择题

1. 投资者投资的形式有(　　　　)等。

A. 货币资金　　B. 债权　　C. 实物　　D. 无形资产

2. 采用(　　　　)等长期筹资方式,需要支付大量筹资费用。

A. 长期借款　　B. 发行股票　　C. 保留盈余　　D. 发行债券

3. 下列项目中,属于商业信用形式的有(　　　　)。

A. 应付票据　　B. 预收货款　　C. 应付账款　　D. 临时借款

4. 利息率计算的方法一般有(　　　　)等。

A. 加权平均法　　B. 简单法

C. 附加法　　D. 贴现法

5. 长期债券按计息标准分类可分为(　　)。

A. 固定利率债券　　B. 有息债券

C. 无息债券　　D. 浮动利率债券

6. 融资性租赁的方式有(　　)。

A. 直接租赁　　B. 间接租赁

C. 售后租回租赁　　D. 杠杆租赁

五、名词解释

1. 盈余公积　　2. 借入资金

3. 商业信用　　4. 融资租赁

5. 资金成本　　6. 财务杠杆

六、简答题

1. 什么是资本金？如何对其进行分类？

2. 什么是股票？如何对其进行分类？

3. 什么是长期负债？它包括哪些内容？

4. 采用租赁筹资方式有何优点？

5. 什么是银行信用？如何计算其成本和利息率？

6. 什么是筹资风险？影响筹资风险的主要因素是什么？

七、业务计算题

1. 某公司以融资租赁方式租入运输车一辆，价值为300 000元，合同租期为5年，每年年末支付一次租金，年利率为6%，手续费按车价1%计算，在租入时一次付清。请用均等分偿法计算各年应付租金数。

2. 某公司发行债券5 000万元，筹资费率为2%，该批债券利率为8%，所得税税率为25%。请计算其债券成本率。

3. 某公司发行5年期债券1 000万元，溢价5%发行，票面利率为10%，每年年末支付一次利息，筹资费率为4%，所得税税率为25%。请计算其债券成本率。

4. 某公司发行4年期债券一批，面值为1 000元，年利率为6%，每年付息一次。如果市场利率为5%，其发行价格为多少？

第 四 章

营运资金管理

内容提示 本章主要阐述营运资金的作用及其构成，并分别阐述流动资产、流动负债有关项目的具体内容和管理方法。通过学习，学生应了解营运资金的概念和作用，明确营运资金的内容和管理方法，掌握有关货币资金、应收账款、存货等项目的控制和检查以及资金时间价值的计算和运用的方法。

第一节 营运资金的概念及特点

营运资金又称营运资本，是指流动资产减去流动负债后的余额。它是企业从事生产经营活动的基础。企业必须持有一定数量的营运资金，在一般情况下，企业营运资金越多，举债融资能力就越强，风险越小，而收益率也越低；反之，营运资金越少，风险越大，而收益率则越高。

一、流动资产的概念及特点

（一）概念

流动资产是指企业可以在 1 年(含 1 年)或者超过 1 年的一个正常营业周期内变现出售或者耗用的资产。它在生产经营或者业务活动中参加循环、周转，并不断改变其形态，流动性很大，周转期很短。它的内容包括货币资金、交易性金融资产、应收及预付款项，以及可变现的存货资产。

（二）特点

1. 流动性大、周转期短

流动资产的消耗与补偿期限很短，流动性大，可以在 1 年内或 1 个生产经营周期内发生作用。例如，工业企业在生产经营过程中分为供应、生产和销售三个阶段，原材料投入产品生产后转为产成品，从而从产品销售收入中得到补偿；商业企业在商品购销活动中分为购买和销售两个阶段,商品储备可以在销售后得到补偿。所以,流动资金形态多变,消耗和补偿期限很短。

2. 存在资产分布并存性和资金运动继起性

企业的流动资产从货币形态开始,由一种形态转化为另一种形态,最后又回到货币形态,这种过程叫做流动资金循环。流动资产周而复始的循环,叫做流动资产周转。流动资产不断地循环和周转,保证了企业再生产过程的不断实现。从流动资产运动的整体来看,不同形态的资金在空间上的分布并存于生产经营的各个阶段中,只有多种形态的资产同时并存,并保持一定比例,才能保证企业再生产过程连续不断地进行;同时,流动资产运动是按照再生产的顺序从一个过程过渡到另一个过程,依次继起地改变流动资产各种占用形态,彼此相继地、连续地进行转化,从而实现流动资产周转的。流动资产的并存性和继起性是互为条件、互相制约的,两者共同影响流动资产的使用情况。因此,企业合理配置流动资产各个项目的比例,是流动资产顺利周转的前提。

3. 随着资产的周转循环,流动资产不断改变其价值

企业流动资产的占用数量随着产销条件的变化和管理状况的变化随时波动,如果资产周转加速时,就能减少流动资产的占用数量;如果企业获得利润时,就能增加其价值,从加速周转中增加其收入,取得经济效益。所以,流动资产在各个阶段的流动状况,标志着企业的经营管理水平和经济效益。

二、流动负债的概念及特点

(一) 概念

流动负债是指在1年(含1年)或者超过1年的一个正常营业周期内应予以清偿的债务。它包括短期借款、应付票据、应付及预收账款、预收费用、应交税费和1年内到期的长期借款。

(二) 特点

1. 流动性强

以流动负债与非流动负债相比,其融资时间短手续简便。例如,短期借款与长期借款相比,其申请手续简便、偿还时间短、借款条款限制少。

2. 成本低

短期负债筹资所发生的利息要低于长期负债融资,筹资成本低。例如,有些应付及预收款项的利息支出少,有些应付税费和应计费用甚至没有利息负担。

3. 风险大

一般来说,短期负债的风险大于长期负债。这主要是由于短期负债的借款利率随市场变化而时高时低,长期负债的借款利率则相对稳定;而且短期负债还款期短,如果债务到期集中,一时筹措大量还款,也会给企业增加困难,甚至导致企业无法偿还而破产。

第二节　货币资金管理

一、货币资金管理的内容

货币资金管理也称现金管理。货币资金是指企业在生产经营活动中停留在货币形态的资产。例如,库存现金、银行存款和在途货币资金等其他货币资产是流动资金中最活跃的项目,也是最必需的项目。但货币资金结余过多,会降低企业的收益水平;结余过少,则会影响企业的正常交易,甚至有存在中断业务的风险。所以,货币资金管理的目的应是既要力求保证企业业务的需要,降低风险;又要防止企业有过多的闲置现金,防止浪费。货币资金管理的内容包括四个方面:一是编制现金预算;二是建立最佳现金余额;三是加强现金预算的控制和检查;四是加强现金的日常管理。其内容均包括各种货币资金。

二、编制现金预算

(一) 编制现金预算的作用

现金预算是财务预算的重要部分,它是与其他预算紧密联系的。

(1) 可以通过现金预算的编制,事先掌握现金流动的信息,搞好资金调度,最大限度地提高资金的使用效率,使企业资金运动健康地进行。

(2) 可以通过对现金预算的执行情况的检查和考核,事先获悉企业是否潜伏着现金短缺的风险,以便与有关部门共同采取防范措施,化解潜在的风险,将事后监督转化为事前监督,将被动应付改变为主动防范。

(3) 可以通过对现金预算的分析检查,发现企业资金的潜力所在,考虑是否有潜力扩大经营规模;是否有足够现金支付利息和股利;是否有力量清偿到期债务;以便为企业决策提供依据。

(二) 现金预算表的结构及内容

编制现金预算表是现金预算的必要内容,它是企业控制货币资金收支、组织财务活动、平衡调度资金的直接依据。

现金预算表所指的现金一般包括现金及现金等价物。其中,现金是指企业库存现金以及可以随时用于交付的银行存款和其他货币资金;现金等价物是指企业持有的期限短、流动性强、易于转换为已知金额现金、价值变动风险很小的投资,如从购买日起 3 个月内到期的可以在市场流通的短期债券投资等。凡不能随时支付的定期存款和长期性投资均不能作为现金。企业的现金流量是指某一时期内现金流入流出的数量。

现金流量表的结构包括基本报表和补充资料两部分。

基本报表的内容有五项:一是经营活动产生的现金流量,主要包括销售商品、提供劳务、购买商品、接受劳务、支付给职工以及为职工支付税费等;二是投资活动产生的现金流量,主要包括取得和收回投资,购建和处置固定资产、无形资产和其他长期资产等;三是筹资活动产生的现金流量,主要包括吸收投资、取得借款、分配股利、利润和偿付利息等;四是汇率变动对现金及现金等价物的影响;五是现金及现金等价物净增加额。

补充资料有三项:一是将净利润调节为经营活动产生的现金流量;二是不涉及现金收支的投资和筹资活动;三是现金及现金等价物净增加情况。

基本报表与补充资料的关系如下:

(1) 基本报表第一项经营活动产生的现金流量净额与补充资料第一项经营活动产生的现金流量净额,应当核对相符。

(2) 基本报表中的第五项与补充资料中的第三项存在勾稽关系,金额应当一致。

(3) 基本报表中的数字是现金流入与现金流出的差额,补充资料中的数字是现金与现金等价物本期金额与上期金额的差额,其计算依据不同,但结果应当一致,两者应核对相符。

(三) 现金预算表的编制方法

现金预算表的编制方法有直接法和间接法两种。

1. 直接法

直接法也称现金收支法,是指直接根据预算期影响企业现金的收支,逐项预测各项现金的收入支出数额,平衡财务收支的一种方法。基本报表的编制应采用直接法。

现将主要预算项目编制方法简述如下。

1) 经营活动产生的现金流量

(1)“销售商品、提供劳务收到的现金”项目。该项目一般应包括:预算期销售商品或提供劳务所收到的现金收入(包括增值税销项税额);当期收到前期销售商品、提供劳务的应收账款或应收票据;预算期的预收账款、因销货退回而支付的现金或收回前期核销的坏账损失及预算期收到的货款和应收、应付账款。

【例 4-1】 甲公司预计本预算期内收到商品销售收入现金 120 万元;支付客户退货价款 5 万元;应收账款期初余额为 10 万元,预计期末余额为 8 万元;应收票据期初余额为 15 万元,预计期末余额为 6 万元(均包括增值税款)。根据以上各项目资料,该公司预算期销售商品提供劳务收到的现金应为 126 万元[120+(10−8)+(15−6)−5]。

(2)"收到的税费返回"项目。该项目包括预算期收到的增值税、消费税、所得税、关税和教育费附加的返还等。

【例 4-2】 甲公司预计在预算期内收到出口产品增值税退还50 000元,收到消费税退还 20 000 元。

(3)"收到其他与经营活动有关的现金"项目。该项目反映企业除了上述各项以外预计收到的其他与经营活动有关的现金流入。

(4)"购买商品、接受劳务支付的现金"项目。该项目一般包括:预算期购买商品、接受劳务支付的现金;预算期支付前期的购货应付账款或应付票据(均包括增值税款进项税额);预计应预付的账款,以及购货退回所收到的现金。

【例 4-3】 甲公司预计在预算期购买原材料支付现金 30 万元、预计支付前期进货应付账款 20 万元、预付购货款 3 万元(均包括增值税)。甲公司预计在预算期内"购买商品、接受劳务支付的现金"为 53 万元(30+20+3)。

(5)"支付给职工以及为职工支付的现金"项目。该项目包括预算期内实际支付给职工的工资、奖金、各种津贴和补贴等,以及经营人员的养老金、保险金和其他各项支出。

【例 4-4】 甲公司预计支付给经营人员的工资、奖金等支出 5 万元,应列入经营活动"支付给职工以及为职工支付的现金"项目。

(6)"支付的各种税费"项目。该项目反映企业按规定支付的各项税费,包括预算期内发生并支付的税费,以及预计支付以前各期发生的税费和预交的税金。

(7)"支付其他与经营活动有关的现金"。它反映企业除了上述各项以外的其他与经营活动有关的现金流出。

【例 4-5】 甲公司预计在预算期内向税务机关交纳各项税款 42 万元。支付的其他与经营活动有关的现金 10 万元。

根据以上有关项目[例 4-1]至[例 4-5]的计算，甲公司经营活动产生的现金流入预计为 133 万元(126＋7)，现金支出 110 万元(53＋5＋42＋10)；经营活动产生的现金流量净额为 23 万元(133－110)。

2) 投资活动产生的现金流量

(1)“收回投资收到的现金”项目。该项目反映企业出售转让或到期收回除现金等价物以外的交易性金融资产、其他权益工具投资、其他债权投资、长期股权投资而收到的现金，以及收回债权投资本金而收到的现金，按实际收回的投资额填列。

【例 4-6】 甲公司预计在预算期内出售权益性投资本金为 20 万元，收回的投资金额为 25 万元，此项目应按 25 万元填列。

(2)“取得投资收益收到的现金”项目。该项目反映企业因股权性投资和债权性投资而取得的现金股利、利息，以及从子公司、联营企业或合营企业分回利润而收到的现金。到期收回的本金应在“收回投资收到的现金”项目中反映。

【例 4-7】 甲公司预计在预算期内可收回到期债券本金 20 万元；债券利息 6 万元。收入的现金应列入“收回投资收到的现金”项目 20 万元，列入“取得投资收益收到的现金”项目 6 万元。

(3)“处置固定资产、无形资产和其他长期资产收回的现金净额”项目。该项目反映企业为处置这些资产所取得的现金，扣除为处置这些资产而支付的有关费用后的净额。

【例 4-8】 甲公司预计在预算期内将出售设备一台，收到价款 5 万元，支付设备拆卸费用等 0.5 万元。预计收到处置固定资产的现金净额为 4.5 万元(5－0.5)。

(4)“收到其他与投资活动有关的现金”项目。该项目反映企业除了上述各项以外收到其他与投资活动有关的现金流入。

(5)“购建固定资产、无形资产和其他长期资产支付的现金”项目。该项目包括企业购买、建造固定资产，取得无形资产和其他长期资产所支付的现金，不包括为购建固定资产而发生的借款利息资本化的部分以及融资租赁租入固定资产所支付的租金和利息。

【例 4-9】 甲公司预计在预算期内购入机器一台，付价款 30 万元(含增值税)。“购建固定资产、无形资产和其他长期资产支付的现金”项目金额为 30 万元。

(6)“投资支付的现金”项目。该项目反映企业进行权益性投资和债权性投资支付的现金，包括短期股票、短期债券投资、长期股权、债权投资所支付的现金及佣金、手续费等附加费用。

(7)“支付其他与投资活动有关的现金”项目。该项目反映企业除上述各项以外,支付的其他与投资活动有关的现金流出。

根据以上各预算项目[例 4-6]至[例 4-9]的计算,甲公司投资活动所产生的现金流入为 55.5 万元(25+20+6+4.5),现金流出为 30 万元,现金流量净额为 25.5 万元(55.5-30)。

3) 筹资活动产生的现金流量

筹资活动是指导致企业资本及债务规模和构成发生变化的活动。

(1)“吸收投资收到的现金”项目。该项目反映企业收到的投资者投入的资金,包括发行股票所实际收到的款项净额(发行收入减去支付的佣金等发行费用后的净额)。在一般企业中,发行股票的业务比较少,这里不另举例。

(2)“取得借款收到的现金”项目。该项目是指企业举借各种短期、长期借款及发行债券所收到的现金,根据收入时的实际借款金额计算。企业因借款而发生的利息列入“分配股利、利润或偿付利息支付的现金”项目。

【例 4-10】 甲公司预计在预算期内向银行借到长期借款所收到的现金 20 万元。甲公司应将其列入“借款收到的现金”项目。

(3)“收到其他与筹资活动有关的现金”项目。该项目反映企业除上述各项目外,收到的其他与筹资活动有关的现金流入,如接受现金捐赠等。

(4)“偿还债务支付的现金”项目。该项目包括归还金融企业借款、偿付企业到期的债券等,按当期实际支付的偿债金额填列。

【例 4-11】 甲公司预计在预算期内归还部分金融企业借款 10 万元,偿付利息 3.5 万元。甲公司应列入“偿还债务支付的现金”项目 10 万元,列入“分配股利、利润或偿还债券支付的现金”项目 3.5 万元。

(5)“分配股利、利润或偿付利息支付的现金”项目。该项目反映企业实际支付的现金股利和付给其他投资单位的利润以及支付的债券利息,借款利息等。

(6)“支付其他与筹资活动有关的现金”项目。该项目反映企业除上述各项外,支付的其他与筹资活动有关的现金流出,如捐赠现金支出及融资租入固定资产所支付的租赁费等。

根据以上有关项目[例 4-10]至[例 4-11]的计算,甲公司筹资活动所产生的现金流入为 20 万元,现金流出为 13.5 万元(10+3.5),现金流量净额为 6.5 万元(20-13.5)。

4）汇率变动对现金及现金等价物的影响

这是指企业的外币现金流量以及境外子公司的现金流量折算为人民币时，所采用的现金流量发生日的汇率或平均汇率折算的人民币金额与“现金及现金等价物净增加额”项目中外币现金净增加额按期末汇率折算的人民币金额之间的差额。

5）现金及现金等价物净增加额

这是指经营活动产生的现金流量净额、投资活动产生的现金流量净额、筹资活动产生的现金流量净额三项之和。根据以上[例 4-1]至[例 4-11]，该项目金额即为 55 万元(23＋25.5＋6.5)，如表 4-1 所示。

表 4-1

现 金 预 算 表(直接法)

会企 03 表

编制单位：甲公司　　　　20××年度　　　　单位：元

项　　　目	本　期 金　额	上期 金额
一、经营活动产生的现金流量：		
销售商品、提供劳务收到的现金	1 260 000	
收到的税费返还	70 000	
收到其他与经营活动有关的现金		
经营活动现金流入小计	1 330 000	
购买商品、接受劳务支付的现金	530 000	
支付给职工以及为职工支付的现金	50 000	
支付的各项税费	420 000	
支付其他与经营活动有关的现金	100 000	
经营活动现金流出小计	1 100 000	
经营活动产生的现金流量净额	230 000	
二、投资活动产生的现金流量：		
收回投资收到的现金	450 000	
取得投资收益收到的现金	60 000	
处置固定资产、无形资产和其他长期资产收回的现金净额	45 000	
处置子公司及其他营业单位收到的现金净额		
收到其他与投资活动有关的现金		
投资活动现金流入小计	555 000	
购建固定资产、无形资产和其他长期资产支付的现金	300 000	
投资支付的现金		
取得子公司及其他营业单位支付的现金净额		

（续表）

项　　目	本期金额	上期金额
支付其他与投资活动有关的现金		
投资活动现金流出小计	300 000	
投资活动产生的现金流量净额	255 000	
三、筹资活动产生的现金流量：		
吸收投资收到的现金		
取得借款收到的现金	200 000	
收到其他与筹资活动有关的现金		
筹资活动现金流入小计	200 000	
偿还债务支付的现金	100 000	
分配股利、利润或偿付利息支付的现金	35 000	
支付其他与筹资活动有关的现金		
筹资活动现金流出小计	135 000	
筹资活动产生的现金流量净额	65 000	
四、汇率变动对现金及现金等价物的影响		
五、现金及现金等价物净增加额	550 000	
加：期初现金及现金等价物余额		
六、期末现金及现金等价物余额		

补　充　资　料	本期金额	上期金额
1. 将净利润调节为经营活动现金流量：		
净利润		
加：资产减值准备		
固定资产折旧、油气资产折耗、生产性生物资产折旧		
无形资产摊销		
长期待摊费用摊销		
处置固定资产、无形资产和其他长期资产的损失(收益以“－”号填列)		
固定资产报废损失(收益以“－”号填列)		
公允价值变动损失(收益以“－”号填列)		
财务费用(收益以“－”号填列)		
投资损失(收益以“－”号填列)		

（续表）

补　充　资　料	本　期 金　额	上期 金额
递延所得税资产减少(增加以“－”号填列)		
递延所得税负债增加(减少以“－”号填列)		
存货的减少(增加以“－”号填列)		
经营性应收项目的减少(增加以“－”号填列)		
经营性应付项目的增加(减少以“－”号填列)		
其他		
经营活动产生的现金流量净额		
2. 不涉及现金收支的重大投资和筹资活动：		
债务转为资本		
一年内到期的可转换公司债券		
融资租入固定资产		
3. 现金及现金等价物净变动情况：		
现金的期末余额		
减：现金的期初余额		
加：现金等价物的期末余额		
减：现金等价物的期初余额		
现金及现金等价物净增加额		

直接法所编制的预算能直接与现金的收支情况进行比较，使闲置的现金余额减少到合理的程度，并便于控制和分析现金预算的执行情况。其主要缺点是工作量比较大。

2. 间接法

间接法也称净利润调整法，是指先把预计利润数调整为现金的收支，然后加减其他财务活动影响货币收支的数额来编制现金预算的方法。其一般步骤为：

(1) 先把预计的税后净利润调整成为按现金收付制计算的税后净利润。

(2) 按现金收付实现制计算的税后净利润加上与损益计算无关的货币资金收入，减去与损益无关的货币资金支出，调整成为预算期内现金的增减额。其主要内容有：① 不需用现金支付的经营活动费用，如计提资产减值准备、固定资产折旧、无形资产摊销等。② 债权债务的增减变动，包括经营性应收款项目的减少和应付款项目的增加等。③ 存货的减少。④ 影响净利润的投资筹资活动支出，包括处置固定资产、无形资产和其他长期资产的损失，固定资产报废，财务费用，投资损失等。⑤ 因投资筹资活动而产生的现金流量,包括对外投资收回投资、购建和处置固定资产、无形资产和其他长期资产所收回的净额,吸收投资,借入款项,偿还债务,分配股利等。

(3) 现金净额的增减数加上期初余额即为现金的预计期末余额,现举例用间接法编制现金预算表如下:

【例 4-12】 某有限公司 20××年度预计净利润为 100 万元,计提资产减值准备 2.1 万元,固定资产折旧 8.02 万元,无形资产摊销 2.5 万元,长期待摊费用摊销 2 万元,处置固定资产损失 3.48 万元,固定资产报废损失 2.62 万元,财务费用 7.28 万元,存货减少 7 万元,应收账款减少 8 万元,应付账款减少 20 万元,收回投资 45 万元,投资收益 6 万元,处置固定资产收回净额 4.5 万元,收入借款 20 万元,购建固定资产 30 万元,偿还债务 10 万元,分配股利 3.5 万元。该公司用间接法编制现金预算表如表 4-2 所示。

表 4-2

现 金 预 算 表

编制单位:某有限公司　　20××年度　　单位:元

项　目	预计金额
一、净利润	1 000 000
加:计提的资产减值准备	21 000
固定资产折旧	80 200
无形资产摊销	25 000
长期待摊费用摊销	20 000
处置固定资产、无形资产和其他长期资产的损失(收益以“一”号填列)	34 800
固定资产报废损失	26 200
财务费用(收益以“一”号填列)	72 800
投资损失(收益以“一”号填列)	
递延所得税资产减少(增加以“一”号填列)	
递延所得税负债增加(减少以“一”号填列)	
存货的减少(增加以“一”号填列)	70 000
经营性应收项目的减少(增加以“一”号填列)	80 000

（续表）

项　　　　　目	预计金额
经营性应付项目的增加(减少以“－”号填列)	－200 000
其他	
二、经营活动产生的现金流量净额	230 000
加：投资筹资活动产生的现金流入量	755 000
其中：收回投资收到的现金	450 000
取得投资收益收到的现金	60 000
处置固定资产、无形资产和其他长期资产收回的现金净额	45 000
其他	
吸收投资收到的现金	
借款收到的现金	200 000
减：投资筹资活动产生的现金流出量	435 000
其中：购建固定资产、无形资产和其他长期资产支付的现金	300 000
投资支付的现金	
偿还债务支付的现金	100 000
分配股利、利润或偿付利息支付的现金	35 000
三、现金流量净增加额(或减少额)	550 000
加：期初现金余额	368 000
四、期末现金余额	918 000

间接法展示净收益与货币资金流量之间的关系,方法比较简单,但不能揭示预算期内销售收入和支出的数额,不利于对资金项目的预算控制。

三、建立最佳现金余额

最佳现金余额是指企业所持有的现金数额是最为有利的数额,即是成本最低时的最佳货币持有量。这是控制现金定额的一个重要内容。

（一）确定最佳现金余额的因素

确定最佳现金余额需考虑的因素主要有四个方面:一是机会成本;二是管理成本;三是短缺成本;四是转换成本。

1. 机会成本

机会成本也称投资成本,是指企业因保存一定现金存量而以放弃其他投资形式为代价而丧失的收益。这种丧失的收益即企业持有现金的机会成本。机会成本通常以投资报酬率来表示,也可以有价证券的利率或资金成本率来表示。企业的现金余额越多,机会成本就越大;反之,现金余额越少,机会成本就越小。因此,企业尽量不要占用过多的现金。

2. 管理成本

管理成本是指对企业所置存的现金进行管理而发生的费用,如管理人员工资、安全措施费及其相应设备等。管理费用在一定范围内,通常是一种固定成本,与现金余额多少无直接关系。

3. 短缺成本

短缺成本是指企业因缺少必要的现金而不能应付业务开支所需而使企业蒙受损失或为此所付出的代价,如企业因缺少现金不能及时购买材料物资,致使生产中断造成的停工损失等。

4. 转换成本

转换成本是指企业因买卖有价证券而发生的交易费用,是现金与有价证券之间相互转换的成本,如委托买卖股票的佣金、印花税、过户费和委托转让债券的费用等。企业现金持有量越多,有价证券变现次数就少,转换成本也就小;反之则大。

(二) 确定最佳现金余额的方法

确定最佳现金余额的方法主要有成本分析模式、存货模式和随机模式三种。

1. 成本分析模式

成本分析模式是指通过分析现金持有成本来分析确定其总成本最低的现金余额的一种方法。持有成本包括机会成本、管理成本和短缺成本。机会成本与现金余额之间成正比例关系,短缺成本与现金余额之间成反比例关系,管理成本是固定的成本。现将持有成本与现金余额之间的关系如图 4-1 所示。

运用成本分析模式确定最佳现金余额,可先分别算出各种方案的机会成本、短缺成本、管理成本和总成本,通过分析比较,从中找出总成本的最低现金余额(图中抛物线的最低点)即为最佳现金余额。

【例 4-13】 某公司有甲、乙、丙、丁四种现金余额方案,经测算各种成本如表 4-3 所示。

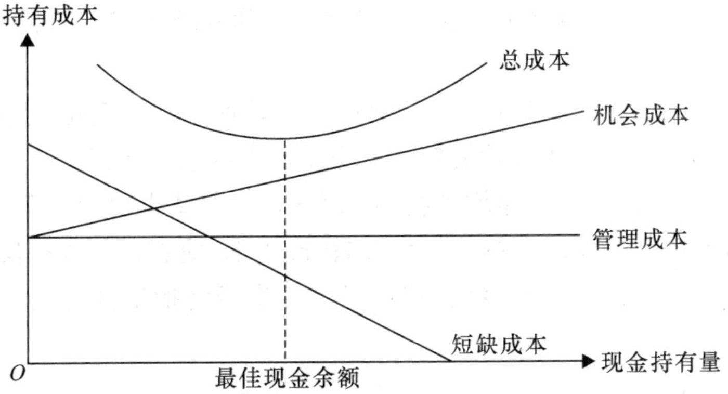

图 4-1　持有成本与最佳现金余额关系图

表 4-3

现金持有成本分析

单位：万元

项目	方案			
	甲	乙	丙	丁
现金持有量	25	50	75	100
机会成本	3	6	9	12
管理成本	20	20	20	20
短缺成本	12	6.8	2.5	0
持有总成本	35	32.8	31.5	32

通过比较以上各方案，得知丙方案的总成本最低，即现金余额为 75 万元时为企业最佳现金余额。

2. 存货模式

存货模式是根据存货经济批量模式的基本原理，将现金的机会成本与有价证券的转换成本进行衡量，以确定企业最佳现金余额的一种方法。

在存货模式中，假设收入是每隔一段时间发生的，而支出则是在一个时期内均匀发生的。此时，假设获得现金的方法是通过销售有价证券的办法，于是就会发生两个方面的成本：一是持有现金所放弃的报酬，也就是持有现金的机会成本，通常为有价证券的利息率，假设它与现金余额成正比例变化；二是现金与有价证券转移的固定成本，如经纪人费用等交易成本。假设这种成本只与交易的次数有关，而与持有现金的金额无关。在这种情况下，现金余额越大，持有现金的成本越高，而转换成本减少；如持有现金余额很小，则持有现金的机会成本降低，而转换成本上升。计算的目的就是要参考存货经济批量模型，找出两种成本最低的现金余额。

最低现金余额是根据现金的持有成本和转换成本的变化关系分析求得的，如企业的现金不足时，就要将一部分有价证券变为现金，这时必须丧失这部分资金的投资收益，即增加持有成本；如果要减少现金置存量，则必然要增加有价证券的变现次数，因而增加转换成本，两者正好成相反方向。要达到转换成本和持有成本最低，就可通过存货经济批量分析模型计算最佳现金金额。

假设 N——现金余额；

$\overline{N}$——最佳现金余额；

T——一定时间内的现金需求总额；

b——每次转换的固定成本；

i——现金的机会成本(有价证券利息率)；

TC——总成本。

总成本(TC)是持有现金的机会成本$\left(\frac{N}{2}\cdot i\right)$和转换成本$\left(\frac{T}{N}\cdot b\right)$的和，所以总成本的公式为：

$$TC=\frac{N}{2}\cdot i+\frac{T}{N}\cdot b$$

用导数方法求出上述公式最小值：

$$TC'=\left(\frac{N}{2}\cdot i+\frac{T}{N}\cdot b\right)'=\frac{i}{2}-\frac{T\cdot b}{N^2}$$

令 $$TC=0$$

则 $$\frac{i}{2}-\frac{T\cdot b}{N^2}=0 \quad \frac{i}{2}=\frac{T\cdot b}{N^2}$$

$$N^2=\frac{2T\cdot b}{i}$$

最佳现金余额 $$\overline{N}=\sqrt{\frac{2T\cdot b}{i}}$$

【例 4-14】 某企业预计 1 个月内经营所需货币资金 50 000 万元，准备用短期有价证券变现取得。证券每一次变现的固定费用为 10 元，证券的市场月利率为 1%。试求最佳现金余额。

代入上述公式 $\overline{N}=\sqrt{\frac{2T\cdot b}{i}}=\sqrt{\frac{2\times 50\,000\times 10}{1\%}}=10\,000$(元)

以上说明最佳现金余额应为10 000元。这是一种理论性的分析,而且必须建立在资金均衡使用的基础上,运用时必须结合实际,灵活应用。

3. 随机模式

随机模式是指根据随机现象的各种数据,运用概率和数理统计方法,确定最佳现金持有量的一种方法。这种模式主要是解决企业在未来现金需要量不明确的条件下的现金管理问题。

运用随机模式要假定企业的现金余额要在一个期间内呈不规则的波动现象。根据历史资料,规定现金控制范围,确定现金余额的上限和下限。现金余额达到上限时,将现金转换成有价证券;现金余额降至下限时,将有价证券转换为现金,其控制方式如图4-2所示。

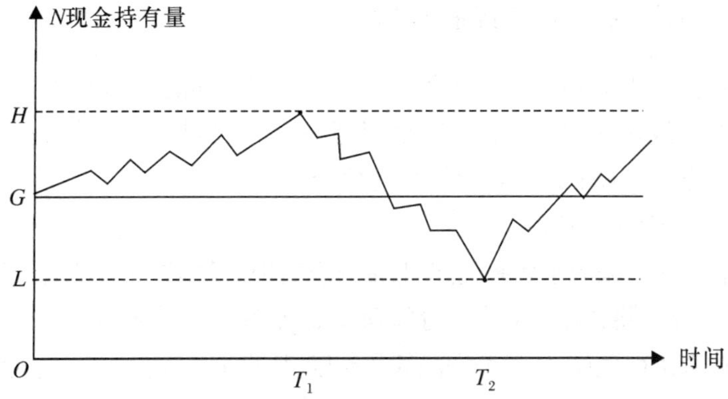

图4-2 运用随机模式控制现金持有量

说明:H为现金持有量上限,L为现金持有量下限,G为最佳现金余额。在T_1时,现金持有量达到H上限,购进有价证券,使现金持有量下降至G;在T_2时,现金持有量达到L下限,则卖出有价证券,使现金持有量上升至G,从而将现金持有量控制在上限和下限范围内。确定控制范围主要取决于持有成本和转换成本。

计算时可根据历史资料先测算出一定时期内现金波动的标准差δ^2,然后计算最佳现金余额。其计算公式为:

$$G=\sqrt[3]{\frac{3F\cdot\delta^2}{4i}}+L$$

式中 F——有价证券每次变现的交易费用;

δ^2——每日现金净流量方差;

i——市场有价证券的利率。

由于现金流量是随机的,无法事先确定其平均持有量,根据测算,现金平均持有量大致为$(H+G)/3$,现金持有量上限$=3G-2L$。

【例4-15】 某公司每日现金净流量标准差为0.3万元,有价证券年利率为11.88%,每次变现交易费用为0.15万元,现金持有量下限为1.16万元。试求计算最佳现金持有量、现金持有量上限和平均现金余额。

$$G=\sqrt[3]{\frac{3F\cdot\delta^2}{4i}}+1.16=\sqrt[3]{\frac{3\times0.15\times0.3^2}{4\times11.88\%\div360}}+1.16=3.13(\text{万元})$$

$$H=3G-2L=3\times3.13-2\times1.16=7.07(\text{万元})$$

$$\text{平均现金余额}=(H+G)\div3=(7.07+3.13)\div3=3.4(\text{万元})$$

四、加强现金预算的控制和检查

现金预算的贯彻必须依靠日常的现金控制和定期的预算检查,预算控制和检查的内容大致包括四个方面:一是管理责任的控制;二是政策执行的控制;三是现金安全的控制;四是执行情况的检查。

(一)管理责任的控制

现金收支预算来源于各有关部门,依靠有关部门共同执行,必须实行现金收支指标分管责任制,将企业收支指标分解落实到各部门,确定有关部门的经济责任。各部门应认真执行预算,认真遵守法律和制度,认真节约支出,并参与检查和分析。

(二)政策执行的控制

各有关部门及财务部门必须严格遵守现金管理制度和银行结算办法,严格遵守现金收支的规定,遵守结算纪律,不得弄虚作假,逃避国家的管理,损害国家和社会的利益和投资人的利益。

(三)现金安全的控制

现金安全的控制包括以下几个方面:实行钱账分管,明确责任;严格遵守现金收支规定,不得滥用现金;坚持查库制度,每天核对库存现金,每月核对银行存款,保证账账、账实相符。

(四)执行情况的控制

对现金预算情况要进行检查,检查内容主要包括核算资料的真实性,结存数量的合理性,收支项目的合法性和支出项目的节约性。有关部门应按时上报收支预算的执行情况,找出问题,提出改进意见。财务部门应汇总进行检查分析,提出报告,对重大问题,特别是风险性问题应专题报请领导研究解决。有变动时应对预算进行修改。

在市场经济条件下，客观经济条件不断在变化，企业的理财政策也随着形势而变化，所以企业的实际现金流转不可能与预算完全相同，企业编制现金预算实际上并不要求把预算转变为现实，而在于发现实际情况与原来意图的差异，以便找出原因，在业务和财务上作出适当安排，以免企业遭受损失。因此，企业随时调整现金预算是十分必要的。这种调整需要使用预算的对比资料，主要有现金收支日报、现金收支月报和各部门预算执行情况的详细报告。

现金收支日报是一张简要的收入、支出和结存数据的报表，它是企业领导必须掌握的资料，可帮助领导对多余资金运用和短缺资金筹措作出决策。

现金收支月报内容比较复杂，它包括当月数和累计数，并包括重要项目，找出预算和实际的差异，便于找出原因或作重点调查，但也只是提供一种信号，作为调查的方向。

各部门预算执行报告也称控制报告或业绩报告，它是报告实际业绩与下达指标的差异，作为对管理人员的考核。

五、加强现金的日常管理

为了保证对现金的控制，企业应做好现金的日常管理，主要包括以下几个方面：

(1) 做好库存现金的日常管理，按我国《现金管理条例》的规定，在规定范围内使用现金，按核定的库存现金限额保存现金，并实行出纳人员内部牵制制度和库存现金的盘点、复核制度。

(2) 按银行《支付结算办法》，做好银行结算工作，保证资金结算及时，账目核对清楚，加快账款回收，提高资金利用效果。

(3) 做好银行存款的管理，既要保证企业生产流通资金的需要，又要防止资金积压过多造成资金闲置。

第三节　应收账款管理

应收账款是指企业对外销售产品、提供劳务应向购货单位及接受劳务单位收取的款项所形成的一种资产。在市场经济条件下，商品经济发展，商业信用盛行，企业应收账款明显扩大，对应收账款的管理实际上成为一种信用管理，应予十分重视。

一、应收账款的作用及风险

(一) 作用

在市场经济条件下,应收账款成为扩大销售、组织货源及提高竞争力的手段,其作用主要表现在以下方面。

1. 扩大商品销售

为了参加竞争,企业在销售中往往采取赊销的办法,使对方提前获得商品、物资,或者降低利息支出,从而促进销售。

2. 扩大市场份额

在营销策略上,谁的市场占有率高,谁的竞争力就大,新产品进入市场,或原有产品开拓新的市场,都需要有大的市场份额。在这种情况下,企业都采用较优惠的信用条件进行促销,扩大市场竞争力。

3. 减少库存积压

许多商品由于种种原因造成积压,如季节性产品,在产品换季之间,就需要把多余产品采用优惠的信用条件进行销售,其他积压的产品也需要通过赊销积极推销,以减少存货,降低费用支出。

(二) 风险

按理说,商业信用对扩大购销具有一定的作用,如果经营得当,对提高经济效益会起一定作用。但是在强大竞争条件下,往往会造成成本费用过大,管理失控。如由于投放于应收账款而放弃了大量的其他收入(即应收账款的机会成本)等,特别是当应收账款被长期拖欠,形成大批坏账,会对企业造成致命性的打击。

二、商业信用的管理策略

在社会主义市场经济条件下,商业信用对市场营销有一定作用,但由于商业信用要占用企业资金,会给企业带来一定风险,付出一定代价。因此,企业总的管理策略应当是允许其存在和发展,但要对因实行商业信用政策后而增加的销售盈利和成本之间作出权衡,加强管理,采取各种防范措施,对商业信用的管理策略有信用标准、信用期间、现金折扣和回收账款等方面。其主要内容如下。

(一) 加强调研,掌握信用标准

信用标准是指客户获得交易信用应具备的条件。如果达不到这个标准,企业便不能享受信用优惠或较少的信用优惠。因此,企业对赊销的对象应该做好信用调查工作:对内应该做好信用记录,如登记客户的购销金额、还款情况和资产负债情况等;对外调查客户的信用等级,如许多信用调研机构定期发布有关企业的信用等级报告,许多商业银行也有为顾客做信用调查的服务,都可以作为掌握企业信用条件的依据。对于重点单位,企业应对客户的调查资料加以整理和评估。西方企业常用5C评估法(即5个以C为第一个字母的内容)作为信用标准,可以作为我们的参考。其主要内容有:

(1) 品德(character),是指客户过去履行偿债义务的品德和履行其付款义务的可能性。

(2) 能力(capacity),是指根据客户的经营状况和经营规模及财务资料判断客户的偿债能力。

(3) 资本(capital),是指根据客户的财务实力和财务状况来判断偿债的背景。

(4) 抵押品(collateral),是指客户愿意提供作为担保的各种资产。

(5) 经济情况(condition),是指社会经济环境的变化对客户的经济情况及其偿债能力的影响。

(二) 全面权衡,确定信用期间

信用期间是指企业允许客户从购货到付款之间的时间,或者是企业给予客户的付款期限。信用期过短,不足以吸引客户,在竞争中会导致销售下降;信用期过长,对促进销售固然有利,但会增加资金成本和坏账损失。因此,企业必须全面权衡,评价得失,确定适度的信用期间。

【例4-16】 某公司原确定信用期为20天,销售量可达5万件;现拟将信用期放宽至30天,销售量扩大至6万件,该公司投资最低报酬率为15%。其他有关资料如表4-3所示。

表4-3

某公司有关财务资料

项　目	信用期	
	20天	30天
销售量(件)	50 000	60 000
销售额(元)(单价为10元)	500 000	600 000
变动成本(元)(每件为8元)	400 000	480 000
固定成本(元)	50 000	50 000

（续表）

项　目	信用期	
	20天	30天
毛利(元)	50 000	70 000
预计发生的收账费用(元)	4 000	5 000
可能发生的坏账损失(元)	4 000	8 000

根据上列资料分析该公司应选择哪种信用期间。

(1) 收益增加额＝销售量增加×单位边际贡献

$$=(60\,000-50\,000)\times(10-8)=20\,000(\text{元})$$

(2) $\text{应收账款持有成本}=\text{应收账款平均资金占用额}\times\text{资金成本率}$

$$=\text{日销售额}\times\text{平均收款期}\times\text{销售成本率}\times\text{资金成本率}$$

$$\text{20天信用期持有成本}=\frac{500\,000}{360}\times20\times\frac{400\,000+50\,000}{500\,000}\times15\%=3\,750(\text{元})$$

$$\text{30天信用期持有成本}=\frac{600\,000}{360}\times30\times\frac{480\,000+50\,000}{600\,000}\times15\%=6\,625(\text{元})$$

持有成本＝6 625－3 750＝2 875(元)

收账费用增加＝5 000－4 000＝1 000(元)

坏账损失增加＝8 000－4 000＝4 000(元)

(3) 信用期改变净收益＝20 000－(2 875＋1 000＋4 000)＝12 125(元)

由于收益增加大于成本增加,应选择30天信用期。

(三) 测算收益,抉择现金折扣

现金折扣是企业给客户在商品价格上的扣减,也是商业信用的策略之一,主要是为了吸引客户提前付款,缩短企业平均收款期,扩大销售量。

现金折扣通常用“3/10,1/20,n/30”这样一些符号表示。“3/10”表示10天内付款,可享受3%的价格优惠;“1/20”表示10天以后20天内付款,可享受1%的价格优惠;“n/30”表示20天以后30天内付款,无价格优惠,一般规定付款的最后期限为30天内。企业采用什么现金折扣策略,要与信用期间结合起来考虑下列因素:

(1) 在有增产潜力而需要加强市场竞争的条件下,实行现金折扣是否可扩大销售量,从而增加企业产品产量,相对降低固定费用,提高盈利水平。

(2) 现金折扣应选择什么样的现金折扣方式和比例。企业需测算各种不同折扣方案,以加快货款回收,减少应收货款的资金占用额,减少应承担的持有成本及相应的坏账损失,从而增加企业盈利,同时还要测算由于采用现金折扣而减少的销售收入和盈利,以及比较各种方案的净收益,据以确定最佳的现金折扣。

(四) 加强催收,确定收账政策

收账政策是指企业对客户违反信用条件、拖欠货款所采取的策略和措施。

及时催收应收账款是监督欠款回笼的有效手段,主要方法有如下几种。

1. 采取合理的催收程序

一般的程序是信函通知、电话催收、派员面催和法律手段,先是以礼相待,到最后阶段才采用法律行为。催收责任应该是由经办业务人员与财会人员相结合,而以经办人员为主,促使经办人员在办理赊销时就要考虑到回收的可能性。

2. 分析账龄,组织催收赊销款

企业对已发生的应收账款时间要定期进行分析,编制"账龄分析表"(如表4-4所示),分期反映逾期账款的现状,分析应收账款的账龄结构,掌握还款进度。对超过信用期的赊销款,企业要指定专人负责,采用各种讨债形式组织催收。对长期拖欠、无法偿还全部欠款或有意拖欠不愿偿还欠款的客户,经再三催收无效,企业应向法院提出上诉,争取法律解决。

表 4-4

账龄分析表

20××年×月×日　　　　金额单位:万元

应收账款账龄	账户数量(个)	金　额	百分比
信用期10天内	80	24	32.43%
信用期11~30天内	40	20	27.03%
超过信用期1~30天	20	15	20.27%
超过信用期31~180天	15	10	13.51%
超过信用期181天以上	10	5	6.76%
合　计	165	74	100.00%

第四节　存货管理

存货是指企业在日常活动中持有以备出售的产成品或商品、处在生产过程中的在产品、在生产过程或提供劳务过程中耗用的材料和物料。存货在流动资产中所占的比重很大,存货管理的主要目标是确定和保持合理的存货规模,控制存货水平要求做到既能保证物资的供应,又能最大限度地减少存货的持有成本,使各种存货成本和存货效益之间达到最佳的结合,寻求最合理的存货储备。

一、存货的种类

存货按其用途一般可分为以下几类。

（一）外购商品

外购商品是指企业购入的无需经过任何加工就可对外销售的物品。外购商品在出售之前，能保持其原有实物形态不变。

（二）产成品

产成品是指企业完成全部生产过程并经验收合乎标准规格和技术条件已经入库的，可以按照合同规定的条件送交订货单位，作为商品对外销售的产品。

（三）自制半成品

自制半成品是指已经过一定生产过程并已检验合格交付半成品仓库，但尚未制造完成，仍需继续加工的中间产品。

（四）在产品

在产品是指尚未完成一定生产过程，正在加工制造中的产品。

（五）材料

材料是指用于制造产品并构成产品实体的原料及主要材料、外购零部件，以及有助于产品形成但不构成产品实体的辅助材料、燃料、修理用备件等。

（六）包装物

包装物是指为包装本企业商品而储备的各种包装容器，如桶、箱、瓶、坛、袋等。

（七）低值易耗品

低值易耗品是指不能作为固定资产的各种用具物品，如工具、管理用具、玻璃器皿等。

二、存货成本

存货成本是指企业储备存货而发生的各项支出。存货应按照成本进行计量，包括采购成本、加工成本和其他成本。存货总成本的内容有取得成本、储存成本和缺货成本三部分。使存货总成本值达到最小，就是存货最优化。

（一）取得成本

取得成本是指为取得某种存货而支出的成本。它通常用 TC_a 表示，主要包括购置成本和订货成本。

1. 购置成本

购置成本是指存货本身的价值即进价成本或制造成本。购置成本一般以存货数量与单价的乘积来确定。设 D 表示存货年需要量;U 表示单价;则购置成本的计算公式为:

$$购置成本 = D \cdot U$$

2. 订货成本

订货成本是指为组织进货而发生的耗费,如办公费、差旅费、水电费、折旧费、邮电费、检验费等。大部分订货费用的变动与进货次数有关,与进货次数成正比,与进货数量无关,又称为变动成本;小部分订货费用与订货成本无关,如采购机构的经费等进货费用,称为固定成本。

假设 F_1——固定成本;

K——每次订货的变动成本;

D——存货年需要量;

Q——每次进货量;

D 与 Q 之比——订货次数。

订货成本的计算公式为:

$$订货成本 = F_1 + \frac{D}{Q} \cdot K$$

订货成本加购置成本(DU)等于存货的取得成本,其计算公式为:

$$TC_a = F_1 + \frac{D}{Q} \times K + DU$$

（二）储存成本

储存成本是指存货在储备过程中发生的费用,如存货占用资金所支付的利息,仓储费、保险费、储存中损耗损失、仓库保管人员的工资、办公费以及仓储部门的固定资产折旧费、维修费、租赁费等。它通常用 TC_c 表示。储存成本按其与储存数量的关系,也可分为固定性和变动性两种。其中,固定性储存成本与存货储存的数额无关,如折旧费、仓库人员工资等,用 F_2 表示;变动性储存成本则随着储存数量的增、减而成正比例变动,如利息、存货霉变损失等,用 K_c 表示。其计算公式为:

$$TC_c = F_2 + \frac{Q}{2} \cdot K_c$$

（三）缺货成本

缺货成本是指由于存货数量不足,影响企业的生产和销售需要而给企业造成的损失。其具体包括材料供应不足造成的停工损失、延期交货所支付的罚金，商品脱销而失去的收益等。缺货成本大多是机会成本，较难准确计算。缺货成本用 TC_s 表示。

如果用 TC 表示储备存货的总成本，其计算公式为：

$$TC = TC_a + TC_c + TC_s = F_1 + \frac{D}{Q} \cdot K + DU + F_2 + \frac{Q}{2} \cdot K_c + Tc_s$$

三、存货的控制

存货品种多、数量大，对它的管理主要是通过存货定额、成本和持有量加以控制，以保证生产的正常进行，并降低生产成本。

（一）确定存货定额

确定存货定额有利于加强存货的规划，基本方法有定额日数法、因素分析法、比例分析法等。

1. 定额日数法

定额日数法又称周转期计算法，是指根据存货的平均每天占用量和定额日数来计算存货资金的一种方法。它比较适用于主要原材料、商品等的储备资金、生产资金和成品资金的定额。其计算公式为：

$$存货资金定额=平均每天占用的存货资金数额\times定额日数$$

其中

(1) $$\begin{matrix}原材料\\定\ \ 额\end{matrix}=\frac{计划期原材料耗用总额}{计划期日数}\times\begin{matrix}原材料控制\\定额日数\end{matrix}$$

(2) $$\begin{matrix}在产品\\定\ \ 额\end{matrix}=\frac{计划期生产费用总额}{计划期日数}\times生产周期\times\begin{matrix}在产品\\成本系数\end{matrix}$$

(3) $$\begin{matrix}产成品\\定\ \ 额\end{matrix}=\frac{计划期间产成品成本总额}{计划期日数}\times\begin{matrix}产成品\\定额日数\end{matrix}$$

现分别举例说明如下：

【例 4-17】 某公司年计划生产甲产品 10 000 件，每件耗用 A 种材料 500 千克，计划单价为 200 元。A 种材料在途日数为 12 天；验收日数为 1 天；整理准备日数为 3 天；供应间隔日数为 30 天，供应间隔系数为 60%，保险日数为 2 天。

根据[例 4-17]资料：

$$原材料耗用总量=10\,000\times500\times200=1\,000\,000\,000(元)$$

$$原材料控制定额日数=12+1+3+(30\times60\%)+2=36(天)$$

其中,供应间隔系数是指由于投入各种材料日常周转的储备资金可以相互调剂使用而在供应间隔日期上所打的折扣。

$$A种材料定额=\frac{1\,000\,000\,000}{360}\times36=100\,000\,000(元)$$

【例 4-18】 某公司年计划生产甲产品 10 000 件,单位产品计划成本为 1 200元,生产周期为 10 天,在产品成本系数为 60%。

本例中,生产周期是指从原材料投入生产至产品入库时的日期;在产品成本系数是由于在生产过程中生产费用投入情况不一,其平均成本需要从完工成本上打一个折扣。

$$甲产品在产品定额=\frac{10\,000\times1\,200}{360}\times10\times60\%=200\,000(元)$$

【例 4-19】

$$甲产品产成品定额=\frac{10\,000\times1\,200}{360}\times(5+2+2)=300\,000(元)$$

2. 因素分析法

因素分析法是以基期各类存货的实际合理占用额为基础,根据有关变动因素的比例计算定额的一种方法。其计算公式为:

$$存货资金定额=\left(上年存货平均占用额-不合理占用额\right)\times\left(1\pm预期年度生产增减\%\right)\times\left(1\pm预测年度存货价格变动\%\right)\times\left(1\pm预测年度存货周转速度变动\%\right)$$

这种方法比较简便,适用于情况比较正常或变动因素比较确切的项目。

【例 4-20】 某公司上年包装物平均结存款为 5 万元,其中不合理占用 0.5 万元,计划年度生产量比上年增加 10%,资金周转加速 15%,物价基本不变。

$$包装物定额=(5-0.5)\times(1+10\%)\times(1-15\%)=4.21(万元)$$

3. 比例分析法

比例分析法是根据资金占用数和影响占用数的变动因素之间的比例来计算

存货定额的一种方法。其计算公式为：

$$\text{存货资金定额}=\text{计划年度某项指标的数额}\times\frac{\text{上年该项指标}}{\text{正常存货率}}\times\left(1\pm\frac{\text{计划年度存货}}{\text{周转速度变动\%}}\right)$$

【例 4-21】 某公司计划年度耗用辅助材料总额为 25 万元，上年实际耗用总额为 20 万元，平均余额为 2.4 万元，资金周转计划较上年加速 10%。

$$\text{辅助材料定额}=25\times\frac{2.4}{20}\times(1-10\%)=2.7(\text{万元})$$

各项存货的定额经汇总后即为全部存货的定额。

（二）制定存货资金预算

资金定额确定以后，汇总编制存货资金预算表，其格式很多，基本格式如表 4-5所示。

表 4-5

存货资金预算表

20××年　　　　单位：万元

项　　目	上年实际占用额	本年计划占用额
储备资金	250	220
原材料	180	180
燃　料	30	20
包装物	10	10
低值易耗品	30	10
生产资金	100	120
在产品	60	70
自制半成品	40	50
成品资金	50	45
库存商品	45	40
外购商品	5	5
存货资金占用合计	400	385

（三）存货持有量的控制

存货持有量控制是指在生产经营过程中，按照存货定额的要求，对存货的使用和周转情况进行的管理。其控制方法主要有以下三种。

1. 经济订货批量法

经济订货批量是指在一定时期中，企业存货的储存成本和订货成本达到最低水平时的采购批量。储存成本和订货成本是互为消长的、相互起落的。如果企业订购批量大,储存数量就增加,其储存成本就越高,但订货次数相应减少,订货成本就下降;如果订货批量减少,则订货成本上升,储存成本减少。经济订货批量就是这两种成本合计数最低时的订购批量。确定经济订货量的办法主要有三种:

(1) 逐批测试法,即分别采用不同的订货量,逐批测试。

假定　A——全年需要量;

Q——每批订货量;

F——每批订货成本;

C——每件年储存成本。

假设全年需要量 $A=1\ 200$ 件,需分批订购,将各项数据列表如表 4-6 所示。

表 4-6

分批订购资料表

项　　目	各	种	批	量		
订购批数$\left(\frac{A}{Q}\right)$	1	2	3	4	5	6
订购批量(Q)	1 200	600	400	300	240	200
年储存成本$\left(\frac{Q}{2}\cdot C\right)$($C=6$)	3 600	1 800	1 200	900	720	600
年订货成本$\left(\frac{A}{Q}\cdot F\right)$($F=400$)	400	800	1 200	1 600	2 000	2 400
年总成本合计$\left(T=\frac{Q}{2}\cdot C+\frac{A}{Q}\cdot F\right)$	4 000	2 600	2 400	2 500	2 720	3 000

从表 4-6 可知,总成本为 2 400 元时,成本最低,所以 400 件为最优订货批量。

(2) 图形法,即根据订货量与存货成本的图形,表示相关成本的数据,从而找出经济订货批量。经济订货批量测算图如图 4-3 所示。

(3) 公式法。经济批量可以用公式来确定。

由于总成本(T)是储存成本和订货成本的总和,所以总成本的计算公式为:

$$T=\frac{Q}{2}\cdot C+\frac{A}{Q}\cdot F$$

用求导数方法,可求得这个公式的最小值:

$$Q^2=\frac{2A\cdot F}{C}$$

$$经济批量(Q)=\sqrt{\frac{2A\cdot F}{C}}$$

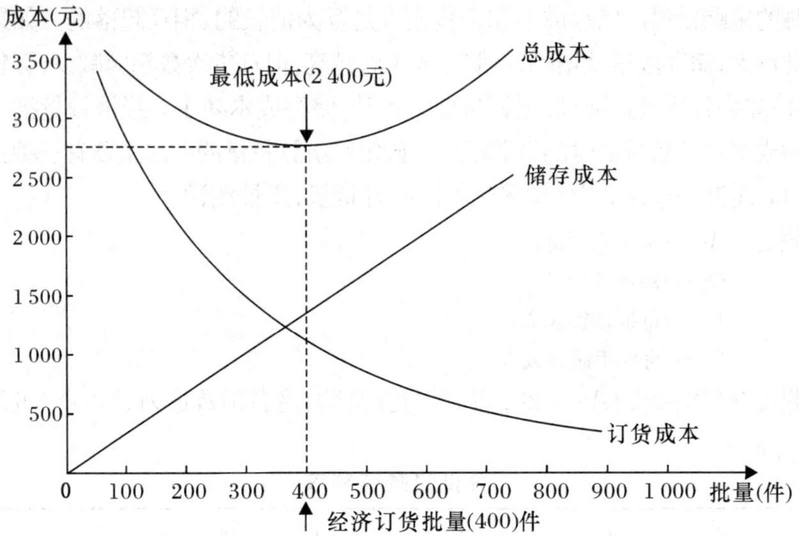

图 4-3　经济订货批量测算图

(推导方法参见本章第二节中“最佳现金余额”部分。)

将表 4-6 中数字代入公式：

$$经济批量(Q)=\sqrt{\frac{2A\cdot F}{C}}=\sqrt{\frac{2\times1\,200\times400}{6}}=400(件)$$

计算结果表明，经济订货批量为 400 件，与逐批测算法的计算结果相同。

2. 订货点法

订货点就是指在订购下一批存货时，本批存货必须保持的存货量。工业企业为了保证生产的正常需要，必须在材料用完之前订货。订货点就是要确定购入的存货应保持多少数量时，才订购下一批存货。确定存货要求考虑订货间隔日数(t)、每日平均销售量(n)和最低存货量(s)等三个条件，可用下列公式计算：

$$订货点(R)=n\cdot t+s$$

最低存货量(s)是指为防止交货误期等突然因素所造成的存货不足的保险储备量。它可以根据过去的资料进行估算。

【例 4-22】 假设某企业每天正常耗用某材料为 40 件，订货间隔日期为 20 天，每次订货量为 1 800 件，估计最低存量为 200 件。

$$订货点(R)=(20\times40)+200=1\,000(件)$$

计算结果说明，当存货水平达到 1 000 件时，即须办理订货手续。上述订货点和储存量的变动情况如图 4-4 所示。

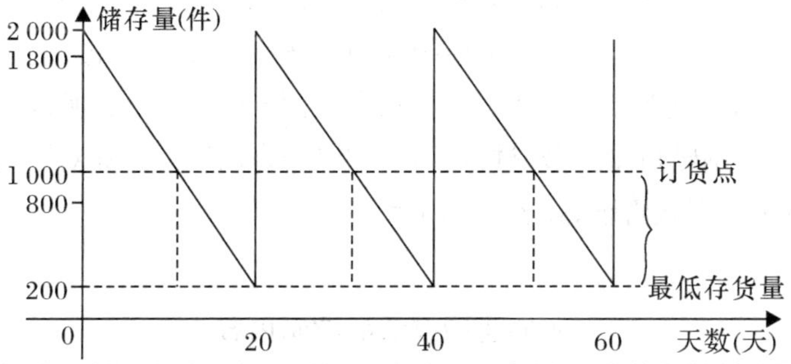

图 4-4　存货量计算图

图 4-4 说明，当存货量达到 1 000 件时，即开始订货，至进货日储存量达到 2 000件，然后周而复始周转。如果订货未能按期交货，即可动用最低存货量。

3. ABC 分类法

ABC 分类法是指将存货划分为三个等级加以管理的一种科学的存货控制方法。大中型企业存货品种很多，价格相差悬殊，如果同样对待，就难以管好。ABC 分类法就是按照各种存货的成本金额划分为 ABC 三类，分类的时候先计算每一种存货在一定时间内的资金占用金额，然后计算每一种存货资金占用额占全部资金占用额的百分比，最后根据测定的标准列表划分为三类：A 类为最重要的存货，应加以重点规划和控制；B 类为一般的存货，应进行次重点的管理；C 类为不重要的存货，只进行一般的管理。

【例 4-23】 某公司共有材料 20 种，共占用资金 15 万元，按各类存货的数量和比重加以排队，列表如表 4-7 所示。

表 4-7

存货计算表

金额单位：元

存货类别	存货数量和比重		存货占用金额和比重	
	存货种数	比　重	存货占用资金数额	比　重
A	2	10%	105 000	70%
B	5	25%	30 000	20%
C	13	65%	15 000	10%
合　计	20	100%	150 000	100%

根据表 4-7,A 类材料存货虽然只有 2 种,但存货占用金额占存货资金总额的 70%,因此应集中力量进行管理;C 类材料存货有 13 种,但占用金额比重只占 10%,不必花很大精力进行规划和控制,B 类材料存货数量和占用金额比重介于 A、C 两类之间,应适当给予重视,但重视程度应低于 A 类。分类以后,管理就有主次,有利于分别轻重,控制好材料资金,加快资金周转。企业对于 ABC 三类项目可以采取不同形式管理,如表 4-8 所示。

表 4-8

不同类别存货的控制内容

控制内容	类别		
	A 类	B 类	C 类
控制程度	严密控制	一般控制	粗犷控制
制定定额方法	详细计算	经验数据	不定时进货
储备情况记录	详细记录	有记录	有关记录
库存监督方式	经常检查	定期检查	抽查
保险储备量	低	较多	灵活

练 习 题

一、判断改错题

1. 流动资产包括货币资金、短期投资、应付款项、预收款项及可变现的固定资产。 ( )

2. 应收账款的作用在于增加银行信用,减少库存积压。 ( )

3. 存货包括材料、产成品、在产品、现金、证券、设备和商品。 ( )

4. 经济订货批量是指在一定时期内,企业存货成本和订货成本达到最低水平时的采购批量。 ( )

5. 流动负债是指在 1 年(含 1 年)或超过 1 年的一个正常营业周期内予以清偿的债务。 ( )

6. 流动资产具有流动性强、期限短、灵活性强、成本低和风险较大的特点。 ( )

二、填空题

1. 存货成本包括(　　　　)成本、(　　　　)和(　　　　)成本。

2. 取得成本是为取得(　　　　)而(　　　　)的成本，包括(　　　　)和(　　　　)。

3. 商业银行对重点客户进行信用调查的内容是(　　　　)(　　　　)(　　　　)(　　　　)和(　　　　)等。

4. 确定最佳现金余额的因素有(　　　　)(　　　　)(　　　　)和(　　　　)。

5. 现金预算表的编制方法有(　　　　)和(　　　　)两种。

6. 流动资金的(　　　　)和(　　　　)是互为条件、互相制约的，两者共同影响流动资产的使用情况。

三、单项选择题

1. 存货模式是确定最佳(　　　　)的一种方法。

A. 账龄分析　　B. 商业信用　　C. 现金预算　　D. 现金余额

2. 流动资金中最活跃的项目是(　　　　)。

A. 货币资金　　B. 应收款项　　C. 短期投资　　D. 存货资产

3. 订货成本属于存货成本中的(　　　　)。

A. 储存成本　　B. 取得成本　　C. 缺货成本　　D. 购置成本

4. 某企业每天正常耗用 A 材料为 60 千克，订货间隔日期为 30 天，每款订货量为 1 800 千克，估计最低存量为 200 千克，其订货点为(　　　　)千克。

A. 1 800　　B. 1 500　　C. 2 000　　D. 2 400

5. (　　　　)是为储备存货而发生的支出。

A. 缺货成本　　B. 材料成本

C. 费用成本　　D. 运输成本

6. 营运资本是流动资金减去(　　　　)后的余额。

A. 应收账款　　B. 应付账款

C. 流动负债　　D. 对外投资

四、多项选择题

1. 下列各项中，属于流动负债的有(　　　　)。

A. 应付账款　　B. 预付费用

C. 预付账款　　D. 短期借款

2. 下列各项中，属于永续年金的有(　　)。

A. 普通股股利　　B. 优先股股利

C. 长期债券利息　　D. 永久性奖学金

3. 存货定额的计算基本方法有(　　)。

A. ABCD 分类法　　B. 定额日数法

C. 因素分析法　　D. 比例比析法

4. 确定最佳现金余额的因素主要有转换成本和(　　)。

A. 机会成本　　B. 短缺成本

C. 管理成本　　D. 储存成本

5. 控制存货资金的使用和周转的方法有(　　)等。

A. 制定经济订货量　　B. 确定订货点

C. 存货 ABC 分类　　D. 督促销货款回笼

6. 货币资金属于流动资产，包括(　　)等。

A. 现金　　B. 银行存款

C. 其他货币资金　　D. 应收账款

五、名词解释

1. 营运资金　　2. 流动资产

3. 货币资金　　4. 流动负债

5. 存货　　6. 应收账款

六、简答题

1. 什么是5C 评估法?

2. 流动资产具有什么特点?

3. 控制存货资金的使用和周转的方法有哪几种?

4. 存货按其用途划分可分为哪几类?

5. 企业应怎样确定最佳现金余额? 企业确定最佳现金余额时需要考虑哪些主要因素?

6. 企业应怎样对存货进行管理? 企业进行存货管理时应采取什么措施和方法?

七、业务计算题

1. 某公司年度计划生产 A 产品 1 万件，单位计划成本为 720 元，生产周期为 10 天，在产品成本系数为 70%。请计算 A 产品在产品定额。

2. 某公司有四种现金持有量方案(见表 4-9),请测算其最佳现金持有量。

表 4-9

现金持有量方案

金额单位:元

项　　目	甲	乙	丙	丁
现金持有量	5 000	10 000	15 000	20 000
机会成本率	12%	12%	12%	12%
短缺成本	2 800	1 250	500	0

3. 某公司每年生产所需 A 材料 1 440 千克,该材料单位采购成本为 20 元,单位储存成本为 2 元,平均每次进货费用为 40 元。请计算该材料最佳进货批次。

4. 某公司 20××年度预计净利润为 150 万元,计提资产减值准备 3 万元,固定资产折旧 12 万元,无形资产摊销 3.5 万元,长期待摊费用摊销 2.8 万元,处置固定资产损失 5.18 万元,固定资产报废损失 4.2 万元,财务费用 10.8 万元,存货减少 9 万元,应收账款减少 10 万元,应付账款减少 2.5 万元,收回投资 62 万元,投资收益 9 万元,处置固定资产收回净额 5.8 万元,收入借款 30 万元,购建固定资产 58 万元,偿还债务 12 万元,分配股利 4.8 万元,期初余额 49.8 万元。请用间接法编制现金预算表。

5. 某公司购置生产流水线一条,使用期为 10 年。该公司有两种付款方式:一是按现价 200 000 元购入,价款一次付清;二是融资租入,每年支付租金 28 500 元,分 10 年付清。银行平均年利率为 8%。试问该公司以采取何种付款方式有利?

6. 某公司因生产需要,以融资租赁方式租入价值 250 000 元的设备一台,合同订明租期 5 年,每半年初支付租金 28 000 元,5 年后,设备归公司所有。如果公司向银行借款购入,年利率为 6%。试问此融资租赁方式是否比租入合算?

第 五 章

非流动资产管理

内容提示 企业除流动资产外还有一部分非流动资产，包括固定资产、无形资产和其他资产等，本章重点阐述固定资产、无形资产、国有资产的基本理论、基础知识和管理方法。通过学习，学生应了解固定资产、无形资产、国有资产的含义、特点、分类和计价，明确固定资产、无形资产的内容和管理要求，掌握固定资产折旧、无形资产摊销和企业清算的方法，以及预测、考核、分析其使用效果的知识。

第一节 固定资产管理

一、固定资产的特点、分类及计价

企业为了保证生产经营的顺利进行，必须要有一定数量的劳动资料。劳动资料按其价值大小，使用时间长短，划分为非流动资产和流动资产两类。

固定资产是指使用期限较长，单位价值在规定标准以上，并在使用过程中始终保持其原有物质形态的资产。按现行财务制度规定，固定资产的标准是企业为生产商品、提供劳务、出租或经营管理而持有的、使用寿命超过一个会计期间的有形资产，而且该固定资产成本可以计量，所包含的经济利益很可能流入企业，如房屋、建筑物、机器、机械、工具、器具、运输车辆等生产经营主要设备的物品等。

(一) 固定资产的特点

固定资产是企业的主要劳动资料，与流动资产相比具有以下四个特点。

1. 使用时间长，周转速度慢

固定资产使用时间较长，能在较长时期内多次参加生产经营过程，且不明显改变其实物形态。

2. 固定资产的价值双重存在

固定资产在使用过程中会不断磨损，其磨损的一部分价值以折旧形式逐渐地转移到产品成本中去，并随着产品价值的实现而转化为货币资金，脱离其实物形态。这样，留存在实物形态上的价值不断减少，转化为货币资金的价值不断增加，直至固定资产报废再重新购置，在实物形态上进行更新。为此，固定资产在使用过程中，其价值具有双重存在性，一部分为实物形态，另一部分为货币形态。

3. 固定资产的资金周转期与使用年限一致

用于固定资产的资金，只有在固定资产实物更新时才能得到补偿，因此，固定资产从购置到更新时间，即为固定资产的使用年限。

4. 固定资产的价值补偿和实物更新时间不一致

固定资产的价值补偿是随着固定资产折旧而逐步完成的，而固定资产的实物更新则是在其不能使用或不宜使用时进行的。两者时间不一致，但存在着密切关系。没有固定资产的价值补偿，也就无法实现其实物更新，固定资产价值补偿是前提，固定资产实物更新是结果。

（二）固定资产的分类

固定资产种类繁多，为了加强管理，必须按不同标准，对其进行科学、合理、准确的分类。

1. 按经济用途分

固定资产按经济用途可分为经营性固定资产和非经营性固定资产两类。其中，经营性固定资产是指直接服务于生产经营全过程的固定资产，如生产、营业用房、仓库、机器设备、工具设备、运输设备等；非经营性固定资产是指不直接服务于生产经营而是为了满足职工物质文化需要的固定资产，如职工宿舍、食堂、托儿所、幼儿园、浴室、医务室以及文教科研等其他方面使用的房屋、设备等固定资产。这种分类方法便于分析各类固定资产在全部固定资产中所占的比重，了解其分布和利用的合理情况，以兼顾生产经营和职工集体福利、文化设施的需要，合理安排投资。

2. 按使用情况分

固定资产按使用情况可分为使用中固定资产、未使用固定资产和不需用的固定资产。其中，使用中固定资产是指企业正在使用中的各种固定资产，包括由于季节性和大修理等原因暂时停用以及存放在使用部门以备替换使用的机器设备;未使用固定资产是指尚未投入使用的新增固定资产和经批准停止使用的固定资产;不需用固定资产是指企业不需用而准备处理的固定资产。这种分类方法便于反映和监督企业固定资产的使用情况,有利于分析和考核固定资产利用效果,促使企业合理使用固定资产,提高使用效能。

3. 按实物形态分

固定资产按实物形态可分为房屋及建筑物、机器设备、电子设备、运输设备和其他设备五大类。其中,房屋及建筑物是指企业拥有的供生产经营使用和为职工生活福利服务的房屋、建筑物及其附属设备,如厂房、办公用房、营业用房、仓库、食堂、宿舍等;机器设备是指各类机械、机电、生产流水线及其配套设施;电子设备是指集成电路、晶体管、电子管等元器件组成的设备和应用各种电子技术发挥作用的设备,如电子计算机等;运输设备是指火车、轮船以外的其他运输工具,如汽车、摩托车、拖拉机、机帆船等;其他设备是指不属于以上各类的固定资产。

在实际工作中,为了便于对固定资产进行管理,企业一般对固定资产按上述几种类别进行综合分类,将固定资产分为经营用、非经营用、出租、未使用、不需用、土地等固定资产。其中,土地是指已估价单独入账的土地。因征地而支付的补偿费,应计入与土地有关房屋、建筑物的价值内,不单独作为土地计价入账。

(三) 固定资产的计价

1. 固定资产的计价原则

现行财务制度规定,企业的固定资产计价,应按取得时的实际支出入账。

(1) 购入固定资产,以购入价进口关税和其他税费加上应由企业负担的场地整理费、运输费、装卸费、安装调试费和专业人员服务费等。

(2) 自制、自建的固定资产,以建造和制造过程中实际发生的全部支出计价。

(3) 在原有固定资产基础上进行改建、扩建,按固定资产原值减去改建、扩建过程中发生的变价收入加上由于改建、扩建而增加的支出计价。

(4) 作为资本或合作条件投入的固定资产,按评估确立价值或投资时的合同、协议约定的价格计价,评估、合同、协议约定价格不公允的,按公允价值计价。其中投资人以新购设备投入企业应按原始发票确定价值。

(5) 接受捐赠、从境外调入或引进的固定资产,以所附凭证所确定的金额加上应由企业负担的运输费、保险费、安装调试费、税金等计价。若无所附凭证,则按照同类固定资产市场价格计价。

(6) 企业因取得固定资产而发生的借款利息支出及有关费用,在固定资产尚未交付使用或已拨入使用但尚未办理竣工决算前发生的,应计入固定资产价值,在此以后发生的,应当计入当期损益。

(7) 盘盈的固定资产,按同类固定资产的重置价值计价。

(8) 企业兼并、投资、变卖、租赁、清算时,固定资产应依法进行评估。

2. 固定资产的计价方法

根据固定资产管理需要,企业应当对固定资产按照成本进行计量。

(1) 原始价值(又称原值)。这是指建造或购置固定资产时所支出的全部价值。按原始价值计价可以反映固定资产的投资规模和设备能力,它是计算固定资产和考核固定资产利用效率的重要依据。

(2) 折余价值(又称净值)。这是指固定资产原值减去固定资产在使用中的损耗价值(累计折旧)后的余额。它是考核固定资产使用的重要指标,同时通过与固定资产原值对比,可以了解固定资产的新旧程度。

(3) 重置价值(又称重置完全价值)。这是指按市场条件重新购置或建造该项固定资产所需全部支出。它反映了该项固定资产当前的实际价值。固定资产产权变动或根据国家规定对固定资产重新估价时,可按照重置价值计算。

二、固定资产需要量的预测

正确预测固定资产需要量,是加强固定资产管理的重要环节,通常采用的预测方法是固定资产需要量预测。

(一) 实物量计算法

实物量计算法是指按预测期产品的生产数量来确定固定资产需要量的方法。生产设备是决定企业生产的主要因素,生产设备品类多、数量大,是固定资产需要量预测的重点。其计算公式为:

$$\text{某项生产设备需用量}=\frac{\text{预计年产量}}{\text{单台设备年产量}}$$

【例 5-1】 某公司生产 A 产品 168 000 件,某项生产设备全年工作日为 280 天,每天三班生产,每班产量 50 件,该项生产设备预测的需用量计算为:

$$\text{该项生产设备需用量}=\frac{168\,000}{280\times3\times50}=4(\text{台})$$

(二) 台时数计算法

台时数计算法是指按预测期生产产品的数量,每件产品所需设备的加工时间定额,并考虑定额改进系数来确定需用量的方法。其计算公式为:

$$(1)\ \text{某项生产设备需用量}=\frac{\text{预计全年生产任务需用生产设备总台时}}{\text{单台生产设备全年预计总台时}}$$

$$(2)\ \text{预测期生产任务总台时数}=\sum(\text{预计产量}\times\text{单位产品定额台时}\times\text{定额改进系数})$$

式中的预计产量是指预计期的总产量;单位产品定额台时是指现行定额;定额改进系数是指估计新定额台时对现行定额的影响。

【例 5-2】 某公司预计 20××年全年产量 A 产品为 1 000 件。B 产品为 3 000件。A 产品每件定额为 40 台时,定额改进系数为 90%;B 产品每件定额为 20 台时,定额改进系数为 95%,某项生产设备全年工作日为 250 天,每天三班,每班开工 8 小时,该项生产设备的需用量为:

$$\text{该项生产设备需用量}=\frac{1\,000\times40\times90\%+3\,000\times20\times95\%}{250\times8\times3}=\frac{36\,000+57\,000}{6\,000}=15.5(\text{台})$$

(三) 固定资金需要量预测法

对一些生产条件、生产任务变化较大的企业,以及生产设备以外的固定资产需用量,可以采用固定资金需要量的预测方法。这种方法是指以按正常年度的不变价格计算的固定资产产值率,加以考虑的因素,综合测算固定资金需要量的方法。

【例 5-3】 某公司历史正常年度的固定资产产值率为 25%,计划年度的工业总产值为 5 000 000 元,要求提高固定资产的利用率为 2%,测算计划年度的固定资金需要量为:

$$\text{固定资金需要量}=5\,000\,000\times25\%\times(1-2\%)=1\,225\,000(\text{元})$$

这种测算方法计算简便,但较为粗略,且有时误差较大。

三、固定资产折旧

(一) 固定资产折旧的含义

固定资产折旧是指固定资产在使用过程中逐渐损耗而转移到费用中去的那部分价值。固定资产折旧的依据是损耗程度。

固定资产损耗分有形损耗和无形损耗两种。有形损耗是物质损耗,包括使用损耗和自然损耗。使用损耗是由于磨损、腐蚀等原因所造成的物质损耗;自然损耗是由于风吹、日晒、雨淋而生锈、腐烂、风化等因素形成的损耗。无形损耗是功能损耗,又称精神损耗,是由于科学技术进步和劳动生产率提高,采用新设备而引起原有固定资产的贬值或损失。因此,企业计算固定资产折旧额,应全面考虑有形损耗和无形损耗,使固定资产折旧与损耗程度尽可能一致。

(二) 固定资产折旧的计提范围

固定资产应当按月计提折旧,并根据用途计入相关固定资产的成本或者当期损益。企业在实际计提固定资产折旧时当月增加的固定资产当月不提折旧,从次月开始计提折旧;当月减少的固定资产,当月仍提折旧,从下月起停止计提折旧。

现行财务制度规定,应计提折旧的固定资产有:房屋及建筑物;在用的机器设备;仪器仪表;运输车辆;工具器具;季节性停用及修理停用的设备;以经营租赁方式租出的固定资产。不提折旧的固定资产有:未使用或不需用的机器设备;以经营租赁方式租入的固定资产;在建工程项目交付使用以前的固定资产;国家规定不提折旧的其他固定资产。

已提足折旧继续使用的固定资产,按照规定提取维简费的固定资产,破产、关停企业的固定资产,以及以前已经估价单独入账的土地等,也不计提折旧。

(三) 固定资产折旧方法

企业固定资产折旧方法应当根据固定资产所包含的经济利益预期实现方式合理选择固定资产折旧方法。按《企业会计准则第 4 号——固定资产》的规定,可选用的折旧方法包括平均年限法、工作量法、加速折旧法(如双倍余额递减法或者年数总和法)等。固定资产折旧方法一经确定,不得随意变更,但是固定资产包含的经济利益预期实现方式有重大改变的,可以改变固定资产折旧方法。企业一般采用平均年限法。企业专业车队的客、货运汽车,大型设备,可以采用工作量法。在国民经济中具有重要地位、技术进步快的电子生产企业、船舶工业企业、生产“母机”的机械企业、飞机制造企业、汽车制造企业、化工生产企业和医药生产企业以及其他经财政部批准的特殊行业的企业,其机器设备也可以采用双倍余额递减法或年数总和法。商业企业的商品检测设备、电子计算机及经财政部批准的部分设备也可选用加速折旧法,即双倍余额递减法或年数总和法。企业有权选择具体的折旧方法,并在企业固定资产分类折旧年限参考表(见表 5-1)的基础上制定具体的固定资产目录和折旧年限,在开始实行年度前报主管财政机关备案。

表 5-1

企业固定资产分类折旧年限参考表

分　类	折旧年限
一、通用设备部分	
1. 机械设备	10～14 年
2. 动力设备	11～18 年
3. 传导设备	15～28 年
4. 运输设备	6～12 年
5. 自动化控制及仪器仪表	
自动化、半自动化控制设备	8～12 年
电子计算机	4～10 年
通用测试仪器设备	7～12 年
6. 工业炉窑	7～13 年
7. 工具及其他生产用具	9～14 年
8. 非生产用设备及器具	
设备工具	18～22 年
电视机、复印机、文字处理机	5～8 年
二、专用设备部分	
9. 冶金工业专用设备	9～15 年
10. 电力工业专用设备	
发电及供热设备	12～20 年
输电线路	30～35 年
配电线路	14～16 年
变电配电设备	18～22 年
核能发电设备	20～25 年
11. 机械工业专用设备	8～12 年
12. 石油工业专用设备	8～14 年
13. 化工、医药工业专用设备	7～14 年
14. 电子仪表电讯工业专用设备	5～10 年
15. 建材工业专用设备	6～12 年
16. 纺织、轻工专用设备	8～14 年
17. 矿山、煤炭及森工专用设备	7～15 年

（续表）

分　类	折旧年限
18. 造船工业专用设备	15～22 年
19. 核工业专用设备	20～25 年
20. 公用事业企业专用设备	
自来水	15～25 年
燃气	16～25 年
21. 商业专用设备	
营业柜台、货架	3～6 年
加工设备	10～15 年
油池、油罐	4～14 年
制冷设备	10～15 年
粮油原料整理筛选设备	6～10 年
小火车	6～12 年
烘干设备	6～10 年
酱油、醋、酱、腌菜腐蚀性严重的设备和废旧物资加工设备	4～8 年
库(厂)内铁路专用线	10～14 年
地磅	7～12 年
吊运机械设备	8～14 年
消防安全设备	4～8 年
其他经营用设备及器具	15～20 年
三、房屋、建筑物部分	
22. 房屋	
生产用房	30～40 年
受腐蚀生产用房	20～25 年
受强腐蚀生产用房	10～15 年
非生产用房	35～46 年
经营用房、仓库	
钢结构	35～45 年
钢筋混凝土结构	30～35 年
钢筋混凝土砖结构	25～30 年
砖木结构	20～30 年
危险物品专用仓库	20～25 年

(续表)

分　　类	折旧年限
简易房	8～10 年
围墙	4～8 年
烘干塔	12～17 年
地坪、晒场、晒台、货场	5～10 年
23. 建筑物	
水电站大坝	46～55 年
其他建筑物	15～25 年

无论采用哪种方法，在计算固定资产折旧额时，都要考虑固定资产原值、使用年限、残值和清理费用四个因素。

下面介绍几种折旧方法。

1. 平均年限法

平均年限法是指按照固定资产使用年限平均计算折旧额的一种方法。因为用这种方法计算的折旧累计额呈直线上升的趋势，所以又称直线法。

平均年限法是最简单、最普遍使用的方法之一。其计算方法为：以固定资产原值减去固定资产预计净残值（一般为固定资产原值的 3%～5%），除以固定资产预计使用年限。如果需要多留、少留或不留残值的，应报主管财政机关备案。固定资产预计使用年限应不低于规定的最短年限。

平均年限法的计算公式为：

$$固定资产年折旧额=\frac{固定资产原值-预计净残值}{固定资产预计使用年限}$$

$$固定资产月折旧额=\frac{固定资产年折旧额}{12}$$

或

$$固定资产年折旧率=\frac{1-固定资产预计残值率}{固定资产预计使用年限}\times100\%$$

$$固定资产月折旧率=固定资产年折旧率\div12$$

$$固定资产月折旧额=固定资产原值\times月折旧率$$

【例 5-4】 某企业某项固定资产原值为 100 000 元，预计净残值为5 000元，预计使用年限 10 年，则年折旧额为：

$$年折旧额=\frac{100\ 000-5\ 000}{10}=9\ 500(元)$$

月折旧额为：

$$月折旧额=9\ 500\div 12=791.67(元)$$

平均年限法计算简便，各年或各月折旧额相等，使企业产品成本稳定，有可比性，但缺陷是不能反映固定资产在各个时期使用强度的差异及无形损耗。

2. 工作量法

工作量法也称作业量法，是指以固定资产的工作量或工作时间计算折旧的一种方法。它也是平均计算折旧的方法。

(1) 按行驶里程计算折旧，其计算公式为：

$$单位里程折旧额=\frac{原值\times(1-预计残值率)}{总行驶里程}$$

(2) 按工作小时计算折旧，其计算公式为：

$$每工作小时折旧额=\frac{原值\times(1-预计残值率)}{总工作小时}$$

(3) 按台班计算折旧，其计算公式为：

$$每台班折旧额=\frac{原值\times(1-预计残值率)}{总工作台班数}$$

3. 加速折旧法

加速折旧法是指加速固定资产计提折旧的方法。企业采用加速折旧法计提折旧，可以使固定资产在使用早期多提折旧，在使用后期少提折旧，整个折旧期间的折旧费用呈逐年递减走势，从而可使固定资产的原始成本能在有效使用期内早日摊入成本。

加速折旧方法很多，主要有双倍余额递减法、年数总和法、余额递减法等。现将常用的前两种方法简述如下：

(1) 双倍余额递减法，也称加倍递减余额法，是加速折旧方法的一种。这种方法是在不考虑预计残值的情况下，用直线法折旧率的双倍去乘以固定资产在每一会计期间的期初账面净值，从而确定当期折旧额的一种方法。其计算公式为：

$$年折旧率=\frac{2}{折旧年限}\times 100\%$$

$$月折旧率=年折旧率\div 12$$

$$月折旧额=固定资产账面净值\times 月折旧率$$

企业采用双倍余额递减法计提固定资产折旧,只要固定资产在使用,其账面净值不能小于预计净残值。因此,在固定资产折旧年限到期以前2年内,要采用平均年限法,将固定资产净值扣除残值后的差额平均摊销,使最后1年的账面净值与预计净残值相等。

【例5-5】 某企业一台专项设备账面原值为160 000元,预计净残值5 000元,预计使用年限5年。

$$该项设备年折旧率=\frac{2}{5}\times100\%=40\%$$

其各年折旧额如表5-2所示。

表5-2

固定资产折旧计算表 金额单位:元

年次	期初账面净值	年折旧率	年折旧额	累计折旧额	期末账面净值
1	160 000	40%	64 000	64 000	96 000
2	96 000	40%	38 400	102 400	57 600
3	57 600	40%	23 040	125 440	34 560
4	34 560	—	14 780	140 220	19 780
5	19 780	—	14 780	155 000	5 000

由于第4年期初账面净值13 824元(34 560×40%)小于14 780元[(34 560－5 000)÷2],因此第4年后改用平均年限法,第4、第5年两年的折旧额计算为:

$$折旧额=(34\ 560-5\ 000)\div2=14\ 780(元)$$

(2) 年数总和法,也称折旧年限积数法、变率原值递减法、递减分数法等,是指按各年不同的递减分数乘以折旧基数来计算各年折旧额的一种方法。年数总和法也是加速折旧法的一种。企业采用这种方法计提固定资产折旧,要用固定资产原值减去预计净残值后的净额乘以一个逐年递减的分数,这个分数的分子代表固定资产尚可使用的年数,分母代表使用年数的逐年数字总和。其计算方法为:

$$年折旧率=\frac{折旧年限-已使用年数}{折旧年限\times(折旧年限+1)\div2}\times100\%$$

$$月折旧率=年折旧率\div12$$

$$月折旧额=(固定资产原值-预计净残值)\times月折旧率$$

【例5-6】 某项固定资产原值为190 000元,预计使用5年,残值为10 000元,其各年的折旧额如表5-3所示。

表 5-3

固定资产折旧计算表

金额单位:元

年次	原值－残值	年折旧率	年折旧额	累计折旧额	账面余额
0					190 000
1	180 000	$\frac{5}{5\times(5+1)\div 2}=\frac{5}{15}$	60 000	60 000	130 000
2	180 000	$\frac{5-1}{5\times(5+1)\div 2}=\frac{4}{15}$	48 000	108 000	82 000
3	180 000	$\frac{5-2}{5\times(5+1)\div 2}=\frac{3}{15}$	36 000	144 000	46 000
4	180 000	$\frac{5-3}{5\times(5+1)\div 2}=\frac{2}{15}$	24 000	168 000	22 000
5	180 000	$\frac{5-4}{5\times(5+1)\div 2}=\frac{1}{15}$	12 000	180 000	10 000

企业可根据自己的实际情况选择固定资产的折旧方法,一经确定,就不能随意变动。

四、固定资产的维修及清理

(一) 固定资产维修

企业的固定资产由于不断使用和自然力的影响以及意外事故等原因,其价值和使用价值都会不断降低,实物会损坏。为了保持固定资产的工作能力,延长其使用年限,恢复其使用价值,使之处于完好状态,充分发挥其使用效能,就必须要对固定资产进行经常性的维护和修理。因此,企业对固定资产维修的管理,必须加强固定资产维护保养工作,节约修理费用,应经常注意固定资产使用和运转情况,加强经常性的维护保养工作,及时发现隐患,随时进行检修,尽量避免固定资产重大损坏事故,减少因大规模修理停用而又花费大量修理费用的双重损失;对修理工程的预算、工程进度、费用开支及成本计算,都要进行有效的监督,使修理工程按计划进行,并节约费用开支;要合理处置修理费用,按现行财务制度规定,固定资产的修理费用一般应计入当期损益,作为企业期间费用处理如果当期修理的固定资产较多,发生费用较大,对当期的费用水平有较大影响时,可以采用分期摊销的方法进行处理。

(二) 固定资产清理

固定资产经过一定年限的使用,最后终因技术性能陈旧、低劣或意外遇到损坏等原因而丧失使用价值,或因继续使用在经济上不合算而废弃,应按规定程序审批,经批准后进行清理。

在清理过程中,企业对废弃的固定资产残值要进行估价,做好残料交库工作;对于清理报废的变价净收入(变卖固定资产所取得的价款减去清理费用后的净额)与其账面净值(固定资产原值减累计折旧)的差额应计入营业外收入或营业外支出。

企业因出售、对外投资、非货币性资产交换、债务重组等转出的固定资产也应通过审批后清理,按相关规定处理。

五、固定资产的日常管理

固定资产日常管理即在使用期内的经常性管理工作。其主要包括以下几项工作。

(一) 固定资产归口分级管理

企业的固定资产种类繁多,数量较大,用途各异,使用地点分散。根据管和用相结合的原则搞好固定资产管理。

固定资产归口分级管理,就是在企业主管的领导下,按固定资产不同类别交由相应的职能部门管理;按各类固定资产的使用地点,由各级使用单位负责具体管理。

(二) 固定资产核算记录

固定资产是企业的重要财产,企业必须对其建立档案,健全收发保管记录。

企业应按财务制度规定的分类标准编制固定资产目录,由财会部门及使用部门分别建立固定资产账卡,详细登记各项固定资产的进、出变动情况。登记内容包括:编号、类别、名称、购置时间、使用部门、使用年限、原始价值、折旧以及调拨、停用、技术改造、清理报废等记录,为管好、用好固定资产提供准确的档案资料。

财会部门应设置固定资产的总账和明细账,按规定手续办理核算手续,对清查盘点结果应查明原因,分清责任,妥善处理,切实做到有物有账,有账有物,账实相符。

(三) 固定资产清查盘点

企业的固定资产应定期或不定期进行盘点清查,年终决算前必须进行一次全面的盘点清查;经过盘点清查,发现固定资产盘盈、盘亏情况,应核实情况，查明原因，填制固定资产盘点清册，报企业总经理或董事会审批后处理。

盘盈的固定资产，应按前期差错处理。盘亏及毁损的固定资产，按原值扣除累计折旧、变价收入、过失人及保险公司赔款后的差额计入营业外支出。如果是工程施工中所发生的固定资产清理净损益，应计入有关工程成本。

（四）固定资产使用效果的分析考核

加强固定资产日常管理，对固定资产使用效果进行分析考核，是国有资产保值增值很重要的一项工作。通过分析考核固定资产的使用效果，企业可以进一步发挥固定资产的生产潜力，提高企业经济效益。分析考核固定资产利用效果的主要指标有如下几种。

1. 固定资产周转率

衡量固定资产利用效果，通常用固定资产周转率来分析考核。固定资产周转率是销售收入与固定资产总额的比率。其计算公式为：

$$\text{固定资产周转率}=\frac{\text{销售收入}}{\text{固定资产总额}}$$

该指标表示每1元固定资产在某一时期发挥了多少销售效能。固定资产周转率越高，表示固定资产效能越强，同时也表示销售收入承担固定资产折旧的能力越强。

2. 固定资产增长率

固定资产增长率是综合反映固定资产规模扩大的程度。其计算公式为：

$$\text{固定资产增长率}=\frac{\text{本期新增固定资产总值}-\text{本期减少固定资产总值}}{\text{期初固定资产总值(原值)}}\times 100\%$$

该指标的经济效果相应地表现为产量增加或流转扩大，因为固定资产增长率是以固定资产原值计算的，是从量的方面反映的，并不能说明固定资产的更新程度，因此还要进一步用固定资产更新率与报废率来综合反映质的方面。其计算公式为：

$$\text{固定资产更新率}=\frac{\text{本期新增固定资产总值}}{\text{期末固定资产原值}}\times 100\%$$

该指标是本期新增固定资产占全部固定资产的比率，它反映了固定资产的更新程度。

$$\text{固定资产报废率}=\frac{\text{本期报废固定资产总值(原值)}}{\text{期初固定资产总值(原值)}}\times 100\%$$

该指标反映了本期报废的固定资产占全部固定资产的比率。如果固定资产更新率大于报废率,表示企业的技术装备有所增强;反之,则减弱。

3. 固定资产增长速度与产量(销量)增长速度的比值

固定资产增长速度与产量(销量)增长速度的比值的计算公式为:

$$\frac{\text{固定资产增长与产量}}{\text{(销量)增长速度比值}}=\frac{\text{产量(销量)增长率}}{\text{固定资产增长率}}$$

该指标说明固定资产增长与产量(销量)增长的关系。如果比值大于1,表示固定资产利用效果好,扩大生产(流通)的效率高;如果比值小于1,则表示效率低。

4. 固定资产产值(销售)率

固定资产产值(销售)率是工业总产值或商品销售额与固定资产平均总额的比率。其计算公式为:

$$\text{固定资产产值(销售)率}=\frac{\text{工业总产值(商品销售额)}}{\text{固定资产平均总额}}$$

该指标表明在一定时期内每元产值(销售额)所占用的固定资产,比率越小,说明固定资产利用效果越好;反之则差。

5. 固定资产利润率

固定资产利润率是企业产值(销售)利润与固定资产的比率。其计算公式为:

$$\text{固定资产利润率}=\frac{\text{产值(销售)利润额}}{\text{固定资产平均总值}}\times 100\%$$

该指标表明每元固定资产所实现的产值(销售)利润,比值越大,说明固定资产利用效果越好;反之,就差。

固定资产利润率是衡量固定资产利用效果的综合指标。它反映了固定资产产值率与产值利润率之间的关系。现将该指标分解如下:

$$\begin{aligned}\text{固定资产利润率}&=\text{固定资产产值率}\times\text{产值利润率}\\&=\left(\frac{\text{工业总产值}}{\text{固定资产平均总值}}\times 100\%\right)\times\left(\frac{\text{利润总额}}{\text{工业总产值}}\right)\end{aligned}$$

六、在建工程的管理

在建工程是指尚未完工或虽已完工但尚未交付使用的固定资产购建工程和

技术改造工程。它包括施工前期准备、正在施工中和虽已完工但尚未交付使用的建筑和安装工程。对于在建工程的管理，企业应按财务制度规定，凡企业新建、改建、扩建或进行设备更新、技术改造等各种建筑工程或设备安装工程的计价、调试、借款利息以及清理等方面，均应纳入在建工程管理。

（一）在建工程的计价

对在建工程的计价，应划清时间和支出项目两方面的界限。

1. 在时间方面，应以是否交付使用为界限

凡是在建工程交付使用以前或办理竣工决算以前所发生的一切支出，纳入在建工程支出的范围，计入工程成本。交付使用以后发生的费用则应计入生产成本或损益。

2. 在支出项目方面，应以与在建工程是否直接有关为界限

凡是与工程直接有关的支出项目，可纳入工程成本(包括工程用材料、设备等专用物资、预付工程价款及未完工程支出等)，与工程无直接关系的支出项目不得计入工程成本。

具体的计价方法，还要按照不同内容、不同经营方式进行计价：对企业自营工程，应按在建工程所耗费的直接材料、直接人工、直接机械施工费以及所分摊的工程管理费等实际支出计价；对企业出包工程，应按出包合同所订明的应支付工程价款及所分摊的工程管理费用等支出计价；对设备安装工程，应按设备的原价、工程安装费用、工程试运转支出及所分摊的工程管理费等计价。

（二）在建工程试运转损益及借款利息的处理

在建工程在未交付使用前，需进行试运转，在试运转过程中所形成的可对外销售的产品会发生一些销售收入及试生产失败的损失等收支，对这些收支一般应计入在建工程成本，即支出作为增加在建工程成本；收入扣除税金后冲减在建工程成本。

在建工程所发生的工程借款，其借款利息应按工程是否达到使用状态为界限。在工程尚未达到使用状态的，其所发生的借款利息应予以资本化计入固定资产价值；达到使用状态以后所发生的借款利息直接计入当期费用。

（三）在建工程的清理

企业在建工程在建造过程中，往往由于工程的设计、施工及管理上的一些因素造成毁损或报废，对这个损失应按发生的实际成本扣除残料价值以及赔款收入后的净损失计入未完工程成本。

如果是单项工程毁损或报废的净损失，应按发生时间分别情况进行处理，属于筹建期内发生的，计入长期待摊费用中的开办费；属于投入使用以后的，计入营业外支出处理。

（四）在建工程交付使用的处理

所建造的固定资产达到预定可使用状态，但尚未办理竣工决算的，应当自达到预定可使用状态之日起，根据工程预算、造价或者工程实际成本等，按暂估价转入固定资产，并按有关计提固定资产折旧的规定，计提固定资产折旧。待办理竣工决算手续后再调整原来的暂估价，但不需要调整原已计提的折旧额。

第二节　无形资产管理

无形资产是指企业拥有或者控制的、没有实物形态的、可辨认的非货币性资产。可辨认的是指：① 能从企业中分离或划分出来，并能单独或者与相关合同、资产或负债一起用于出售、转移、授予许可、租赁或交换。② 源于合同性权利或其他法定权利；无论这些权利是否从企业或其他权利和义务中转移或者分离，如企业的专利权、商标权、著作权、土地使用权、非专利技术、特许权等。作为无形资产必须要能以成本计量且具有较大的经济价值，能为企业在较长时期内带来效益。

一、无形资产的特点

第一，无形资产不具有物质实体，是隐形存在的资产。它一般具有较大的经济价值，可以在较长时期内为企业的生产经营服务，为企业带来经济效益。

第二，无形资产所提供的未来经济效益具有很大的不确定性。有的无形资产只有在特定情况下存在并发挥作用；有的无形资产的受益期不易确定。

第三，无形资产具有流动性。一般来说，无形资产是和企业结合在一起的，固定地属于某个企业。如果该企业因某种原因而不复存在时，则无形资产亦随之消失。除非在此以前，企业已将此无形资产出售或转让给其他企业，成为另一企业的资产。

企业加强无形资产的管理，必须根据无形资产的特点，保护无形资产的安全、完整，充分发挥其潜在能力，按不断提高经济效益的原则进行。

二、无形资产的分类

(一) 按无形资产的性质分类

按性质不同,无形资产可分为专利权、著作权、商标权、土地使用权、特许经营权、非专利技术等。

1. 专利权

专利权是指国家专利机关根据发明人的申请,经审查合格而授予发明人于一定年限内拥有的专造、专买、使用创造成果的特殊权利。专利权可以通过自制取得,购买取得,或者由其他单位或个人作为资本投入取得。

2. 著作权

著作权又称版权,是指国家版权管理部门依法授予文学艺术和科学作品的作者于一定年限内发表、再版和发行其作品的权利。著作权可自制、购买和转让。

3. 商标权

商标权是指商标注册人依法享有的商标专用权利。它是一种受法律保护的知识产权,具有排他性、地域性和时间性。商标可以转让,转让时,注册商标的转让人和受让人应共同向商标局提出申请,受让人应保证使用该商标的质量。

4. 土地使用权

土地使用权是指企业根据有关规定购置使用土地、支付费用后取得的场地使用权利。土地使用权可以依法转让和收取收益。

5. 特许经营权

特许经营权是指获准在一定区域内生产或销售某种特定商标产品及劳务的专有权利。特许经营权的形式有二:一是由政府授予的水、电、煤及烟草等特许经营权;二是由企业给予另一企业的特许经营权,经营该企业的商品,或提供劳务如肯德基快餐、象王洗衣、丰裕食品等连锁商店。

6. 非专利技术

非专利技术是指所有人未申请专利或不够专利的条件,不为外界所知而独立享有的生产工艺、数据、秘方、技术诀窍等。非专利技术能给企业带来超额利润,但它只能采取保密的方式进行保护,不受法律保护,也不具有有效期限。专有技术可以自制、购买和转让。

（二）按无形资产的来源分类

按来源不同，无形资产可分为自创无形资产和外来无形资产。

1. 自创无形资产

自创无形资产是指企业自行开发、研究、创造的无形资产，如自创的专有技术等。

2. 外来无形资产

外来无形资产是指企业以一定代价从外单位取得的无形资产，如国家给予的某种特权、单位作为资本投入的无形资产以及从外单位购入的无形资产等。

（三）按无形资产有无期限分类

按有无期限来划分，无形资产可分为有限期无形资产和无限期无形资产。

1. 有限期无形资产

有限期无形资产是指其存在有一定的有效期限的无形资产。例如，专利权、商标权、特许经营权的有效期在法律中均有明确规定。

2. 无限期无形资产

无限期无形资产是指其存在没有有效期限的无形资产，如非专利技术。

三、无形资产的计价

在财务管理中，无形资产的取得与自创管理的重点在于其价值的确定。

（一）无形资产的计价原则

无形资产价值的确定具有一定的难度，在无形资产价值的确定中应遵循下列原则。

1. 历史成本计价原则

无形资产应按照取得时的实际成本计价：投资者作为资本金或合作条件投入的，应按评估确认或者合同、协议约定的金额计价，合同、协议约定的金额不公允的，按公允价值计价；购入时，按照实际支付的价款计价；自行开发并且依法申请取得的，按开发过程中实际发生的费用计价。

2. 效益计价原则

有些无形资产的价值可以在应用后根据未来期间能创造的效益来确定，如专有技术。

3. 行业对比计价原则

某些无形资产可依照其产品信誉等级、企业知名度、销售范围、兴衰历史等，与国内外同行业进行对比分析，确定其价值。

（二）无形资产的计价方法

1. 实际成本法

它是指以取得某项无形资产的实际发生的成本作为计价标准的方法。这种方法适用于外购和自创无形资产，外购无形资产成本包括购入价款、进口关税和其他税费以及直接归属于该项资产达到预定用途所发生的其他支出，自创无形资产成本包括自创时发生的各种材料消耗费、人工费、设计研制费和申请费用等。

2. 现值法

它是指以无形资产在使用期内可获得的收益，或以企业需支付该项无形资产使用费总额的现值作为计价标准的方法。

【例 5-7】 某企业占用土地 6 000 平方米，当地政府规定的土地使用费标准为每平方米每年 50 元，假定贴现率为 10%，土地使用期限为 10 年，则该土地使用权价值为：

$$\begin{aligned}\text{土地使用权价值} &= 6\,000\times 50\times[P/A,10\%,10] \\ &= 300\,000\times 6.1446 = 1\,843\,380(\text{元})\end{aligned}$$

四、无形资产的摊销与转让

（一）无形资产摊销

无形资产通常有一定的有效期限，因为无形资产所具有的价值总会终结或消失，但这种价值也不会马上消失，总会持续一个阶段。在这个阶段中，其价值逐步转移到受益期内的成本费用中去，以本期的收入予以补偿，这就是无形资产的摊销。企业应在取得无形资产时分析判断其使用寿命、使用寿命有限的无形资产，其摊销金额应在使用寿命内系统合理摊销。无形资产摊销管理的两个因素是摊销期限的管理和摊销方法的管理。

1. 无形资产摊销期限

无形资产摊销期限可按下列原则确定：

(1) 法律或合同分别规定有效期限或受益年限的，按照法定有效期限或者合同规定的实际受益期哪个较短的原则确定。

(2) 法律没有规定有效期限的，企业有关合同中规定有受益年限的，可按合同规定的受益年限确定。

(3) 合同或法律没有明确规定使用寿命的,企业应当综合各方面情况,如聘请相关专家进行论证或与同行业的情况进行比较以及企业的历史经验等,来确定无形资产为企业带来未来经济利益的期限。

(4) 经过上述努力,仍无法合理确定无形资产为企业带来经济利益期限的,应将其作为使用寿命不确定的无形资产。

2. 无形资产摊销方法

使用寿命有限的无形资产,其应摊销额应当在使用寿命内系统合理的摊销。无形资产摊销可以采用直线法、工作量法、双倍余额递减法和年数总和法。企业应依据从无形资产中获取的未来经济利益的预期消耗方式来选择,并一致地运用于不同会计期间。无法可靠确定经济利益的预期实现方式的,应当采用直线法进行摊销。

【例 5-8】 某企业收到一项专有技术投资,价值为 58 万元,预计有效使用期为 5 年,采用直线法摊销。则:

$$\text{年摊销额}=\frac{58}{5}=11.6(\text{万元})$$

$$\text{月摊销额}=\frac{11.6}{12}=0.97(\text{万元})$$

(二) 无形资产转让

无形资产转让有两种方式:一是转让所有权;二是转让使用权。转让无形资产所有权,出让企业不再对让售的无形资产拥有占用、处理、处置的权利;转让无形资产使用权,出让企业拥有对无形资产的所有权,并保留对无形资产的使用权,仅将使用权部分或全部让渡给受让企业,转让后,根据受让企业使用情况索取收入。转让无形资产是提高无形资产使用效益的途径之一。转让无形资产管理的重点在于确定转让无形资产的价值。常见的转让价值确认方法有协商估价法和提成法。

1. 协商估价法

协商估价方法是指由无形资产转让方与受让方进行谈判,共同确定无形资产转让价值,并采用一次付款的方法。这种方法适用于转让其所有权情况,在谈判中双方协商的基础可以是历史成本、现行市价或使用无形资产可提供收益的现值之和。在一般情况下,双方的报价基础按下列公式计算:

$$\text{转让方报出价值}=\text{准备转让的无形资产原取得成本}+\text{预计转让后失去的使用获利额}$$

$$\text{受让方定价基础}=\text{估计引进、消化无形资产所支付的费用}+\text{预计使用获利额}$$

2. 提成法

提成法是指由无形资产转让、受让双方协商确定一个提成比例,根据确定的提成比例受让方每年按营业收入或产品产量的一定比例提成部分收入付给转让方的方法。提成法一般适用于转让无形资产使用权的情况。

第三节　国有资产管理

一、国有资产管理的范围

国有资产是指属于国家所有的,能以货币计量的一切经济资源,也就是为国家所有,由国家行使所有权的一切资产。其主要包括四个方面。

(一) 经营性国有资产

经营性国有资产是指全民所有制企业、集体企业、合营企业中属于国家投资所形成的资产。

(二) 非经营性国有资产

非经营性国有资产是指党政机关、部队以及事业单位所占有的国有资产。

(三) 资源性国有资产

资源性国有资产是指国有的土地、森林、矿藏、河流、海洋等自然资源。

(四) 国有无形资产

国有无形资产是指国家所有的不具有实物形态但能在较长时期中提供某种特殊权利或有助于取得较高权益的资产,包括知识产权、工业产权和专有技术等。

凡是具有货币价值的国家资产,不论是经营性的或非经营性的,在预算内的还是在预算外的,是自置的还是赠送的,在全民所有制单位还是在非全民所有制单位,在国家境内还是在国家境外,都属于国有资产。本节主要是阐述经营性国有资产,其中包括有形资产和无形资产。

二、国有资产的特征

我国的国有经济在国民经济中占有较大的比重,国有资产的特征有:

(1) 我国的国有资产为全民所有,由国家行使所有权。

(2) 我国国有资产占全部资产总值的比重较大。

(3) 我国国有资产是我国财政收入的主要源泉。

(4) 我国国有资产对优化产业结构、转换企业机制具有决定作用。

三、国有资产管理

近几年来,为加强国有资产管理,围绕资产运行的规律,对国有资本金运行的各个环节实行全过程管理。

国家先后制定了《国有企业监事会暂行条例》《国有资产评估管理办法》《国有资产所有权界定的暂行规定》《国有资产收益收缴的规定》《国有资产保值增值考核试行办法》等管理制度,以及产权明晰、责权明确、政企分开、科学管理的现代管理制度,使国有资产的管理和使用有法可依。

(一) 国有资产的评估

国有资产评估是在资产产权变动时,对企业、单位的单项资产或整体资产的价值进行的评估,以保护国有资产所有者、经营者和使用者的合法权益。资产评估是对固定资产、流动资产、无形资产和其他资产等方面的价值进行评估。国有资产评估应遵循真实性、公平性、科学性和可行性原则。

1. 国有资产的评估对象

(1) 资产拍卖、转让。

(2) 企业兼并、出售、联营、股份经营。

(3) 与外国公司、企业和其他经营组织或者个人开办中外合资经营企业或者中外合作经营企业。

(4) 企业清算。

(5) 依照国家有关规定需要进行资产评估的其他情形。

2. 国有资产的评估程序

国有资产评估按照下列程序进行:

(1) 申请立项。占有单位经其主管部门同意,向国有资产管理部门提交资产评估立项申请书,由审查单位在期限内作出是否准予立项的决定。申请单位接到批准通知后,即可委托资产评估机构在规定范围内进行评估。

(2) 资产清查。委托单位应在清查前对评估资产的数量、质量和债权债务情况进行全面清查,受委托单位在此基础上核定资产的账面与实际是否相符,经营成果是否真实,据以作出鉴定。

(3) 评定估算。评估单位应对资产的价值进行评定和估算,根据评估结果向委托单位提出评估结果报告书。

(4) 验证确认。评估结果报告书由委托单位报主管部门同意后,报送同级国有资产管理部门确认,并由其下达确认通知书。

3. 资产的评估方法

国有资产重估价值时,企业应根据不同的评估目的和对象择优选用下列规定的一种或几种方法进行评定估算。

(1) 收益现值法。企业根据被评估对象剩余寿命期间每年(或每月)的合理预期获利能力用适当的折现率,计算出资产的现值,并据此评定重估价值。

(2) 重置成本法。企业根据被评估资产在全新情况下的重置成本,减去由于使用磨损和自然损耗造成的实体性贬值,由于技术相对落后造成的功能性贬值和由于外部经济环境变化引起的经济性贬值等因素评定重估价值。

(3) 现行市价法。企业参照相同或者类似资产的市价价格,进行分析对比和调整,估算出资产价值。

(4) 清算价格法。企业根据企业清算时其资产可变现价值,评定重估价值。

(5) 其他评估法。企业对流动资产中的原材料、库存商品和无形资产等可采用其他评估法。

(二) 国有资产保值增值的考核

国有资产保值是指企业在考核期内的期末国有资产(即国家所有者权益)与期初的国有资产的价值相等。国有资产增值是指企业在考核期内的期末国有资产大于期初国有资产的价值。

根据《国有资产保值增值考核试行方法》,国有资产保值增值的考核指标主要是国有资产保值增值率。其计算公式为:

$$\begin{matrix}\text{国有资产}\\\text{保值增值率}\end{matrix}=\left(\begin{matrix}\text{期末国有资产}\\\text{所有者权益}\end{matrix}\div\begin{matrix}\text{期初国有资产}\\\text{所有者权益}\end{matrix}\right)\times100\%$$

其中

$$\begin{aligned}\begin{matrix}\text{国有资产}\\\text{所有者权益}\end{matrix}=&\begin{matrix}\text{国家}\\\text{资本}\end{matrix}+\begin{matrix}\text{专用拨款及各项建设}\\\text{基金形成的资本公积}\end{matrix}\\&+\left(\begin{matrix}\text{资本}\\\text{公积}\end{matrix}-\begin{matrix}\text{专用拨款及各项建设}\\\text{基金形成的资本公积}\end{matrix}+\begin{matrix}\text{盈余}\\\text{公积}\end{matrix}+\begin{matrix}\text{未分配}\\\text{利润}\end{matrix}\right)\\&\times\frac{\text{国家资本}}{\text{实收资本}}\end{aligned}$$

当国有资产保值增值率等于 100%时,表现为国有资产的保值;大于 100%时,表现为国有资产的增值。亏损企业暂用减亏额作为保值增值指标。

国家在考核企业国有资产保值增值的同时,还应考核下列国有资产的经济效益指标：

净资产收益率＝(税后净利÷所有者权益)×100％

总资产收益率＝(税后净利÷资产总额)×100％

成本费用利润率＝(利润总额÷成本费用总额)×100％

在通货膨胀条件下，资产的账面不变，价格贬值，企业按例应当进行适当的换算，同时还应该考虑货币的时间价值，以便实现等值比较，但根据试行方法规定，目前暂不考虑货币时间价值以及物价变动因素的影响。

（三）国有资产收益收缴

国有资产收益是指国家凭借资产所有权所应获得的经营利润、租金、股息(红利)以及资产被占用应得收入的总称。收入纳入国有资产经营预算，用于对国有经济的再投资，调整产业结构，加速技术改造，保证国有资产的保值和增值。

国有资产收益的内容有：

(1) 国有企业中国家以投资者的身份从企业税后净利中分回的利润和产权转让收入。

(2) 股份有限公司中国家股应分得的股利和国家股股款转让(包括配股权转让)收入。

(3) 有限责任公司中国家作为出资者按照出资比例应分得的红利和国家出资转让的收入。

(4) 国家授权投资的机构或国家授权的部门应从企业分得的红利。

(5) 其他非国有企业占用国家资产应上缴的收益及按规定应上缴国有资产收益。

此外，两个以上国有企业共同投资新设立的有限责任公司，国有企业投资分得的红利计入企业投资收益；国有企业以国有资产对集体所有制企业投资分回的利润、股息、红利收入，均计入企业投资收益。

（四）国有资产所有权的界定

企业国有资产所有权的界定是指对企业应属于国有的资产依法确认所有权的法律行为。国有资产所有权有如下几类：

(1) 全民所有制企业中的国有资产，包括各级人民政府、国家行政部门、全民所有制企业、国家银行、国家投资公司以及其他全民所有制经营单位以各种形式投资形成的资产。

(2) 集体所有制企业中的国有资产，包括各级人民政府、国家行政部门、全民所有制企业以各种形式用国有资产在以集体所有制名义注册登记的企业中投资形成的资产。

(3) 其他属于国有的资产,包括由国家以各种形式出资在股份制企业,联营企业,中外合资、合作经营企业按照投资或协议应占有的份额形成的资产和交给集体使用的各项资产。

(五) 国有资产的产权登记

国有资产产权登记是国有资产管理部门代表国家对国有资产进行登记,依法确认国家对国有资产的所有权以及企业单位占有、使用国有资产的法律行为。依法界定所有权属于国有的资产,其经营使用单位要到国有资产管理部门办理产权登记手续。它包括开办产权登记、变动产权登记和注销产权登记。

1. 国有资产产权登记的范围

(1) 用国有资产开办企业单位,到工商行政管理机关办理企业登记。

(2) 企业单位的名称、地址、负责人发生变化以及经济性质、主管单位变动和国有资产总额发生变化,应办理变动产权登记。

(3) 企业单位分立、合并、迁移、撤销,应在主管部门或审批机关批准后的规定期限内,向国有资产管理部门申办变动产权登记或注销产权登记。

2. 国有资产产权登记的内容

国有资产产权登记的内容有:①单位名称。②地址。③负责人。④经济性质。⑤主管单位。⑥资产总额。⑦国有资本金总额。⑧国有资产总额等。

第四节 企 业 清 算

一、企业清算的概念及基本程序

(一) 清算的概念

企业按照章程规定宣布终止时,应对企业的财产、债权、债务进行全面清理结算,对剩余财产进行分配,这一系列工作称为企业清算。企业清算包括以下内容。

1. 普通清算

普通清算是指企业营业期满无意继续经营,或企业章程规定的解散事由出现,或因国家调整产业结构而被裁撤等原因引起的清算。此时,企业财务状况并非困难,不仅可以按规定的清偿程序抵偿债务,还有可能分配剩余财产。

2. 特别清算

特别清算是指企业财务状况恶化被迫解散而引起的清算。此时,由于财务状况恶化,企业资不抵债,可能出现投资人的投资难以返还,各项债务不能如数偿还的情况是在法院监督下进行的清算。

(二) 清算的基本程序

1. 企业解散的程序

企业因合并宣告解散的,应按照合并各方签订的合并协议进行企业清算。除了合并以外,企业因各种原因而解散或终止,都应按以下程序组织清算。

(1) 成立清算机构。企业解散时,应成立清算机构依法进行清算。企业违反法律、行政法规被依法责令关闭解散的,由有关主管机关组织投资者、有关机关及有关专业人员成立清算组进行清算。

清算组有以下职权: ① 清理企业财产,分别编制资产负债表和财产清单。② 通知债权人或发布公告,进行债权申报。③ 处理与清算有关的企业未了结的业务。④ 清缴所欠税款。⑤ 清理债权、债务。⑥ 处理企业清偿债务后的剩余财产。⑦ 代表企业参与民事诉讼活动。⑧ 妥善处理各项遗留问题。

(2) 通知债权人。清算组成立后应通知债权人,债权人应当自接到通知,按规定日期向清算组申报其债权,并提供有关债权的证明材料。清算组应当对债权进行登记。

(3) 编制解散日财务报表,全面清查财产。清算组应按年度决算报表的要求,编制自年初起至解散日止的财务报表,对各项财产物资和债权债务要全面清查核实。经注册会计师审查证明的解散日资产负债表和财产目录,即为清算开始的会计报表。

(4) 编制清算结束日财务报表。企业清算结束,清算组要向有关方面作清算报告,编制清算后的财务报表,经有关方面批准后宣告清算工作正式结束。

(5) 办理注销登记。企业宣告清算工作正式结束后,清算组应当提出清算报告,连同清算期间内的收支报表和各种财务账册,经注册会计师查证验收签字后,一并报工商行政管理机构和税务机关办理注销登记。

2. 破产清算的程序

破产清算是指企业因经营不善、造成严重亏损不能清偿到期债务,被依法宣告破产的,由人民法院依照有关法律的规定,对企业进行清算。

破产清算要由法院宣告企业停止经营活动,并将其全部财产按法定原则偿还给债权人。

破产清算一般要经过破产申请、和解与整顿及破产清算三道程序。

(1) 破产申请。企业因经营不善,造成严重亏损、资不抵债,可以向法院提出破产申请,申请时应说明亏损情况,提交有关会计报表及债权债务清册。

(2) 和解与整顿。企业由债权人申请破产的,在法院受理期内,破产企业的上级主管部门可以申请对该企业进行和解和整顿,提出和解协议草案经债权人会议通过后,经法院认可公告,中止破产程序。

(3) 破产清算。破产程序如下:① 法院受理企业破产申请、宣告破产的裁定。② 在宣告企业破产起 15 天内成立清算组接管破产企业,依法进行活动。③ 清算组成立后,破产企业应将一切账册、文件、资料、印章以及清点后的财产清册移交清算组。④ 清算组在清理、处置财产,验证破产债权后,拟订破产财产分配方案。⑤ 破产财产分配后,清算组应编制清算工作报告上报法院,提请法院终结破产程序。⑥ 清算组在接法院终结破产程序的裁定后,及时办理破产企业的注销登记手续。

二、财产清算及分配

(一) 清算财产的范围

清算企业的财产包括宣布清算时企业的全部财产以及清算期间取得的资产。已经作为担保物的财产相当于担保债务的部分,不属于清算财产;担保物的价款超过所担保债务数额的部分,属于清算财产。

(二) 清算财产的作价

清算财产的作价,一般对已核实过的财产以账面净值为依据,其他财产以重估价值或者变现收入等为依据。

(1) 账面净值。对已核实过的清算财产,不论是实物资产还是货币资产,均按账面净值计价。

(2) 重估价值。由企业合同、章程规定或经投资各方协商决定,企业解散时应对现存财产物资、债权债务进行重估,清算机构应组织力量进行重估计价。重估增值与重估减值抵消后如有增值净额,作为清算收益。

(3) 变现收入。对清算企业的财产物资出卖和处理时,一般按成交价格即变现收入作为财产的作价依据。财产作价分为单项资产作价和“一揽子”作价,一揽子作价应按适当方法再对单项资产折价。企业财产变现收入高于账面价值的净额,作为清算收益。

(三)清算损益的确定

清算损益是指清算收益减去清算损失和清算费用后的差额。清算收益大于清算损失和清算费用后的差额为清算净收益;清算收益小于清算损失和清算费用后的差额为清算净损失。

清算收益包括企业清算中发生的财产盘盈、财产变价净收入、因债权人原因确实无法归还的债务,以及清算期间的经营收益等。

清算损失包括企业清算中发生的财产盘亏、确实无法收回的债权,以及清算期间的经营损失等。

清算费用包括企业清算期间发生的法定清算机构成员的工资、差旅费、办公费、公告费、诉讼费以及清算过程中所必需的其他支出等。清算费用从现有财产中优先支付。

企业清算终了,清算收益大于清算损失和清算费用的部分,依法缴纳所得税。

(四)债务清偿的顺序

企业财产优先拨付清算费用后,按下列顺序清偿债务:

(1)应付未付的职工工资、劳动保险等。

(2)应缴未缴国家的税金。

(3)尚未偿付的债务。

(五)剩余财产的分配

剩余财产是指企业全部清算财产扣除清算损益、清偿债务和缴纳所得税后的剩余部分。企业剩余财产的分配原则,一般应按合同、章程的有关条款处理,充分体现公平、对等的精神,兼顾各方利益。

有限责任公司的剩余财产,除公司章程另有规定者外,按投资各方出资比例分配。若是国有独资的有限责任公司,其剩余财产则上缴国家财政。

股份有限公司的剩余财产,按下列顺序分配:① 按照优先股股份面值对优先股股东分配;如不能全额偿还优先股股金时,按照各优先股股东所持比例分配。② 按照普通股股东的股份比例进行分配。

在剩余财产分配中,如为实物财产的分配,其价值有差额时,按投资比例计算。如为中外合作经营企业,在合作合同中规定折旧完的固定资产归中方投资者所有的,外方不再参加该部分财产的分配,仅在中方投资者之间分配。

(六)清算结束工作

企业清算结束,清算机构应向企业董事会或职工代表大会作清算工作报告及财产分配方案,同时,编制清算后资产负债表、利润表,经企业董事会或职工代表大会批准后宣布清算工作正式结束。

清算结束后,清算机构所作的清算报告,连同清算期内的清算报表等资料,经中国注册会计师查证验收签字后,一并报主管财政机关和企业登记机关、税务机关,办理注销登记。

三、清算报表举例

现以佳丰公司为例,将其清算期间的有关清算报表作一说明。

(一) 解散日的资产负债表

佳丰公司于20××年11月1日开始停业清算,清算组编制了10月31日的资产负债表如表5-4所示,据以进行财产和债权、债务的清查。

表5-4

资产负债表

编制单位:佳丰公司　　20××年10月31日　　单位:元

资　产	期末余额	负债和所有者权益	期末余额
流动资产:		流动负债:	
货币资金	65 000	短期借款	120 000
应收账款	150 000	应付账款	200 000
应收票据	40 000	应交税费	6 000
其他应收款	2 000	其他应付款	4 000
存货	210 000	应付职工薪酬	10 000
流动资产合计	467 000	流动负债合计	340 000
非流动资产:		非流动负债:	
固定资产	220 000	长期借款	240 000
无形资产	13 000	非流动负债合计	240 000
非流动资产合计	233 000	负债合计	580 000
		所有者权益:	
		实收资本	140 000
		其中:甲公司	80 000
		乙公司	60 000
		未分配利润	－20 000
		所有者权益合计	120 000
资产总计	700 000	负债和所有者权益总计	700 000

(二) 存货清查汇总表

清算小组对佳丰公司的财产和债权、债务进行清理,除了存货发生盘盈与盘亏外，其余均账实相符。存货清查结果见表5-5。

表 5-5

存货清查汇总表

20××年 10 月 31 日　　单位：元

项　目	账面金额	清查金额	盘　盈	盘　亏
原材料	140 000	130 000		10 000
低值易耗品	20 000	20 000		
包装物	15 000	15 000		
在产品	15 000	14 000		1 000
库存商品	20 000	21 000	1 000	
合　计	210 000	200 000	1 000	11 000

（三）清算损益表

财产经过盘点清算，发现以下收支情况：

(1) 财产盘盈 1 000 元，盘亏 11 000 元(见表 5-5)。

(2) 变卖存货损失 22 000 元。

(3) 变卖固定资产溢价 30 000 元。

(4) 无形资产 13 000 元注销。

(5) 清理全部应收款，发生坏账损失 20 000 元。

(6) 偿还全部借款及应付账款。

(7) 清算过程中支付清算费用 15 000 元。

编制的清算损益表如表 5-6 所示。

表 5-6

清 算 损 益 表

20××年 11 月 1 日至 12 月 31 日　　单位：元

清 算 损 失	金　额	清 算 收 益	金　额
清算费用	15 000	变卖固定资产溢价	30 000
财产盘亏	11 000	财产盘盈	1 000
变卖存货损失	22 000		
注销无形资产	13 000		
坏账损失	20 000		
清算损失合计	81 000	清算收益合计	31 000

表 5-6 中清算净损失 50 000 元，加上未弥补亏损(即清算日资产负债表中的未分配利润负数)20 000 元，按投资比例分配亏损额：

$$甲公司应分配亏损额=70\ 000\times\frac{8}{14}=40\ 000(元)$$

$$乙公司应分配亏损额=70\ 000\times\frac{6}{14}=30\ 000(元)$$

编制盈亏分配资本净额表如表 5-7 所示。

表 5-7

盈亏分配资本净额表

20××年 12 月 31 日　　单位：元

盈亏分配	金额	投资人权益净额	金额
清算前未弥补亏损	20 000	甲方资本	80 000
加：清算损失	50 000	减：分配亏损额	40 000
合计	70 000	净额	40 000
分配：		乙方资本	60 000
甲公司	40 000	减：分配亏损额	30 000
乙公司	30 000	净额	30 000

练　习　题

一、判断改错题

1. 按制度规定，企业生产经营的主要设备物品，其使用年限在 1 年以上，单位价值在 1 000 元以上，均应作为固定资产处理。　(　　)

2. 固定资产的计价应按市场价入账。　(　　)

3. 固定资产的使用损耗是由于磨损、腐蚀等因素所造成的物质损耗。　(　　)

4. 固定资产的重置价值是指按市场条件重新购建时所支出的全部价值。　(　　)

5. 使用寿命不确定的无形资产按直线法摊销。　(　　)

6. 无形资产特点之一是双重存在，既是价值形态，又是实物形态。　(　　)

7. 清算机构在清理企业财产后，发现企业资不抵债，应将清算事务移交人民法院。　(　　)

8. 经营性国有资产主要是全民所有制企业、集体企业、合营企业中属于国家投资所形成的固定资产。（　　）

二、填空题

1. 固定资产价值有（　　　　）（　　　　）和（　　　　）。

2. 无形资产计价原则有（　　　　）（　　　　）和（　　　　）。

3. 固定资产清理报废的变价净收入与（　　　　）的差额，应计入（　　　　）或（　　　　）。

4. 按有无期限来划分，无形资产可分为（　　　　）和（　　　　）。

5. 因取得固定资产而发生的利息支出，在固定资产未交付前应作为（　　　　）处理。

6. 无形资产转让有（　　　　）和（　　　　）两种方式。

7. 国有资产评估的原则是（　　　　）（　　　　）（　　　　）和（　　　　）。

8. 国有资产评估的方法有（　　　　）（　　　　）（　　　　）（　　　　）和（　　　　）等。

三、单项选择题

1. 采用直线法计提固定资产折旧额，其计算公式是（　　　　）。

A. $\dfrac{\text{固定资产原值}-\text{预计残值}}{\text{固定资产预计使用年限}}$　　B. $\dfrac{\text{本期新增固定资产原值}}{\text{期末固定资产原值}}$

C. $\dfrac{1-\text{固定资产预计残值率}}{\text{固定资产预计使用年限}}$　　D. $\dfrac{\text{原值}\times(1-\text{预计残值率})}{\text{总工作小时}}$

2. 作为资本投入的新购固定资产应按（　　　　）计价。

A. 投资合同确定价　　B. 原始发票价

C. 评估确定价　　D. 购入价加税金

3. 固定资产折旧的双倍余额递减法是属于（　　　　）的一种。

A. 直线法　　B. 加速折旧法

C. 平均年限法　　D. 工作量法

4. 无形资产计价的实际成本法有残值法和（　　　　）两种。

A. 现值法　　B. 直线法　　C. 预估法　　D. 平均法

5. 制度规定（　　　　）的固定资产，可以不提折旧。

A. 季节性停用设备　　B. 以经营租赁方式租出

C. 修理停用　　D. 以经营租赁方式租入

6. 固定资产的资金周转期取决于固定资产的(　　　　)。

A. 价值补偿　　B. 实物更新　　C. 使用年限　　D. 改变形态

7. 下列资产中,属于经营性国有资产的是(　　　　)。

A. 合营企业中属于国家投资形成的资产

B. 国有森林

C. 事业单位占有的国有资产

D. 国有无形资产

8. 某企业20××年年初与年末所有者权益分别为500万元和600万元,则资本保值增值率为(　　　　)。

A. 167%　　B. 83%　　C. 120%　　D. 20%

四、多项选择题

1. 无形资产的特点有(　　　　)。

A. 不改变形态　　B. 提供未来效益具有不确定性

C. 不具有物质实体　　D. 具有流动性

2. 下列资产中,属于固定资产的有(　　　　)。

A. 房屋建筑物　　B. 土地使用权

C. 机器设备　　D. 专有技术

3. 外购固定资产的价值,应包括(　　　　)等项目。

A. 固定资产买价　　B. 保险费及税金

C. 安装测试费　　D. 运输装卸费

4. 下列资产中,不属于无形资产的有(　　　　)。

A. 商标权　　B. 租入固定资产改良支出

C. 特许经营权　　D. 开办费

5. 下列各项中,属于固定资产特点的有(　　　　)。

A. 不改变实物形态　　B. 具有流动性

C. 价值双重存在　　D. 价值补偿和实物更新不一致

6. 固定资产自然损耗是指固定资产因自然因素而发生的(　　　　)。

A. 磨损　　B. 生锈　　C. 风化　　D. 腐烂

7. 下列各项中,属于国有资产收益内容的有(　　　　)。

A. 国家股应分得的股利　　B. 国家股股权转让收入

C. 国有资产变卖收入　　D. 国家投资企业的税后利润

8. 国有资产评估的原则有(　　)。

A. 真实性　　B. 可比性　　C. 公平性　　D. 谨慎性

五、名词解释

1. 固定资产　　2. 无形资产

3. 长期待摊费用　　4. 开办费

5. 在建工程　　6. 固定资产有形损耗

7. 国有资产　　8. 剩余财产

六、简答题

1. 无形资产计价的方法有哪几种?

2. 企业因取得固定资产而发生的借款利息应如何处理?

3. 什么是固定资产折旧? 其依据是什么?

4. 什么是双倍余额递减法?

5. 如何确定无形资产的价值?

6. 租入固定资产改良工程的支出应如何处理?

7. 清算损益包括哪些内容?

8. 国有资产包括哪些内容?

七、业务计算题

1. 某企业向政府租入土地 2 000 平方米,使用期为 20 年,每年支付土地使用费 100 元/m^2,假定当时贴现利率为 6%。请用现值法计算该土地使用权的价值。

2. 某企业建造房屋一幢,需投资 1 900 万元,使用期为 20 年,残值率为 10%,在建造期间向银行贷款 1 500 万元,发生利息 100 万元。请计算该房屋原值及直线法年折旧额。

3. 某企业现有生产设备一套,使用期为 10 年,已使用 5 年,原值为 220 000 元,折余价值为 121 000 元,因设备陈旧,决定进行更新处理,取得变价净收入 90 000 元,另购置一套新设备替换。新设备投资200 000元,使用期为 5 年,残值率为 10%。请计算:

(1) 更新设备比继续使用旧设备所增加的投资额。

(2) 因旧设备提前废弃而发生的固定资产净损失。

(3) 新设备每年增加的折旧额。

4. 某企业购置生产设备一套,价值为 500 000 元,预计该设备投产后可为企业每年增加产品销售收入 1 000 000 元，创销售利润 100 000 元。请计算分析该固定资产利用效率。

5. 某公司注册资金为 100 万元，由甲、乙双方共同投资组建。甲方占 60%，乙方占 40%，因营业期满，于 20××年 12 月 31 日解散清算，累计亏损 10 万元。经清算组清理发现情况如下：

(1) 原材料盘亏 15 000 元。

(2) 库存商品盘盈 8 000 元。

(3) 变卖存货损失 18 000 元。

(4) 变卖固定资产收入 20 000 元。

(5) 注销无形资产 20 000 元。

(6) 清理应收账款，发生坏账损失 10 000 元。

(7) 支付清算费用 25 000 元。

请编制清算损益表(见表 5-8)和盈亏分配资本净额表(见表 5-9)。

表 5-8

清算损益表

20××年 1 月 1 日至××月××日　　　　单位：元

清算损失	金额	清算收益	金额
合计		合计	

表 5-9

盈亏分配资本净额表

20××年××月××日　　　　单位：元

盈亏分配	金额	投资人权益净额	金额

第六章

对外投资管理

内容提示 本章主要阐述投资的含义和投资决策分析方法。通过学习,学生应了解投资的概念、目的和原则,明确各项投资的基本内容和提高投资效果的措施,掌握各项投资决策和分析的方法和技能。

第一节 对外投资概述

一、对外投资的概念

企业对外投资是指企业为了获取未来收益或者满足某些特定用途以其货币资金、实物资产或无形资产投资于其他企业,或者购买其他企业的股票、债券等有价证券的经营活动。企业投资活动实质上是企业资产的流动和重新组合过程。在社会主义市场经济条件下,它对于合理配置社会资源,推动和促进产业结构调整,发展横向经济联合和提高经济效益起着重要的作用。

二、对外投资应掌握的原则

企业投资的目的从本质上说是为了获得一定的收益。但是,在市场经济的条件下,收益与风险同时并存,局部利益和整体利益也会发生冲突,因此,在投资时必须掌握以下四项基本原则。

(一) 收益性原则

企业在投资中必须力争获得最大的收益,但是,市场的客观环境变化多端,一旦决策失误,往往会给企业带来重大损失,因此必须广泛收集资料,在收益和风险面前,选择正确的投资机会和投资对象,力争获得较好的收益。

(二) 安全性原则

企业对外投资必须保证资金安全。在进行投资活动时,企业必须建立严密的投资管理程序,做好投资可行性研究,充分论证在技术上的可能性和经济上的合理性;在选择投资决策时,必须平衡各种投资项目,进行不同组合,以分散投资风险按期收回本金和投资收益;对外单位投资时,必须对被投资企业的经营情况和发展前途进行深入分析,权衡投资报酬和风险之间的利弊,以保证投入资金的安全。

(三) 合法性原则

企业的投资行为必须合法化,必须防止损害国家和社会的利益。对外投资的资产必须是企业可以自主支配的资产;投资所得必须依法缴纳所得税;以实物对外投资时,必须遵守投资计价原则,不得以低价或无价转移固定资产,防止国有资产流失。

(四) 合理性原则

各项投资必须符合于企业的整体利益,与企业的整体目标相一致。例如,短期投资必须保持流动性,防止影响生产和供销业务的发展;投资额度必须恰当,保持企业资产负债的合理比例;对已设立担保物权的资产,不能对外投资,以保证债权人的权益。

三、对外投资的分类

企业对外投资可以根据投资的期限、投资的方式进行不同的分类。

(一) 按投资的期限,对外投资可以分为短期投资和长期投资

1. 短期投资

短期投资是指可在 1 年内随时变现的各种有价证券和其他收回期准备不超过 1 年的其他投资。短期投资的目的是利用暂时闲置的资金,谋求取得较高的收益。与长期投资相比,短期投资具有资金回收期短,资金耗费较少,变现能力较强,投资风险较小的特点。因此,在投资时企业必须保证投入资金的及时收回,而且能获得比一般市场利率较高的收入。企业加强对短期投资的管理,有利于加速资金周转,扩大企业收益。

2. 长期投资

长期投资是指企业不能在 1 年时间内收回的各项投资。其主要内容包括购买其他企业的各种长期股权投资和其他投资。与短期投资相比,长期投资具有资金回收期长、资金耗费较大、变现能力较弱、投资风险较大的特点。对长期投资的管理主要包括四个方面:

(1) 积累一定数额的资金,以备用于特定的整笔资金的需要,如偿还长期债

务，更新厂房和设备等。

(2) 加强与被投资企业的经济联系，以保持稳定的原材料供应来源或维持长期的产品销售。

(3) 控制和影响被投资企业的经营决策，以满足本企业的业务经营需要或其他需要。

(4) 以较长时间的投资谋求获得较高的收益。长期投资数额比较大，回收时间比较长，风险也比较大，对以后各期的经营和损益都有较大的影响，在投资时必须做好科学的投资决策。

在长期投资的对象中，债券投资期限在 1 年以上，而股票投资没有到期期限，可以无限期保持下去。但是由于有价证券可以自由转让，其投资长短可以取决于企业的主观愿望，如投资人需要收回投资时，可以将债券或股票在市场上出售，成为短期投资。所以，投资期限往往决定于投资人的意向。

(二) 按投资的方式，对外投资可分为直接投资和间接投资

1. 直接投资

直接投资是指企业将货币资金、实物和无形资产直接投入到外部被投资的企业，由被投资企业向投资者出具投资证明书，确认其股权的投资。直接对外投资主要有联营企业投资、中外合资经营企业投资等，一般不能在短期内收回投资，系属于长期投资性质。

2. 间接投资

间接投资是指企业通过购买被投资企业发行的股票而对被投资企业的投资。股票是股份公司发给股东证明其股权并作为分配股息和红利依据的有价证券。投资人以现金、实物或无形资产直接投入被投资企业所取得的出资证明书，或者以货币资金购买被投资企业发行的股票，统称为股权投资。债券是指债券发行人为筹措资金而依法发行，承诺在规定日期以规定的利率发放利息，并按特定期限偿还本金的一种债权证书。股票和债券可以根据上市情况和投资人的意图作为长期投资，也可以作为短期投资。

四、对外投资的计价

(一) 对外投资应掌握的计价原则

1. 以货币资金直接投资

以现金、银行存款等货币资金方式向其他单位直接投资或以购买债券、股票

方式对外投资时，按照实际支付的金额计价，包括税金、手续费等相关费用。企业购入债券，因实际利率与票面利率不一致时，可能造成溢价或折价购入，致使实际支付款项与债券面值不一致，企业仍应按实际支付的价款计价，因溢价购入而预付的代价和折价购入而应补偿的差额都在收到利息时进行摊销，使债券到期时的账面价值与债券面值相等。企业购入的股票价格可以等于票面价格，或高于票面价格，也可以低于票面价格，企业按实际支付的金额计价，但应将票面金额在凭证或账簿中说明。

2. 认购债券

企业认购的债券，无论是长期投资还是短期投资，如果实际支付价款含有已到付息期尚未领取债券利息的，债券投资应按照扣除应计利息后的差额计价，应收的利息作为应收利息，在收到利息时收回。

3. 购买股票

企业购买的股票，无论是长期投资还是短期投资，如果实际支付的价款含有已宣告发放但尚未支付股利的股票投资，应按照扣除应收股利后的差额计价，应收的股利作为应收股利，在收到股利时收回。

4. 以实物或无形资产投资

以实物或无形资产方式向其他单位投资的，按照评估确认或者合同、协议约定的价值计价。

根据国家国有资产管理局规定，企业国有资产发生产权变动时，应进行资产评估，企业应防止国有资产流失，不得使国有资产及其权益遭受损失。

5. 长期股权投资

企业以货币资金、实物、无形资产和股票进行长期股权投资，按对被投资单位是否实行控股，采取不同管理办法。对具有实际控制权的单位采用成本法进行管理，投资金额并不因被投资单位净资产的增加或者减少而变动；对具有共同控制或重大影响的单位，采用权益法进行管理，被投资单位所增加或者减少的净资产，按投资比例作为企业的投资收益或者损失，增加或减少企业的长期投资额，从被投资单位实际分得的股利或者利润，相应减少企业的长期投资，但并不增加投资收益。

（二）对外投资的转让、出售和返还的计价

企业因资金需要或不愿继续进行投资时，可以依法将对外投资进行转让、出售，如因合同规定经营期限到期或经营失败而清理时，也可按规定收回投资。

1. 将购入的各种有价证券转让、出售

将购入的股票和债券基金等转让、出售时,不论是短期投资还是长期投资,其收入款与账面价值的差额均作为投资收益或投资损失处理,但如果出售股票所取得的收入中,包括已经发放但尚未收取业已登记入账的应收股利的,则应按所取得的收入,扣除已入账的应收股利后的差额,作为投资收益处理。

2. 将直接投资转让或收回

直接对外的投资可以依法进行转让或收回的,收回时可以用货币资金形式退还,也可以以实物作价退还,对收回的实物必须进行估价,但不强调退还原有实物。对本年经营亏损或上年未弥补亏损,应按规定的利润分配办法分摊亏损后退还投入股金。收入的价款与账面价值的差额计入投资收益或投资损失。

3. 对外投资成本计价

交易性金融资产的初始成本按取得时的公允价值计价,期末按增减变动后的公允价值计价,其变动差额作公允价值变动损益处理。

长期股权投资的初始成本以现金支付的按实际购买价计价,有合同、协议的按合同协议计价,以履行权益性证券的按公允价值计价,期末长期股权投资发生价值减值,按账面价值余额扣除有关投资减值准备的余额价值计价。

第二节　有价证券投资管理

一、有价证券概况

有价证券是指载有一定金额的,代表财产所有权、请求权或债权、债务可以有偿转让的一种书面证明。它是企业筹资和投资的媒介,其内容包括表示享有财产所有权的股票;表示享受债权的债券;表示享受请求权的货币证券(如商业票据等)。

(一)有价证券的特征

1. 收益性

证券的报酬一般在存款利率之上,投资于证券,可以调节资金的余缺,获得较好的收益。

2. 流通性

证券投资可以是短期的，资金可以在几个月内收回；也可以是长期的，但大多数可以通过转让或者通过证券市场交易随投资者的主观愿望出售，其流通性强。

3. 风险性

证券的收益率不确定，又受到复杂的客观环境影响，风险性十分明显，投资者必须高度警惕。

(二) 有价证券市场概况

1. 有价证券市场的含义

有价证券市场是指资金供应者和需求者之间进行有价证券买卖的场所。它由发行市场和交易市场两个部分组成。其中，发行市场又称一级市场，它是证券发行者发行股票、债券等有价证券等筹措资金的场所；交易市场又称二级市场，它是已经发行的有价证券买卖流通的场所。有价证券交易所实行会员制，非会员不得在有价证券交易所市场上进行有价证券交易，其会员以证券经营机构为限。目前，全国只有上海和深圳两个固定的有价证券交易市场。

2. 有价证券市场的参与者

有价证券市场的参与者除政府、筹资者、投资者外，还有证券经营机构和经纪人。证券经营机构是依据国家有关规定，经证券主管机关批准经营证券业务的营业机构，一般是各证券公司、投资银行和部分独立经营的证券经纪人。

3. 证券经营机构的主要业务范围

(1) 承销推销证券。

(2) 自营买卖证券。

(3) 代理买卖证券。

(4) 证券投资信托。

(5) 证券融资。

(6) 证券的登记、签证、结算兑付、集中代保管、财务代理或代办过户。

(7) 提供证券发行、投资等方面咨询。

(8) 其他与证券有关的业务。

证券经纪人是在证券交易市场上为交易双方充当中介而收取佣金的中间商人。他们在接受客户委托后，主要在证券交易所内从事代客买卖证券的工作，这些人一般都是各证券公司、投资银行等具有法人地位的金融机构的代表。

4. 证券买卖的步骤

证券投资只能在有价证券交易所内交易,需委托证券公司代为买卖,购买手续一般分为四个步骤:

(1) 开立委托买卖账户。在购买证券前投入一定资金,以保证购买时有确实的支付能力。

(2) 填写委托书。填明委托买卖证券的名称、价格、数量及时效,由证券公司通知其代表在场中进行交易。

(3) 进行交割和清算。完成买卖后由投资人定期(一般为第二天起)到证券公司办理交割手续,包括结算本金和佣金,接交证券。

(4) 办理证券的过户手续。如果购入记名股票,购买人须向发行公司办理过户手续,一般由证券公司代为办理。

目前,我国证券交易已实行网络化,投资者可以通过电脑委托证券交易,并对市场行情、资金余额进行查询,交易方式更见新型、快捷。

(三) 有价证券投资的决策程序

证券投资价格变动大,风险性大,特别是长期投资,一旦决策失误,就会严重影响企业的财务状况,因此必须按照特定的程序,进行科学的分析和决策。有价证券投资一般有以下几个步骤。

1. 确定投资政策

在证券投资中,由于收益和风险并存,企业在投资之前,应先测定投资的金额和投资的目标。投资的金额确定了投资的范围;投资的目标确定了对投资的风险和预期收益的态度,两者决定于企业的财务能力、风险承受能力和投资者的决策态度。一般的投资决策有两种类型:一种是稳健性管理决策;另一种是激进性管理决策。在稳健性管理决策下,企业对投资风险考虑得多一些,宁愿降低一些投资收入;而在激进性管理决策下,对投资风险考虑得少一些,力争多增加一些投资收入,有时还实行负债投资。但是,无论实行哪一种类型,企业均应考虑收益和风险因素。

2. 对证券进行分析

证券市场情况复杂,种类繁多。在市场进行投资时,首先,要分析投资环境和证券市场趋势,看投资时机是否适宜。其次,要在债券和股票之间进行选择,前者收益比较固定,风险比较小;后者收益可能高一些,但风险比较大。要根据不同的政治、经济环境和企业的投资政策来作出决策。再次,要在股票或债券中选择收益高、风险少的品种,求得最好的投资收益。

分析的方法有三:一是市场趋势分析,研究证券市场未来的发展方向;二是静态分析,研究发行厂商的资金实力和偿债能力;三是分析收益情况,研究发行厂商的净值报酬率、股票的市盈率、债券的收益率及其他有关资料,以确定当前的股票价格是否符合真实的价值。证券行业也有各种不同的分析资料可作为投资参考,企业应从各种分析中,选择投资的对象和时间。

3. 证券投资组合的构成及修订

在证券投资中,投资人要分散风险,必须实行多样化投资。投资人应根据分析资料,选择既包括高收益、高风险,又包括低收益、低风险的证券,构成一定的投资组合,使其在不同的条件下,都能获得理想的效果。这种投资组合主要是通过对各种类别的资产和不同品种进行分析,在可能的风险和预期收益的范围内,找出合理的选择。

证券投资以后,可能因为风险和收益发生了变化,投资人需要确定一个新的组合,这就需要对投资组合进行修订,买进一些新的证券,卖出一些老的证券,但在执行时必须考虑经纪人的佣金和买卖差价,不要造成过大的交易成本。

为了分散风险并享受投资收益,某些信托机构已建立了信托投资基金,专门进行各类证券投资与管理。投资者可以对基金进行投资,随时购买,随时出卖或转让,定期获得收益。这种基金的特点是集中资金,专家经营,可以分散风险,共同受益,因此资本增值效率较高。

4. 经营成果的评价

对证券投资经营成果的评价是有利于巩固成绩、克服缺点,继续做好投资管理的重要方面。评价的方法主要有两个方面:

一是考察证券资产平均收益率,通过与证券的平均收益增长率或与典型组合的平均收益率比较,就可以衡量经营的好坏。平均收益率计算公式为:

$$平均收益率=\frac{期末市场价值-期初市场价值}{期初市场价值}\times 100\%$$

如果企业于期初或期末之间增加或减少投入的货币量,可以先按时间分段计算,然后转换为季度(或年度)收益率。

二是对风险水平进行测定,一般以证券的总风险水平用标准差进行测量。测量风险水平的方法比较复杂,测量结果也难以说明主观的努力程度,因此,必须十分小心,但并不说明可以忽略风险的因素。

二、债券投资

债券是指政府、金融机构和企业等为筹集资金而发行的到期还本付息的固定收益证券。债券投资的目的是求得较高收益和较低风险。因此，投资的决策决定于债券的价值、债券的到期收益率和债券投资的风险三个方面。

（一）债券的价值

债券的价值是指债券未来现金流入的现值。即按票面利率计算的利息和到期归还本金之和的现值，也称债券的内在价值。债券的一个重要特点是债券发行时可以溢价发行，也可以折价发行，在流通期中也可以因市场利率高低或银根松紧，价格有所升落，但到期时的价格是一致的。如某种国库券，3 年期，年息率为 5%，1 年后的理论价格(即内在价格)每 100 元应为 105 元(100＋100×5%)，但因各种原因，市场价只有 104 元，以后价格仍然有不断地变化，但是，到最后兑付时其兑付价格按单利计算必然是 115 元(100＋100×5%×3)，所以投资者在投资债券时必然先要计算该债券的内在价格，看市价是否合理，是否有发展前途。

目前，我国债券的计息方法主要有两种：一种是到期一次还本付息；另一种是分期付息、到期还本。而到期一次偿本付息是主要的形式。

1. 到期一次还本付息的债券内在价值的计算

一次还本付息债券内在价值的计算公式为：

$$\text{债券价值}=(\text{面值}+\text{到期利息})\times(\text{复利现值系数})$$

$$V=F\cdot(1+n\cdot i_1)\cdot(P,i_2,n)$$

式中 V——债券价值；

F——面值；

n——期数；

i_1——票面利率；

i_2——市场利率；

(P,i_2,n)——利率 i_2、期数 n 条件下的复利现值系数。

【例 6-1】 某企业购入公司债券，面值为 1 000 元，3 年期，当时规定票面利率为 12%，到期一次付息，购买时市场利率为 14%，该项债券市价为 900 元，是否值得购进？

$$V=1\,000\times(1+3\times12\%)\times0.675=918(\text{元})$$

本例按理论计算，应按 918 元购进，现市价为 900 元，低于理论价格，说明值得购进。

2. 分期付息、到期还本的债券内在价值的计算

分期付息、到期还本债券内在价值的计算公式为：

$$债券价值=利息\times年金现值系数+本金\times复利现值系数$$
$$V=I\cdot(P/A,i,n)+F\cdot(P,i,n)$$

式中　$(P/A,i,n)$——在利率 i、期数 n 条件下的年金现值系数。

【例 6-2】 某企业购入公司债券，面值为每张 1 000 元，期限为 3 年，当时票面利率为 12%，每年付息一次，计 120 元，购买时的市场利率为 14%，市价为 950 元，该项债券是否值得购进？

$$V=120\times2.322+1\,000\times0.675=953.64(元)$$

本例市场利率大于票面利率，按理论计算应按 953.64 元购进，现市价为 950 元，低于理论价格，说明值得购进。

（二）债券的到期收益率

债券到期收益率是指债券投资者将买入债券保存到兑付期所能得到的实际年收益率，即是指债券上的收益与投入本金的比率。但在证券市场上投资者往往只是知道债券的市场价格，需要计算出到期收益率后才能比较购入债券是否有利。因而是债券投资决策的重要依据。

到期收益率的计算有单利收益率和复利收益率两种。我国发行的债券大部分是到期后一次付清所有的本息的，这种债券都用单利到期收益率计算。现分别说明如下。

1. 单利到期收益率

单利到期收益率的计算公式为：

$$到期收益率=\frac{(到期偿还本息-购买价格)\div剩余年数}{购买价格}\times100\%$$

$$V=\frac{(F+I-P)\div n}{P}\times100\%$$

【例 6-3】 某国库券面值为 100 元，期限为 3 年，年利率为 15%，偿还日为 2021 年 11 月 1 日，购买日为 2019 年 1 月 31 日，购买价为 125 元。其单利到期年利率的计算为：

$$到期偿还本息(M+I)=100+100\times15\%\times3=145(元)$$
$$购买价格(P)=125(元)$$

$$剩余年数(n)=270÷360=0.75(年)$$

$$到期收益率=\frac{(145-125)÷0.75}{125}×100\%=21.34\%$$

可见,这项国库券年利率大于票面利率和当时的市场利率,购入是有利的。

2. 复利到期收益率

复利到期收益率的计算公式为:

购进价格=每期利息×(年金现值系数)+面值×(复利现值系数)

$$V=I\cdot(P/A,i,n)+F\cdot(P,i,n)$$

这个公式与计算债券的内在价值相同。其中:i 表示到期收益率。

【例 6-4】 某企业以 900 元市场价购入面值为 1 000 元的公司债券,剩余期限为 3 年,年利率为 5%,计 50 元,分年计息,到期还本,求到期收益率。

先用有关数据代入公式,然后求得接近 V 值的两种收益率,再用插值法求出正确的收益率。

用 $i=9\%$进行测算:

$$V=50×2.531+1\,000×0.772=898.55(元)<900(元)$$

用 $i=8\%$进行测算:

$$V=50×2.577+1\,000×0.794=922.85(元)>900(元)$$

这两个数字,一个大于 900 元,一个小于 900 元,说明收益率在 8%~9%,用插值法计算为:

$$i=8\%+\frac{922.85-900}{922.85-898.55}×(9\%-8\%)=8.94\%$$

本例投资到期收益率为 8.94%,假设投资人的主观收益率为 8%,该到期收益率高于投资人的要求,因此,应该买进该项债券;否则,就不宜买进。

债券的购买价格(P)的高低,也可以用债券的净现值(NPV)来衡量,由于债券的购买价格应是它的市场价格,所以净现值即为债券的价值(V)与债券的购买价格(P)的差额。如果净现值为正数,说明定价偏低,可以购进;如果净现值为负数,说明定价偏高,不宜购进。

【例 6-5】 承[例 6-4],如市场利率为 8%,则净现值为:

$$NPV=V-P=(50×2.577+1\,000×0.794)-900=22.85(元)$$

计算得出的净现值为正数,说明定价偏低,可以购进。

（三）债券投资的风险

债券投资的风险比较小，但根据债券的特性，有几个方面因素影响投资的决策。

1. 利率风险

利率是债券计价的主要因素，由于市场利率的上升引起价格下跌，使投资人遭受利率风险，投资期限越长，风险越大。即使是国库券，虽然被称为无风险债券，但也存在利率风险。如1990年发行的国债，年利率只有8%～10%，而到期时已达到14%，投资人显然受到利息风险的损失。因此，投资人在选择投资对象时，应充分考虑利率和期限的因素。

2. 流动性风险

债券的流动性对债券的价格和资金回笼的影响很大。例如，我国的国库券在市场上交易活跃，立即可以销售，因此价格公平；而某些公司债券，虽已上市交易，但往往有行无市，购者寥寥，投资者应很好加以识别，以避免流动性风险。

3. 违约风险

债券的可靠性比较大，如国库券由国家财政保证，信用可靠，上市的公司债券也有信用评估，具有一定的可靠性。但评估只评出了相对的风险水平，而不包括绝对水平。因此，等级较低的企业，发生拖欠的可能性是存在的，因此，投资人应加以选择，避免违约风险。

4. 购买力风险

持续的通货膨胀对任何投资都有影响。对债券投资的影响有二：一是引起利率的上升；二是引起到期资金购买力的减少。为了避免购买力风险，投资人就要考虑投入保值性强的投资项目，以保持到期资金的购买力。例如，我国曾执行保值补贴率，投资人在到期时可获得较高的补贴，有效地抵消了通货膨胀的影响。

三、股票投资

股票是指股份公司为筹集自有资本而发行的有价证券，是股东享有持股权利和承担义务的书面凭证。股票有优先股和普通股之分。优先股在一般情况下有固定的股利收入，其性质近乎公司债券。这里所阐述的股票投资是指普通股投资。

（一）股票的价值

股票的价值一般是指股票在证券市场上买卖的价格。但在不同的情况下，有不同的价值概念。现分别说明如下。

1. 票面价值

这是指股票票面上标明的金额。它的主要作用是确定每股股票在公司中所占的份额和表明在股份有限公司中股东对每股股票所负的有限责任额度。因此,它是发行股票的价格基础。我国法律规定,公司股票可以按面值发行,或者超面值发行,但不得低于面值发行。在财务报表中,普通股一律按面值入账,超过面值部分作为"资本公积"入账,所以股票一旦发行上市,股票价格就与面值分离。

2. 设定价值

在西方,发行的股票,有的是无票面价值的,但根据公司章程规定设定一个设定股本和发行股数,两者所确定的价值称为设定价值。例如,某公司章程规定的设定股本为 100 万元,授权发行 20 万股,则每股的设定价值为每股 5 元(100÷20)。普通股不载明股票的价值,但是若其有设定价值,就会使股票更有弹性。

3. 账面价值

这是反映公司账面上每股股份占有公司净资产的金额。公司普通股的账面价值是将公司的净值(即所有者权益)减去优先股的总面额后,除以流通在外的普通股股数后的金额。例如,某公司年底资产负债表上"所有者权益"金额为 150 万元,其中优先股为 50 万元,普通股股数为 5 万股,则普通股账面价值为每股 20 元$\left(\frac{150-50}{5}\right)$。这个金额大体上反映每股股票所代表的公司净资产,但账面价值与票面价值不一致,与市场价值也不一致。

4. 市场价值

这是指股票在市场交易中所反映的价值,也就是股票的价格。股价在市场上的变动很大,它主要有开盘价、最高价、最低价和收盘价之分。市价的记录以收盘价为准。从理论上来说,股票的高低与预计股利的多少成正比,但实际上影响股市价格的因素十分复杂,在公司内部有财务损益状况、风险大小、股利发放等因素;在公司外部有政治因素、经济因素等。投资者的心理也是影响股票价格的一个重要因素。

5. 投资价值

投资价值也称股票的内在价值,是指投资人在投资时对股票从理论上计算的估计价值。普通股的投资价值决定于股票在预期的未来获得的现金流入的现值，包括各期预期股利收入和出售股票时所得到的价格收入总和的现值。股票的投资价值是评价股票价值的基础。

6. 清算价值

这是指企业清算时，股东应该得到的每股的实际价值。从理论上说，清算价值应该是企业清算时财务报表上所反映的账面价值，但由于财产的清算价格往往低于账面价值，因此，股票的清算价值往往低于实际的账面价值。

（二）股票的评价方法

股票的评价方法基本上有两种：一种是先按企业的内在价值计算其投资价值，然后和股票的市价相比较；另一种是市盈率分析，用来估算股票的公平价值，然后和股票的市价进行比较。股票的风险要计算风险报酬。

1. 股票投资价值的计算

股票的投资价值是由股票的预期股利和将来出售股票时的价格总和的现值所构成的。其计算公式为：

$$\text{股票的购价}=\text{各期预期得到股利的现值}+\text{预期股票售价的现值}$$

$$=\begin{matrix}\text{每期预}\\\text{期股利}\end{matrix}\times\begin{matrix}\text{年金现}\\\text{值系数}\end{matrix}+\begin{matrix}\text{预期股}\\\text{票售价}\end{matrix}\times\begin{matrix}\text{复利现}\\\text{值系数}\end{matrix}$$

$$P=D_n\cdot(P/A,\ i,\ n)+P_n\cdot(P,\ i,\ n)$$

式中 P——股票购价；

P_n——股票售价；

D_n——某期红利；

i——预期报酬率。

这个公式与债券计价公式相似。股票的投资者除了因控股关系而永久投入资金以外，一般均希望能在获利后转让股权，以求最后收回股金，这是最多存在的状态。预期报酬率是投资者所预期的收益率，是将未来收益折算成现值的比率，一般是市场利率，或者是股票的历史平均收益率。

【例 6-6】 某企业准备以人民币购入 A 公司普通股票，预计每年可获得股利 2 000 元，准备 3 年后出售，预期股票售价 20 000 元，预期报酬率为 15%，如果当时市场价格为 15 000 元，是否值得投资。

经计算，股票的投资价格为：

$$P=2\,000\times2.283+20\,000\times0.658$$
$$=17\,726(\text{元})$$

以上说明这笔股票的内在价值为 17 726 元,而现市价为 15 000 元,因此,值得购买。但是股票的价格在很大程度上受市场的政治经济环境变化的影响和利息率的变化影响,投资者必须作很好的风险分析。

2. 股票长期占有价格的计算

如果股票是长期占有,则股票的价格就是长时期的股利收入的现值总和,其计算公式为:

$$P=\frac{D_1}{(1+i)^1}+\frac{D_2}{(1+i)^2}+\cdots+\frac{D_n}{(1+i)^n}$$

$$=\sum_{t=1}^{N}\frac{D_t}{(1+i)^t}$$

在上述情况下,利率的变化有三种可能性:一是每年股利不变,其成长率为零,称为零成长股票价值;二是年股利按比例持续增长,称为固定成长股票价值;三是各段时间的股利是不固定的,称为非固定成长股票价值。三种价值的计价公式举例说明如下:

(1) 零成长股票价值的计算。零成长股票是指生产经营稳定的股份公司其每年股利基本保持不变,股票价值为股利永续年金的股票。其计算公式为:

$$P=\frac{D}{(1+i)^1}+\frac{D}{(1+i)^2}+\cdots+\frac{D}{(1+i)^n}=D\cdot\frac{1}{i}$$

【例 6-7】 某股票预期股利为每股 5 元,预期报酬率为 15%,其股票价格为:

$$P=5\times\frac{1}{15\%}=33.33(元)$$

(2) 固定成长股票价值的计算。固定成长股票是指生产经营较好,每年股利能按一定比例增长的股票。其计算公式为:

设最近一期支付股利为 D_0,预期增长率为 g,则:

$$P=\frac{D_1}{(1+i)^1}+\frac{D_2}{(1+i)^2}+\cdots+\frac{D_n}{(1+i)^n}$$

$$=\frac{D_0(1+g)}{(1+i)^1}+\frac{D_0(1+g)^2}{(1+i)^2}+\cdots+\frac{D_0(1+g)^n}{(1+i)^n}$$

$$=\frac{D_0(1+g)}{i-g}=\frac{D_1}{i-g}$$

【例 6-8】 某股票最近股利为每股 5 元,预期收益率为 15%,估计股利会以每年 5%的速度增长。其股票价格为：

$$P=\frac{5}{15\%-5\%}=50(\text{元})$$

(3) 非固定成长股票价值的计算。非固定成长股票是指各个阶段的股利不固定，有的阶段是零成长，有的阶段成长慢，有的阶段增长快的股票。股票股利的非固定成长是经常发生的现象，因为客观的形势和企业的盈利都不是一成不变的，在这种情况下，只有先分段加以估算，然后确定股票的价值，计算方法如前，在此不赘述。

【例 6-9】 某股份公司创建初期每股股利为 1 元，前 2 年每年增长 4%，以后每年增加 8%，期望报酬率为 10%，计算其股票价值。

(1) 第 1 年股利现值 $=(1\times104\%)\times\frac{1-(1+10\%)^{-1}}{10\%}$

$=1.04\times0.9091=0.95(\text{元})$

(2) 第 2 年股利现值 $=(1\times104\%^{2})\times\frac{1-(1+10\%)^{-2}}{10\%}$

$=1.08\times0.8264=0.89(\text{元})$

(3) 第 2 年年末股票价值 $=\frac{1.08\times1.08\%}{10\%-8\%}=\frac{1.1664}{0.2}=5.83(\text{元})$

(4) 股票价值 $=0.95+0.89+5.83=7.67(\text{元})$

在以上各种价值的计算中，影响价格的最大因素是预期的股票收益率和股票的售价。股票的最大特点是价格的波动性大、风险大，许多因素难以估计，因此在作出决策时，必须将定性分析和定量分析密切结合起来。

3. 市盈率分析

市盈率是指股票的每股市价与每股盈余的比率。它反映投资者愿意以大于每股盈余若干倍的价格来购买股票。市盈率分析是一种市场上常用的简便计算股票价值的方法。其计算公式为：

$$\text{市盈率}=\frac{\text{每股市价}}{\text{每股盈余}}$$

$$\text{股票价格}=\text{某股市盈率}\times\text{每股盈余}$$

【例 6-10】 某公司的股票每股盈利是 2 元，经统计市盈率为 10，则该公司的股价应为 20 元(2×10)。

市盈率的高低是比较投资有利性的一种标志。一般来说，如果与同行业的股票平均市盈率比较，市盈率比较高，说明市场看好，风险比较小；市盈率比较低,则风险比较大。

(三) 贝塔系数分析

贝塔系数(β系数)是计量个别股票随市场移动趋势的指标。在整个市场价格变动时,股市中各个股票反映并不一样,有的变动大,有的变动小,计算贝塔系数可以反映个别股票对于平均风险股票的变动程度,是股票投资决策的重要依据。

1. 贝塔系数的计算

证券的贝塔系数可以看作证券特征线的斜率。对事后贝塔系数的统计,可用直线回归方程求得。其计算公式为:

$$Y=\alpha+\beta\cdot X$$

式中 Y——证券的收益率;

X——市场平均收益率;

α——与Y轴的交点;

β——回归线的斜率。

【例 6-11】 假设A公司20×1—20×4年股票的每个季度的收益率(Y)和市场平均收益(X)如表6-1所示。请求出该公司的贝塔系数。

表 6-1

贝他系数计算表

季度		A公司收益率=Y (1)	市场平均收益率=X (2)	Y^2 (3)	X^2 (4)	$X\cdot Y$ (5)
20×1	1	11.01%	11.91%	121.22	141.85	131.13
	2	19.12%	11.55%	365.57	133.40	220.84
	3	6.67%	−0.78%	44.49	0.61	−5.20
	4	−4.23%	0.02%	17.89	—	−0.08
20×2	1	−7.23%	−2.52%	52.27	6.35	+18.22
	2	−4.62%	−1.85%	21.34	3.42	8.55
	3	16.86%	8.73%	284.26	76.21	147.19
	4	−0.43%	1.63%	0.18	2.66	−0.70
20×3	1	6.20	−5.86%	38.44%	34.34	−36.33
	2	0.59%	−2.94%	0.35	8.64	−1.73
	3	23.94%	13.77%	573.12	189.61	329.65
	4	26.62%	14.82%	708.62	219.63	394.51

（续表）

季　度	A公司收益率$=Y$ (1)	市场平均收益率$=X$ (2)	Y^2 (3)	X^2 (4)	$X\cdot Y$ (5)
20×4　1	6.80%	10.82%	46.24	117.07	73.58
2	−1.68%	7.24%	2.82	52.42	−12.16
3	2.28%	−2.74%	5.20	7.51	−6.25
4	20.91%	14.36%	437.23	206.21	300.27
$N=16$	122.81% $=\sum Y$	78.16% $=\sum X$	2 719.24 $=\sum Y^2$	1 199.93 $=\sum X^2$	1 561.49 $=\sum XY$

$$贝塔系数=\frac{(N\cdot\sum X\cdot Y)-(\sum Y\cdot\sum X)}{(N\cdot\sum X^2)-(\sum X)^2}$$

$$=\frac{(16\times 1\,561.49)-(122.81\times 78.16)}{(16\times 1\,199.93)-(78.16)^2}=1.18$$

2. 股票价值的计算

[例6-11]中，A公司股票的贝塔系数大于1，说明这个股票风险比较大，要通过多元化投资，对风险加以分散。同时要求有较高的报酬率来得到补偿。这种报酬率要用贝塔系数对扣除无风险收益率后的超收益率进行调整。其计算公式为：

$$\text{预期收益率}=\text{无风险收益率}+\beta\times(\text{平均必要收益率}-\text{无风险收益率})$$

【例6-12】　A公司股票的平均必要收益率为16%，当时国库券收益率(即无风险收益率)为12%，则市场风险报酬率为4%(16%−12%)。该A股票的预期收益率为：

$$预期收益率=12\%+1.18\times(16\%-12\%)=16.72\%$$

假定A股票1年后预期股利为5元，则A股票的价值为：

$$股票价值=5\times\frac{1}{16.72\%}=29.90(元)$$

[例6-11]中若贝塔系数为1，则A股票价值为31.25元$\left(5\times\frac{1}{16\%}\right)$。可见，贝塔系数上升，风险增加，因此需增加一定的保险报酬。

3. 加权平均收益率的计算

投资组合的预期收益率是个别股票的加权平均收益率。其计算公式为:

$$预期收益率=W_1 \cdot R_1+W_2 \cdot R_2+\cdots+W_n \cdot R_n$$

$$=\sum_{i=1}^{n}W_i \cdot R_i$$

式中 W_i——个别股票在组合中投资价值的比重;

R_i——个别股票的预期收益率。

【例 6-13】 某组合由 A,B,C,D 四种股票组成,投资价值的比重分别为 20%,20%,20%,40%;收益率分别为 20%,15%,25%,13%,则该组合的预期收益率为:

$$预期收益率=20\%\times20\%+20\%\times15\%+20\%\times25\%+40\%\times13\%$$

$$=4\%+3\%+5\%+5.2\%=17.2\%$$

如果投资人要求提高收益率则必须扩大收益率高的股票的比重,或者降低收益率低的股票的比重,但必须承担较大的风险。

四、基金投资

基金投资是指通过基金股份或收益凭证等有价证券,集合众多投资者进行规模性专业投资,实行利益共享,风险共担的一种金融投资工具。

(一) 基金投资分类

1. 按基金的种类划分

基金投资的种类很多,现择其较流行的几种基金简述于后。

(1) 股票基金。股票基金是指投资于股票的基金。它包括普通股和优先股,是一种比较流行的基金投资。它比个人投资股票风险要小,且有较好的流动性、变现性。

(2) 债券基金。债券基金是指投资于各种债券的基金。它包括政府债券、企业债券等。债券基金一般定期派息,与股票基金相比,风险和收益水平较低。

(3) 货币基金。货币基金是用货币投资的基金。它包括银行存款、国库券、政府债券、公司债券及票据等,货币基金获取利息较高,具有投资风险小、成本低、安全性和流动性较强的优点,是一种高收益、低风险的安全基金。

(4) 期货基金。期货基金是指投资于买空卖空期货市场的基金。根据期货市场的特点,期货基金具有投资收益高、投资风险较小的特点,是金融衍生工具。

(5) 期权基金。期权基金是指投资于期权交易的基金。期权交易是期权买方向卖方出售商品,事先约定商品价格,支付一定费用,并在规定的时间内进行交易的一种商品合约的权利买卖。期权基金和期货基金一样,也是收益风险都很大的投资产品,需要在管理上具有较高的技巧。

2. 按基金组织形态划分

按基金组织形态,基金可分为契约型基金和公司型基金。

(1) 契约型基金。契约型基金是指在一定的信托契约基础上组织联结起来的代理投资行为,由委托者与受托者之间签订信托契约,由委托者发起发行受益凭证,筹集社会资金,交由受托者管理的基金。

(2) 公司型基金。公司型基金是指按公司法规定成立,以盈利为目的的股份有限公司形式的基金。投资公司向社会筹集资金发行基金股份,投资者通过购买基金,成为基金公司股东,享有获取基金收益的权利。

契约型基金大众化程度较高,公司型基金经营较为稳定,两种形式的基金各有特点,我国的投资基金大多属于契约型基金。

3. 按基金变现方式划分

按基金变现方式划分,基金可分为开放型基金和封闭型基金。

(1) 开放型基金。开放型基金是指基金发行者在设立基金时,没有限定基金发行总额和期限,发行者可以连续追加发行新的基金单位,由于没固定期限,投资者也可根据市场情况,随时要求发行者赎回或再买入的基金。由于开放式基金允许赎回,因此基金单位的资产经常处于变动之中,不能全部用来投资,一般要求基金投资于变现能力较强的证券。

(2) 封闭型基金。封闭型基金是指在基金存续期间,不允许投资人赎回或随意增减基金证券,只能通过证券交易所进行买卖证券的基金。封闭式基金资产比较稳定,便于经营,一般情况下,基金规模较为固定,不易变动,但因这种基金证券只能在市场交易,价格受供求关系影响,波动较大,风险较高。另外,基金单位的经营业绩对投资者至关重要,业绩好时,可获取较高收益;反之,则承担亏损。

(二) 投资基金的分析评价

1. 投资基金价值

投资基金与投资其他证券一样,它的价值是在基金投资上所带来的现金净流量。实现投资基金价值要取决于能给投资者所收回的本金和利息收入。用以表述当前现金净流量的是基金的净资产的市场价值,即基金目前的市场价值。

评价投资基金价值指标是基金的单位净值,这是评价基金业绩最基本的指标。其计算公式为:

$$\text{基金单位净值}=\frac{\text{基金净资产价值总额}}{\text{基金单位总份数}}(\text{基金总资产额}-\text{基金负债总额})$$

【例 6-14】 某基金公司目前账面价值如下:总资产额为 3 000 万元,负债总额为 1 200 万元,资产目前市场价值为 4 000 万元,基金股份数为 1 000 份。请计算基金净资产价值总额与基金单位净值。

$$\text{基金净资产价值总额}=4\,000-1\,200=2\,800(\text{万元})$$

$$\text{基金单位净值}=2\,800\div 1\,000=2.8(\text{元/份})$$

2. 投资基金的增值

投资基金净资产价值变化可以反映基金增值情况,因为基金的净资产价值是按市场价值计量的,基金资产的市价增加,基金即随之增值,基金投资者收益也增加。用于反映基金增值的指标是基金收益率,其计算公式为:

$$\text{基金收益率}=\frac{\text{年末基金单位持有份数}\times\text{年末基金单位净值}-\text{年初基金单位持有份数}\times\text{年初基金单位净值}}{\text{年初持有份数}\times\text{年初基金单位净值}}$$

如果式中的基金单位持有份数年末数和年初数相同,则基金收益率可简化为基金单位净值在今年内的变化幅度。

3. 有价证券周转率

如果基金单位投资对象全是有价证券的基金,则采用有价证券周转率来衡量其收益。有价证券周转率的计算公式为:

$$\text{有价证券周转率}=\frac{\text{证券年销售净额}}{\text{证券资产年平均余额}}$$

有价证券周转率在一定程度上反映了基金投资组合情况,周转率越高,表示基金投资越偏重于能获取资本利得的投资组合,周转率越低,表示基金投资越偏重于能获取稳定的红利收入的投资组合,过高会带来投资组合不稳定,过低则显得没有进取性。

第三节　对其他单位投资管理

一、投资的方式及作用

（一）投资的方式

国家规定,企业有权依照法律和有关规定与其他企业、事业单位联营和向其他企业、事业单位投资。直接向其他单位投资可以是单项投资,也可以是联营投资或中外合资、合作经营企业投资。联营方式主要有三种:

(1) 与其他企业、事业单位组织新的经济实体,独立承担民事责任。具备法人条件的,经有关部门核准登记,取得法人资格。

(2) 与其他企业、事业单位或与外商企业共同经营,联营各方按照出资比例,或者协议约定,承担民事责任。

(3) 与其他企业、事业单位订立联营合约,确定各方的权利和义务。联营各方各自独立经营,各自承担民事责任。

（二）投资的作用

对其他单位投资,其作用在于:

(1) 优化资源分配。企业实行对外投资,可以有效利用现有资源,发挥企业之间的技术优势、劳动力优势和生产发展的优势,做到优势互补,共同取得较好效益。

(2) 实行多角化经营,分散投资风险。实行对外投资,可将不同收益、不同风险的企业进行合理组合,既能加强企业之间的紧密联系,又能发挥各自的优势,扩大生产和经营品种,从而提高企业经济效益,分散企业经营的风险。

(3) 提高专业化生产水平,扩大规模经营。企业对外投资,有利于企业的专业化分工协作,从而提高产品质量,扩大生产经营规模,创造出规模经营的效益。

(4) 引进先进技术,扩大出口创汇。举办中外合资、合作经营企业,有利于引进先进技术,促进我国企业的技术进步;有利于产品进入国际市场,扩大出口创汇。

二、投资的决策程序

对其他单位投资是长期性投资,投入金额大,投入时间长,资金周转缓慢,并承担一定的风险。投资决策的失误会严重影响企业的财务状况和现金流量,因此,企业必须建立严密的投资决策程序,充分论证投资项目在技术上的可能性和经济上的合理性,保质保量地完成投资计划。直接投资关系到投资双方的利益,对投资计划事先应取得一致意向。

(一)投资设计

凡是投资规模较大,所需资金较多的战略性项目,应由董事会或总经理发起设计,由生产、基建、财务等各方面的专家组成小组提出方案,经董事会或总经理批准;凡投资金额小的战术性项目,由主管部门发起设计,有关部门组织人员提出方案,经总经理或其授权部门主管批准。投资方案在批准执行以前必须经过评价审核。

(二)投资方案的评价审核

设计方案制定以后,必须经过认真评价,一般由财务经理会同有关部门进行。其主要内容包括:

(1)审核投资设计是否符合生产经营的需要。

(2)确认投资项目的经济可行性。

(3)投资的风险及其防避措施。

(4)写出评价报告。

(三)投资项目决策

投资方案经评价同意以后,须由双方领导作出最后决策。如投资方案有需要补充或者修改之处,应由主办部门办理后再作处理;被拒绝执行的方案,应重新进行调查或停止办理。

(四)投资项目的执行

投资方案作出决策后,有关部门都要根据计划筹措资金,落实材料,安排工程,在执行工程中要对工程进度、成本和质量严格控制,按质、按时完成投产计划。

(五)投资项目的再审核

投资方案付诸实施以后,企业要经常根据情况的变化,对原有方案作出新的评价,若遇有不尽完善的地方,应及时提出修改意见,作出补救措施;已不适用的要停止执行,以免造成不应当的损失。

三、投资方案的现金流量分析

现金流量是指企业在投资一个项目时所引起的现金支出和现金收入的数

量,对现金流量的分析是评价投资方案是否可行的一项基础性工作。在分析时,企业必须考虑资金的时间价值,将收入和支出按现值进行比较,以决定投资的可行性。

在投资分析中,现金流量的分析比盈亏情况的分析更为科学合理,因为:① 采用现金流量分析考虑了货币的时间价值,而盈亏情况分析只是按实际发生时的金额计算,没有考虑投入资金和销售收入的利息因素。② 利润计算受存货估价、费用摊配和折旧预提等不同计算方法的影响,容易歪曲实际经济效益。③ 利润不一定能完全应用于生产需要,而现金流量是指可以直接应用的现金,在财务活动中具有实用性。因此,现金流量分析是在投资决策中的一个重要内容。

(一) 现金流量的构成

现金流量可以从现金流入量、现金流出量和净现金流量三个方面来表述。

1. 现金流入量

(1) 投资项目完成后可增加(或减少)的营业现金收入。

(2) 固定资产的变价收入。

(3) 固定资产使用期满时的投入。

(4) 垫支在流动资产的资金收入。

2. 现金流出量

(1) 在固定资产上的投资。

(2) 在流动资产上的投资。

(3) 营业生产成本(减除不支现金的折旧费)。

(4) 期间费用和税金(包括销售费、管理费、增值税、所得税等)。

3. 净现金流量

这是指现金流入量减去现金流出量后的净额。按现值计算的净现金流量是指按现值计算的现金流入量减去按现值计算的现金流出量。

(二) 现金流量的各项因素的预测

现金流量的估算是对投资方案的初步经济可行性预测。凡企业从投资活动开始到投产,直至停产所经历的这一段较长时间内的经济收支,都要进行预测,列入流量表。其内容主要包括以下各点:

(1) 投入固定资产的投资金额预测,包括投资前各项准备工作的费用、设备购置费用、建筑工程费及其他费用。

(2) 投入流动资产所需的费用。

(3) 生产能力及生产成本的估算。

(4) 销售能力及销售金额的估算。

(5) 各种费用及税收的估算。

(6) 残值收入的估算。

(7) 其他。

以上各项预测数据都要经过各有关部门的紧密配合,有的具有高度的技术性,需要科学的预测;有的资料缺乏,可根据专家经验运用定性预测。

(三) 现金流量的计算

现金流量的各项因素经过预测以后,就可以根据投资的要求计算现金流量。现举例说明如下。

【例 6-15】 某企业购进设备一套,与 A 公司联合经营一项新工艺,有关资料如下:

(1) 某设备买价为 26 万元,设备运输费为 1.2 万元,设备安装费为 0.8 万元,合计 28 万元。

(2) 预计设备使用年限为 5 年,报废残值为 2 万元。设备年折旧额为 5.2 万元$\left(\frac{28-2}{5}\right)$。

(3) 追加流动资金投资 5 万元。

(4) 每年增加销售收入 25 万元。

(5) 年增加生产成本 15 万元,减除不增加现金支出的折旧费 5.2 万元,实际支出 9.8 万元。

(6) 增加销售费用 1 万元,管理费用 1 万元。

(7) 应交所得税税率为 25%,应交所得税计 2 万元[(销售收入 25 万元-生产成本 15 万元-销售费用 1 万元-管理费用 1 万元)×25%]。

要求根据上列资料计算整个工程的现金流量。

(1) 年初现金流出量:设备投资 28 万元+流动资金投资 5 万元=33 万元。

(2) 第 1~5 年每年现金流出量:生产成本 15 万元-折旧费 5.2 万元+销售费用 1 万元+管理费用 1 万元+所得税 2 万元=13.8 万元。

(3) 第 1~4 年每年现金流入量:销售收入 25 万元。

(4) 第 5 年现金流入量:销售收入 25 万元+固定资产残值 2 万元+收回流动资金投资 5 万元=32 万元。

净现金流量的计算如表 6-2 所示。

表 6-2

现金流量计算表

单位：元

年　次	现金流出量 (1)	现金流入量 (2)	净现金流量 (3)＝(2)－(1)	净现值系数 (i＝14%) (4)	净现值 (5)
0	330 000	250 000	－330 000	1	－330 000
1	138 000	250 000	112 000	0.877	98 224
2	138 000	250 000	112 000	0.770	86 240
3	138 000	250 000	112 000	0.675	75 600
4	138 000	250 000	112 000	0.592	66 304
5	138 000	320 000	182 000	0.519	94 458
累计数	102 000	1 320 000	300 000		90 826

表 6-2 说明，如不考虑资金时间价值，净现金流入量为300 000元；如按贴现率 14%计算，净现值为 90 826 元，流入大于贴现利率，说明投资方案是可行的。

四、投资决策分析方法

对外投资决策分析是指在直接对外投资决策过程中，运用数学的方法对投资活动所进行的定量分析。其目的在于确定投资的经济效果。

一般来说，对其他单位投资的回收期长，投资额大，必须对投资进行决策分析，以避免不必要的失误和损失。

投资决策分析方法分为两类：一类是静态分析法，不考虑资金时间价值因素，常用的方法有投资回收期法和投资报酬率法；另一类是动态分析法，考虑资金的时间价值因素，常用的方法有净现值法、现值指数法和内部报酬率法。

(一) 静态分析法

它包括投资回收期法和投资报酬率法两种方法。

1. 投资回收期法

投资回收期是指从原始投资至收回投资所需要的时间(一般以年表示)。投资回收期短，可以及早收回投资，承担风险少，经济效果好；反之，则投资回收期长，承担风险大，经济效果差。其计算公式为：

$$投资回收期=\frac{原始投资金额}{预计年现金净流量}$$

计算投资回收期要区别两种情况：一是每年的现金净流量相等(现金净流量

是年利润额与年折旧额之和);二是每年的现金净流量不等。

【例 6-16】 某企业准备投资新建一个固定资产项目,有效使用期为 5 年,无残值。该企业共需投资 200 万元,现有两个方案(第一方案每年回收额相等,第二方案每年回收额不相等),如表 6-3 所示。

表 6-3

等额现金净流量计算表

单位:万元

年 次	第一方案			第二方案		
	利 润	折 旧	现金净流量	利 润	折 旧	现金净流量
1	50	40	90	80	40	120
2	50	40	90	70	40	110
3	50	40	90	50	40	90
4	50	40	90	20	40	60
5	50	40	90	20	40	60

第一方案每年投资回收额相等。其投资回收期为:

$$\frac{200}{90}=2.22(\text{年})$$

第二方案每年投资回收额不相等,其各年年末累计现金净流量如表 6-4 所示。

表 6-4

不等额现金净流量计算表

单位:万元

年 次	年末累计现金净流量	年末尚未收回的投资额
1	120	80
2	230	—
3	320	—
4	380	—
5	440	—

因此,第二方案的投资回收期为:

$$1+\frac{200-120}{230-120}=1.73(\text{年})$$

从以上投资预测方案来看，第二方案的投资回收期比第一方案短，应以第二方案为优。

2. 投资报酬率法

投资报酬率是反映投资项目的获利能力的一个相对数指标。它是指某一投资方案的年平均利润与原始投资额的比率。投资报酬率的预测就是分别预测各投资方案的投资利润率，并加以比较，以选择最佳投资方案。其计算公式为：

$$投资报酬率=\frac{投资平均利润额}{投资总额}$$

【例 6-17】 以[例 6-16]第一方案为例，其投资报酬率为：

$$投资报酬率=\frac{50}{200}=0.25$$

即年平均 1 元投资额可得 0.25 元利润。

以[例 6-16]第二方案为例，其年平均利润额为：

$$年平均利润额=\frac{80+70+50+20+20}{5}=48(万元)$$

$$投资报酬率=\frac{48}{200}=0.24$$

由此可见，第二方案的投资报酬率(0.24)比第一方案的投资报酬率(0.25)要低。

投资回收期法和投资报酬率法都不考虑时间价值因素，把不同时点上的现金收入和支出进行等值对比，并不能反映实际的回收时期和利润水平，但计算简便，反映直觉，在直接计算时可以作为参考。比较科学的方法是采用动态分析法。

（二）动态分析法

动态分析法又称贴现法，是指考虑资金的时间价值因素的分析方法。常用的动态分析法有净现值法、现值指数法和内部报酬率法三种。

1. 净现值法

净现值法是指投资项目的未来现金流入量的总现值与该投资项目现金流出量的总现值进行比较的方法。企业进行长期投资，其未来收入和投资支出总是在不同时间发生的，要看到投资效果，必须把两者建立在统一的时间基础上进行比较。如果比较结果其净现值为零，说明所采用的贴现率是最低的投资报酬率；如果净现值大于零，说明这项投资的报酬率高于资金成本，一般是可以投资的；

如果净现值小于零,说明这项投资的报酬率低于资金成本,不宜进行投资。由于净现值法是以绝对数来表示经济效益的,因此有利于对投资基数大致相同的方案进行比较分析。具体计算方法分以下几个步骤:

(1) 计算投资项目的各年净现金流量。其计算公式为:

每年净现金流量=每年现金收入量-每年现金流出量

(2) 将各年的净现金流量折成现值,然后加以合计,求出总现值。

(3) 对总现值进行分析,说明投资的可行性。

【例 6-18】 以[例 6-16]第二方案为例,投资支出为 200 万元,每年有不同的净流入量,假设固定资产到期时无残值,分析其投资的可行性。

假设贴现率为 15%,计算净现值如表 6-5 所示。

本例总净现值为 110.92 万元,大于零,说明效益较好,是可以投资的。

表 6-5

净现值计算表

单位:万元

项　　目	第 0 年	第 1 年	第 2 年	第 3 年	第 4 年	第 5 年	合计
(1) 现金流入		120	110	90	60	60	440
(2) 现金流出	200	—	—	—	—	—	200
(3) 现金净流量 (1)-(2)	-200	120	110	90	60	60	240
(4) 贴现系数 (i=15%)	1	0.870	0.756	0.658	0.572	0.497	
(5) 净现值(3)×(4)	-200	104.40	83.16	59.22	34.32	29.82	110.92

2. 现值指数法

现值指数是指投资项目的未来报酬的总现值与投资金额的现值的比率。现值指数法是以相对数表示投资项目的经济效益的,有利于在投资额不同的各方案之间进行对比。其计算公式为:

$$现值指数=\frac{未来现金报酬的总现值}{投资金额的现值}\times 100\%$$

如现值指数大于 1,说明未来报酬总额的现值大于原投资额,投资方案是可行的;如小于 1 时,说明投资方案是不可行的。

【例 6-19】 仍以[例 6-18]为例,投资金额的现值为 200 万元,未来报酬的总现值为 310.92 万元,现值指数为:

$$现值指数=\frac{310.92}{200}=1.55$$

说明该项目可以采纳。

3. 内部报酬率法

内部报酬率又称内含报酬率，是指投资项目的净现值等于零时的贴现率。内部报酬率法就是根据该投资项目的内部报酬率与企业的资金成本进行比较，视其是否高于该企业的资金成本，来确定该方案是否可行的决策分析方法。其计算方法为：

(1) 先估计一个折现率对各期的现金净流入量，计算出现值总数，与原投资额现值相比较，求出其差额。

(2) 对不同的贴现率用“逐次测算法”分次测算，最后求出差额由正到负的两个邻近折现率。

(3) 采用插值法计算出该项目的内部报酬率。

内部报酬率计算公式为：

$$内部报酬率=i_1+\frac{P_1(i_2-i_1)}{P_1+|P_2|}\times 100\%$$

式中 i_1——低贴现率；

i_2——高贴现率；

P_1——采用低贴现率时的净现值，表现为正值；

P_2——采用高贴现率时的净现值，表现为负值。

【例 6-20】 表 6-6 为内部报酬率的计算。

表 6-6

内部报酬率计算表

项　　目	第 0 年	第 1 年	第 2 年	第 3 年	第 4 年	第 5 年	合计
(1) 现金净流量	−200	80	80	60	50	40	110
(2) 贴现系数 ($i_1=19\%$)	1	0.840	0.706	0.593	0.499	0.419	
(3) 净现值(1)×(2)	−200	67.20	56.48	35.58	24.95	16.76	0.97
(4) 贴现系数 ($i_2=20\%$)	1	0.833	0.694	0.579	0.482	0.402	
(5) 净现值(1)×(4)	−200	66.64	55.52	34.74	24.10	16.08	−2.92

当 i_1 为 19%时，P_1 为 0.97(正数)，当 i_2 为 20%时，P_2 为−2.92(负数)，说明内部报酬率在 19%～20%。用插值法计算为：

$$内部报酬率 = i_1 + \frac{P_1(i_2 - i_1)}{P_1 + |P_2|} \times 100\%$$

$$= 19\% + \frac{0.97 \times (20\% - 19\%)}{0.97 + 2.92} \times 100\%$$

$$= 19\% + 0.25\% = 19.25\%$$

本例说明内部报酬率为19.25%,如果市场贴现率低于19.25%时,投资是有利的。

练 习 题

一、判断改错题

1. 企业的投资活动实质上是企业资产的流动和重新组合的过程。( )
2. 间接投资是企业通过购买被投资企业的实物和无形资产的一种投资。( )
3. 按制度规定,交易性金融资产的期末计价应以摊余价值或摊余成本计价。( )
4. 投资决策的静态分析方法有净现值法和现值指标法两种。( )
5. 计算投资回收期的公式是:$\frac{投资平均利润额}{投资总额}$。( )
6. 资金时间价值因素的动态分析方法,常用的有净现值法、现值指数法和内部报酬率法三种。( )
7. 基金的种类有开放型和封闭型两种。( )

二、填空题

1. 直接投资是企业将( )( )和( )直接投入其他单位。
2. 投资应掌握的原则是( )( )( )和( )。
3. 债权投资的风险因素主要有( )( )( )和( )。
4. 投资决策分析方法可分为( )和( )。
5. 固定资产投资报酬率是指某一投资方案的( )与( )的比率。
6. 现金流量由( )( )和( )三个方面构成。

7. 股票基金投资是(　　　　)的基金,包括(　　　　)和(　　　　)。

三、单项选择题

1. 下列项目中,不属于现金流出的项目是(　　　　)。

A. 设备更新支出　　　　B. 开办费摊销

C. 开办费支出　　　　D. 职工工资支出

2. 下列项目中,投资风险最大的是(　　　　)。

A. 国库券　　　　B. 公司债券

C. 股票　　　　D. 银行存款

3. 下列指标中,属于长期投资决策的静态评价指标是(　　　　)。

A. 净现值　　　　B. 现值指数

C. 投资报酬率　　　　D. 内部报酬率

4. 某企业投资 1 000 万元于某项目,建设期内利息支出为 100 万元,预计该项目投产后每年净现金流量为 176 万元,年平均利润为 132 万元,该项目的投资报酬率为(　　　　)。

A. 13.2%　　　　B. 16%

C. 12%　　　　D. 17.6%

5. 下列指标中,属于反指标的是(　　　　)。

A. 投资回收期　　　　B. 净现值

C. 内部报酬率　　　　D. 获利指数

6. 债券折价发行,每年付息一次,到期还本债券的到期收益率(　　　　)票面利率。

A. 高于　　　　B. 等于

C. 低于　　　　D. 高于或低于

7. 按组织形态划分,基金可分为(　　　　)和公司型两种基金。

A. 股票型　　　　B. 普通型

C. 契约型　　　　D. 债权型

四、多项选择题

1. 下列各项中,能引起现金流出的有(　　　　)。

A. 支付材料款　　　　B. 支付工资

C. 计提固定资产折旧　　　　D. 垫付费用

2. 在指标分类中,年等额净回收额属于(　　　　)。

A. 静态指标　　B. 正指标

C. 动态指标　　D. 反指标

3. 股票投资价值是由(　　)总和的现值构成的。

A. 预期股利　　B. 票面价值

C. 股票出售价格　　D. 内在价值

4. 下列投资方式中,属于权益投资的有(　　)。

A. 金融债券　　B. 普通股

C. 国库券　　D. 优先股

5. 影响债券投资决策的风险主要有(　　)。

A. 违约风险　　B. 利率风险

C. 购买力风险　　D. 流动性风险

6. 债券投资与股票投资相比,债券投资的优点有(　　)。

A. 购买力风险小　　B. 市场流动性好

C. 本金安全性强　　D. 收入稳定

7. 下列有价证券中,属于基金投资的有(　　)。

A. 股票基金　　B. 货币基金

C. 信托基金　　D. 期货基金

五、名词解释

1. 现金流量　　2. 有价证券

3. 对外投资　　4. 市盈率

5. 贝他系数　　6. 净现金流量

7. 基金投资

六、简答题

1. 债券投资的风险是什么?

2. 联营方式主要有哪几种?

3. 对外投资应掌握哪些原则?

4. 直接向其他单位投资有什么作用?

5. 什么是股票投资价值?

6. 有价证券的主要特征是什么?

7. 评价投资基金的指标有哪些?

七、业务计算题

1. 某企业购入3年期、面值1 000元的公司债券,票面利率为6%,到期一次付息，购买时市场利率为7%，债券市价为960元。请计算债券价值，并确定该债券是否值得购买。

2. 如果业务计算题1为每年付息一次，计60元，市价为970元。请确定该债券是否值得购买。

3. 某企业于20××年4月1日以900元购进面值1 000元的债券100张，票面利率为6%，每年付息一次，后于次年4月1日以每张950元市价售出。请计算其投资收益率。

4. 某上市公司20××年年末股本为3 000万，每股账面价值为4元，每股票面价值为1元，资产负债率为60%，所得税税率为30%，平均利息费用为负债总额的5%，年度息税利润为6 000万元，当年股利支付率为60%，预计未来较长时期内的股利支付率不变，预期必要报酬率为15%。请计算该股票价值。

5. 某公司投资A项目200 000元，年收益率为5%，3年后其投资额可增加多少？

6. 某公司向银行借入150 000元，年利率为6%，购入生产设备一台，使用期为10年(假定无残值)，预计该设备投产后每年可为企业增加盈利25 000元。请通过计算来确定此项投资对企业是否有利。

7. 某基金公司账面价值为：总资产额2 000万元，总负债额800万元。目前其总资产市场价值为3 000万元，基金份数为1 000万份。请计算基金净资产价值总额与基金单位净额。

第七章

成本费用管理

内容提示　本章主要阐述成本费用管理的基本理论和基础知识，以及产品成本的管理方法。通过学习，学生应了解成本费用的概念、作用和主要内容，明确成本费用管理的基本要求和降低成本费用的主要途径，掌握产品成本的预测、计划、控制、考核和分析的知识和方法。

第一节　成本费用管理的重要意义和基本要求

一、成本费用的概念

成本费用是指企业在一定生产经营期间，为获得营业收入而发生的各项耗费。它是商品价值的重要组成部分。成本和费用虽然同在企业生产经营过程中发生，但是两者的计算范围和计算期间有所不同。费用是指企业在日常活动中发生的导致所有者权益减少的与向投资者分配利润无关的经济利益的流出。其计算范围应包括全企业在生产经营过程中所发生的耗费，而成本则是需将费用按一定对象归集后，才构成该对象(产品或材料)的成本。费用的计算期是按会计期间划分的，而成本则是按一定对象的生产过程归集的。一般来说，当期的生产费用和当期的完工产品成本不一定相等，只有一定会计期间内所发生的生产费用都已归属于该期的产品，该期的生产费用和成本才会相等。

二、成本费用管理的重要意义

(一) 成本费用是补偿生产耗费的尺度

为了实现再生产，企业生产经营过程中的各种耗费和支出不仅要通过实物形式来补偿，而且要通过货币形式来补偿。货币形式的补偿具体表现为企业资金耗费的补偿。这部分资金数额的大小，就是以成本数额作为尺度的。也就是说，企业已实现的产品销售收入能够弥补成本费用，生产耗费才能得到补偿，这是维持简单再生产的前提和扩大再生产的出发点。

（二）成本费用是制定产品价格的重要依据

产品价格是产品价值的货币表现。制定产品价格最重要的是必须按照商品经济价值规律的要求，使产品价格大体符合产品价值。目前由于还不能直接计算产品价值，只能通过生产经营过程中成本的计算，间接地相对反映产品的价值，因而，成本费用就成为制定产品价格的一项重要依据。在制定产品价格时，必须考虑成本费用的高低，在一般情况下，应当使成本费用得到补偿。这样，成本费用就成为制定产品的最低界限。在确定不同产品之间的比价时，要考虑它们成本水平的差别，以便在一定程度上相对地反映各种产品之间的价值比例关系。

（三）成本费用是企业提高经营管理水平的重要因素

成本费用在企业经营管理中具有重要作用。首先，它是企业经营决策的重要因素。企业在对生产经营的重大问题进行决策时，要对各种不同的方案进行比较，选择出经济效益最佳的方案。经济效益是经营耗费与经营成果之比，因此，成本费用的高低直接影响经济效益的大小，成为企业经营决策时必须考虑的重要因素。其次，成本费用是一项综合反映企业生产经营状况的指标。企业经营管理的各项工作(如劳动生产率的高低、产量的增减、产品质量的优劣、费用支出的多少、材料消耗数量和资金运用是否合理等)都会通过成本费用指标直接或间接地反映出来。通过对成本费用的比较和分析，企业能够及时发现经营管理中存在的问题，从而总结经验，采取有效措施，改善经营管理，不断提高经营管理水平。

三、成本费用管理的基本要求

（一）确定成本费用开支范围，划清几个界限

企业应当根据《企业财务通则》及其有关规定，确定成本费用的开支范围。一切与生产经营有关的支出，都应当按规定计入企业的成本。企业在确定成本费用开支范围时，必须划分以下几个界限。

1. 划清收益性支出与资本性支出的界限

企业的收益性支出是指其发生及其产生的效益都在同一会计年度的支出。因此，收益性支出均作为当期费用处理。资本性支出是指其发生在当期，但产生

的效益可以延长至以后的几个会计年度的支出。因此,资本性支出应当采用适当的方法,分摊计入各受益期的费用。

2. 划清成本费用与营业外支出的界限

营业外支出是指与企业的生产经营无直接关系的支出。它应当作为当期损益处理,不得计入成本费用。

3. 划清本期成本费用与下期成本费用的界限

企业要按照权责发生制的原则确定成本费用的开支。企业不能任意预提和摊销费用。凡应由本期负担而尚未支出的费用,应作为预提费用而计入本期成本费用。现行财会制度规定,在费用尚未发生以前,需要从成本中预提的费用项目及其标准,应当由企业根据具体情况确定。预提数与实际数发生差异时,应及时调整提取标准。多提数一般应在年终冲减成本费用,年终财务决算时应当不留余额。需要保留余额的,应当在年度财务报告中予以说明。凡是已经支出,应当由本期和以后各期负担的费用,应作为待摊费用,分期摊入成本费用。分期摊销的待摊费用,按照费用项目的受益期限确定分摊的数额。

4. 划清在产品成本和产成品成本的界限

企业应当注意核实期末在产品的数量,按照规定的成本计算方法和受益原则,正确计算在产品成本,不得任意压低或提高在产品成本和产成品成本。

5. 划清各种产品成本的界限

凡是能直接计入某种产品的各项直接成本费用,都要直接计入该种产品成本。凡是几种产品共同发生的各项成本费用,必须选择合理的分配标准,在有关产品之间分配,计入有关产品成本。

(二) 加强成本管理的基础工作

成本管理的基础工作是进行成本核算与控制的前提。成本管理的内容主要包括:做好各项定额、预算的制定和修订工作;建立和健全各项原始记录;加强计量检测工作和完善内部结算价格等。在此基础上,企业应建立和健全一整套成本费用管理制度,使成本费用管理工作有章可循。

(三) 实行全面成本费用管理

企业的成本费用综合反映了整个生产经营过程的资金耗费,要降低成本费用,增加企业盈利,就必须实行全面成本管理,即实行全企业、全员、全过程的成本管理。全企业成本管理是指企业、车间、班组、个人各个层次,生产、技术、经营、后勤服务各个部门和环节都要实行成本费用核算与管理。全员成本管理是指企业干部、技术人员、管理人员和每个职工，人人都要增强成本意识，人人都要参与成本管理。全过程的成本管理是指从产品的开发设计、试制、生产准备、生产制造、产品销售，一直到用户使用，也即生产经营的全过程都要进行成本核算和有效的管理，讲究经济效益。

（四）处理好与成本费用有关的各种关系

1. 正确处理成本费用与产量的关系

一般来讲，增加产量，可以降低产品单位成本中的固定费用，从而降低单位产品成本。但是，如果只强调增加产量，忽视节约各项消耗，也可能会引起单位产品中的变动费用升高而提高成本。因此，正确处理成本费用与产量的关系就是要求遵循生产与节约并重的原则，既抓增产又抓节约，以增产求节约，以节约促增产。

2. 正确处理成本费用与产品质量的关系

保证和提高产品质量，需要增加必要的开支，成本费用就会升高，但是保证了产品质量，产品合格率上升，废品损失减少，同样多的物化劳动和活劳动消耗能够生产出更多的合格产品，就可以降低单位产品的平均成本。正确处理成本与产品质量的关系就是要求在保证产品质量的前提下，寻求降低成本的途径，企业既不能为了降低成本费用而不注意产品质量，也不能片面追求高质量增加不必要的开支，应该做到好中求省。

3. 正确处理目前成本费用与长远成本费用的关系

提高劳动生产率、提高设备利用率、保障安全生产，都有利于成本的降低。但是，提高劳动生产率就需要对干部、职工进行培训，增加智力投资；提高设备利用率就不能忽视正常的维修和保养；保障安全生产就要改善劳动条件，等等。这些都会增加目前的成本费用。正确处理目前成本费用与长远成本费用的关系就是要求降低成本必须从全局出发，从长远利益出发，不能通过任意减少干部、职工的培训费用，设备维护费用和改善劳动条件方面的开支，单纯强调降低目前的成本，而忽视降低长远的成本费用。否则，会造成更严重的损失。

第二节 成本费用管理的内容

一、成本费用的内容

成本费用是指企业生产经营过程中的各种资金耗费。按照其与生产经营有无直接关系和关系密切程度,可以将成本费用分为直接成本费用和间接成本费用两部分。

(一) 直接成本费用的主要内容

直接成本费用是指与企业生产经营有直接关系的成本费用。工业生产企业与商业企业的直接成本费用的内容有所不同。

1. 工业生产企业的直接成本费用

工业生产企业的直接成本费用就是产品的制造成本。制造成本是由与生产产品最直接和最密切关系的直接材料、直接人工、其他直接支出和制造费用所组成的,也就是产品的生产成本。

(1) 直接材料。它包括企业生产经营过程中实际消耗的原材料、辅助材料、设备配件、外购半成品、燃料、动力、包装物、低值易耗品以及其他直接材料。

(2) 直接人工。它包括直接从事产品生产人员的工资、奖金、津贴和补贴等薪酬。

(3) 其他直接支出。它包括直接从事产品生产人员的职工福利费等。

(4) 制造费用。它包括企业各个生产单位(分厂、车间)为生产产品所发生的工资、职工福利费、折旧费、修理费、机物料消耗、水电费、办公费、劳动保护费、季节性和修理期间的停工损失等,以及其他制造费用。

2. 商业企业的直接成本费用

商业企业的直接成本费用是商品的采购成本。

从国内购进的商品采购成本是购入商品的原始进价加上除增值税以外应缴纳的税金,以及出口商品退税款抵扣当期出口销售商品进价成本。

从国外购入商品的采购成本是进口商品到达目的港以前所发生的各项支出,包括国外进价和进口税金(包括关税和消费税)。

(二) 间接成本费用的主要内容

间接成本费用是指在一定会计期间发生的与生产经营没有直接关系和关系不密切的成本费用。以工商业企业而言,间接成本费用就是期间费用,包括管理费用、财务费用和销售费用。期间费用不计入产品的生产成本,也不计入商品采购成本,直接体现为当期损益。

1. 管理费用

管理费用是指企业为管理和组织企业生产经营活动所发生的各项费用。它包括公司经费、工会经费、职工教育经费、劳动保险费、待业保险费、董事会费、咨询费、审计费、诉讼费、排污费、绿化费、土地使用费(海域使用费)、土地损失补偿费、技术转让费、技术开发费、无形资产摊销、开办费摊销、业务招待费和其他管理费用等。

2. 财务费用

财务费用是指企业为筹集生产经营资金而发生的各项费用。它包括企业生产经营期间发生的利息支出(减利息收入)、汇兑净损失、调剂外汇手续费、金融机构手续费,以及筹资发生的其他财务费用等。

3. 销售费用

销售费用是指企业在销售商品产品、自制半成品和提供劳务等过程中发生的各项费用,以及专设销售机构的各项经费。它包括:由企业负担的运输费、装卸费、包装费、保险费、委托代销手续费、广告费、展览费、租赁费(不含融资租赁费)和销售服务费用,销售部门人员工资、职工福利费、差旅费、办公费、折旧费、修理费、物料消耗、低值易耗品摊销和其他经费等。

除了上述成本费用可以列入产品生产成本范围外,还有一些支出不得列入成本的范围,包括:为购置和建造固定资产、无形资产和其他资产的支出;对外投资的支出;被没收的财物,支付的滞纳金、罚款、违约金、赔偿金,以及企业捐赠、赞助支出;国家法律、法规规定以外的各种付费;国家规定不得列入成本的其他支出。

企业成本费用的内容如图 7-1 所示。

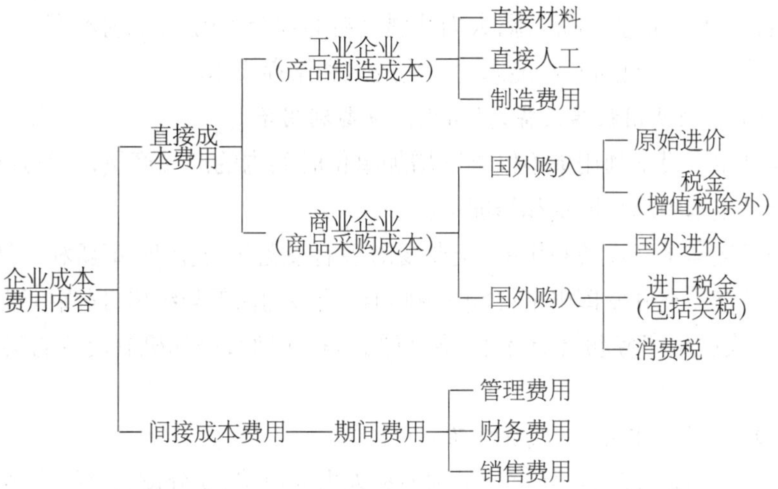

图 7-1　企业成本费用的内容

二、加强成本费用管理的措施

成本管理就是要降低成本费用耗费。由于不同的生产部门和流通部门具有不同的生产技术特点和管理要求,它们降低成本的方法和侧重点也不相同。每个企业都应根据各自的特点和管理要求,采取相应措施,努力挖掘降低成本费用的潜力。一般来说,加强成本费用管理,可从以下五个方面入手。

(一)节约人力,提高劳动生产率

劳动生产率是指单位时间内生产产品和销售商品的数量,它与劳动时间成反比,与产品产量和销量成正比。提高劳动生产率就是要减少单位产品的劳动时间,增加单位时间内的产品产量和销量,是降低产品成本费用。

为了不断提高劳动生产率,企业要加强对职工的政治思想工作和业务技术培训,开展劳动竞赛,调动职工的劳动积极性,提高职工的业务操作水平。另外,还应实行合理的劳动报酬制度,正确地处理好劳动生产率的提高和工资增长之间的关系。

(二)节约原材料和能源消耗

原材料费用和能源费用在成本中占有较大比重,在保证产品质量的前提下降低原材料和能源消耗,也是降低成本的重要途径。

降低原材料和能源消耗的措施有:改进产品设计,在保证产品必要功能的前提下制造重量轻、体积小、效率高、消耗低的产品;改进生产工艺,利用现代科技成果,合理利用原材料和能源;大力开展材料的综合利用,提高材料利用率;加强材料采购管理,降低材料和能源的采购成本和储存成本。

(三)合理使用机器设备,提高生产设备利用率

提高生产设备利用率不仅可以增加单位时间内的产品产量,而且还能降低单位产品成本中的折旧费和修理费。

为了提高生产设备利用率,企业要对现有设备进行挖潜、革新和改造,把潜在的生产能力充分发挥出来;合理安排机器设备的保养与维修,提高机器设备的完好率;改进生产劳动组织,消除不合理的停工时间,增加机器设备的实际工作时间。

(四)提高产品质量,减少废品损失

生产中出现废品,实际上就是物力和人力的浪费,使分摊到合格产品上的成本增加。因此,企业要降低成本费用,就必须提高产品质量,减少废品损失。

企业提高产品质量、减少废品损失的措施主要是要强化干部和职工的质量意识,树立“质量是效益”“质量是生命”的思想;建立和健全质量检验制度;以预防为主,防患于未然,大力开展全面质量管理工作等。

(五)加强费用预算管理,减少间接性支出

期间费用中的大部分是间接性支出,这些费用基本上是与产品产量的增减无直接关系的固定性费用。企业可以通过编制和执行费用预算进行控制,在编制费用预算时要坚持精简和节约的原则,既要提高工作效率,又要降低费用支出。

第三节 成本费用预测

成本费用预测是指根据历史资料和影响成本费用的各种技术经济因素,采用科学的方法,对未来一定时期的成本费用水平及其发展趋势进行预计和测算。成本费用预测是成本费用管理工作的重要环节,是进行成本决策和编制成本费用计划的基础,也是挖掘降低成本费用的潜力,提高经济效益的重要途径。

成本费用预测的内容主要有以下几个方面。

一、预测目标成本

目标成本是企业在一定时期内产品成本应达到的水平。它是保证实现目标利润的重要前提。预测目标成本的方法常用的有以下几种。

(一)倒扣计算法

采用倒扣计算法首先要确定目标利润,其次从商品的预计销售收入中减去销售费用、应纳税金和目标利润,其余额就是要努力达到的目标成本。其计算公式为:

$$\text{目标成本}=\text{预计销售收入}-\text{预计销售费用}-\text{应纳税金}-\text{目标销售利润}$$

或

$$\text{单位商品目标成本}=\text{预计单位商品售价}\times(1-\text{税率})-\frac{\text{预计销售费用}}{\text{预计销售量}}-\frac{\text{目标利润}}{\text{预计销售量}}$$

式中:预计售价根据国家有关规定和市场预测确定;预计销售费用根据历年来销售费用发生情况以及预测期销售条件变化情况预计;应纳税金按国家规定的不包括增值税的税种和税率计算确定;目标利润的确定方法见本书第八章。

【例 7-1】 某企业生产甲商品,预计单位产品售价为 600 元,预计销售量为 5 000件,税率为 2%,预计销售费用为 7 500 元,企业目标利润为 450 000 元,按倒扣法确定甲产品目标成本:

$$\frac{\text{甲商品单位}}{\text{目标成本}}=600\times(1-2\%)-\frac{7\,500}{5\,000}-\frac{450\,000}{5\,000}=496.50(\text{元})$$

（二）按成本降低率测算

按成本降低率测算就是根据本企业所要求的成本降低率来测算目标成本。该法适用于可比产品成本的预测。其计算公式为：

$$\frac{\text{单位商品}}{\text{目标成本}}=\frac{\text{上期实际平}}{\text{均单位成本}}\times\left(1-\frac{\text{本企业所要求}}{\text{的成本降低率}}\right)$$

（三）选择先进成本作为目标成本

选择先进成本作为目标成本，即选择国内外同行业同样产品的先进成本或本企业的历史先进成本作为目标成本，也可以选择按平均先进的材料、工时、费用等定额制定的定额成本或标准成本作为目标成本。

二、预测计划期成本水平

计划期成本水平是企业在计划年度内产品应达到的水平。常用的方法是因素分析法。即在上年成本水平的基础上，根据计划年度影响成本变动的各项因素，测算产品成本的降低率和降低额，并且与计划年度的目标成本相比较，以确定计划年度成本水平。

应用因素分析法预测计划期成本水平分三个步骤：首先，预计上年平均单位成本，并按上年平均单位成本计算计划年度产品总成本；其次，分析与成本有关的各项因素变动对成本降低率和降低额的影响；最后，汇总计算成本降低率和降低额，并与目标成本进行对比，确定计划年度产品成本水平。

（一）按上年平均单位成本计算计划年度总成本

1. 预计上年平均单位成本

在实际工作中，预测计划期成本水平是在上年（基年）第 4 季度进行的。因此，首先，上年实际产品成本除前 3 个季度已有实际产品资料，对第 4 季度的产品成本需要预计；其次，将前 3 个季度的实际数和第 4 季度的预计数加权平均，即可求得上年预计平均单位成本。其计算公式为：

$$\frac{\text{上年预计平均}}{\text{单位成本}}=\frac{\text{上年 1～9 月份实际总成本}+\text{上年第 4 季度预计总成本}}{\text{上年 1～9 月份实际总产量}+\text{上年第 4 季度预计总产量}}$$

式中，上年第 4 季度预计总成本可以根据上年第 4 季度产量计划和单位成本计划，并分析可能完成的情况加以预计。在一般情况下，第 4 季度往往是 1 年中产量最高的季度,单位产品成本中的固定成本随之相应下降。因此,第 4 季度的预计平均单位成本要比前 3 个季度的实际单位成本低。

2. 按上年预计平均单位成本计算的计划年度产品总成本

上年预计平均单位成本计算出来以后,乘以计划年度产量,就可以计算出按上年预计平均单位成本计算的计划年度产品总成本,这个总成本是测算计划年度成本降低额的基础,计算公式为:

$$\text{按上年预计平均单位成本计算的计划年度产品总成本}=\text{上年预计平均单位成本}\times\text{计划年度产品产量}$$

(二) 测算计划年度与成本有关的各项因素变动对成本降低率和降低额的影响

与成本有关的各项因素,首先,是影响各成本项目变动的因素,如产量、材料消耗定额、材料价格、平均工资、劳动生产率、制造费用等,这些因素变动直接影响各成本项目的降低率;其次,是各成本项目占产品成本的比重,各成本项目的降低率乘以占产品成本的比重,即可求出对成本降低率的影响程度。

1. 测算直接材料费用变动对成本降低率和降低额的影响程度

产品成本中直接材料费用的大小,主要取决于单位产品的材料消耗定额和材料的单位价格两项因素。材料消耗定额降低,会使产品单位成本中的直接材料费用项目相应降低,两者降低幅度一致。但是,材料消耗定额降低对产品成本降低的影响程度,还要看直接材料费用占产品成本的比重,其比重越大,对产品成本降低的影响程度也就越大。它的计算公式为:

$$\text{材料消耗定额降低影响的成本降低率}=\text{材料消耗定额降低的百分比}\times\text{直接材料费用占成本的百分比}$$

$$\text{材料消耗定额降低影响的成本降低额}=\text{按上年预计平均单位成本计算的计划年度产品总成本}\times\text{材料消耗定额降低影响的成本降低率}$$

在材料消耗定额不变时,材料价格的变动对成本降低率和降低额影响程度的测算方法与材料消耗定额变动的测算方法是一样的。其计算公式为:

$$\text{材料价格变动影响的成本降低率}=\text{材料价格降低的百分比}\times\text{直接材料费用占成本的百分比}$$

$$\text{材料价格变动影响的成本降低额}=\text{按上年预计平均单位成本计算的计划年度产品总成本}\times\text{材料价格降低影响的成本降低率}$$

式中，如果材料价格上涨，可用负号表示。

在材料消耗定额和材料价格同时变动的情况下，由于材料消耗定额降低的部分和材料价格变动无关，这时，材料价格变动影响的成本降低率应改为以下计算公式：

$$\text{材料价格变动影响的成本降低率}=\text{材料价格降低的百分比}\times\left(1-\text{材料消耗定额降低的\%}\right)\times\text{直接材料费用占成本的百分比}$$

材料消耗定额和材料价格两个因素同时变动影响的成本降低率和降低额，也可合并计算。其计算公式为：

$$\text{材料消耗定额和材料价格同时变动影响的成本降低率}=\left[1-\left(1-\text{材料消耗定额降低的百分比}\right)\times\left(1-\text{材料价格降低的百分比}\right)\right]\times\text{直接材料费用占产品成本的百分比}$$

$$\text{材料消耗定额和材料价格同时变动影响的成本降低额}=\text{按上年预计平均单位成本计算的计划年度产品总成本}\times\text{材料消耗定额和材料价格同时变动影响的成本降低率}$$

2. 测算直接人工薪酬变动对成本降低率和降低额的影响程度

产品成本中直接人工薪酬变动对成本降低率的影响是同平均薪酬变动和劳动生产率的高低联系在一起的。其中，直接薪酬变动与平均薪酬变动成正比，与劳动生产率高低成反比。当劳动生产率的增长幅度超过平均薪酬的增长幅度时，就能使产品成本降低。其计算公式为：

$$\text{直接人工薪酬变动影响的成本降低率}=\left(1-\frac{1+\text{平均薪酬增长的百分比}}{1+\text{劳动生产率提高的百分比}}\right)\times\text{直接薪酬占产品成本的百分比}$$

$$\text{直接人工薪酬变动影响的成本降低额}=\text{按上年预计平均单位成本计算的计划年度产品总成本}\times\text{直接薪酬变动影响的成本降低率}$$

劳动生产率的提高，既可以表现为单位时间内产品产量的增加（正指标），也可以表现为生产单位产品工时消耗的减少（逆指标）。在后者的情况下，也就是已知工时定额压缩的百分比，测算直接薪酬变动影响的成本降低率，可用以下公式计算：

$$\text{直接薪酬变动影响的成本降低率}=\left[1-\left(1-\text{工时定额压缩的百分比}\right)\times\left(1+\text{平均薪酬增长的百分比}\right)\right]\times\text{直接薪酬占产品成本的百分比}$$

3. 测算制造费用变动对成本降低率和降低额的影响程度

在制造费用中，大部分属于固定费用，如管理人员工资、办公费、差旅费、劳动保护费等；小部分属于变动费用，如机物料消耗、低值易耗品摊销、修理费、运输费等。固定费用一般不受产量变动影响,当产量增加时,单位产品分摊的制造费用减少,从而使产品成本降低。变动费用受产量变动影响,产量增加,变动费用也会相应增加,但是,制造费用中的变动费用增加幅度一般小于产量增长幅度,所以,当产量增加时,也会使单位产品分摊的制造费用减少,从而使产品成本降低。总而言之,制造费用的增长幅度只要低于生产增长的幅度,就能使产品成本降低。其计算公式为:

$$\text{制造费用变动影响的成本降低率}=\left(1-\frac{1+\text{制造费用增长的百分比}}{1+\text{生产增长的百分比}}\right)\times\text{制造费用占产品成本的百分比}$$

$$\text{制造费用变动影响的成本降低额}=\text{按上年预计平均单位成本计算的计划年度产品总成本}\times\text{制造费用变动影响的成本降低率}$$

以上公式也可以根据需要,单独测算制造费用中的折旧费或其他制造费用变动对成本降低指标的影响。另外,如果制造费用在计划年度没有增加,则公式中的“1＋制造费用增长的百分比”应改为“1”或“1－制造费用压缩的百分比”。

4. 测算废品损失变动对成本降低率和降低额的影响程度

如果管理上要求单独反映废品损失变动对产品成本的影响程度,由于减少废品损失可以降低产品单位成本,可按以下公式计算:

$$\text{废品损失变动影响的成本降低率}=\text{废品损失减少的百分比}\times\text{废品损失占产品成本的百分比}$$

$$\text{废品损失变动影响的成本降低额}=\text{按上年预计平均单位成本计算的计划年度产品总成本}\times\text{废品损失变动影响的成本降低率}$$

(三) 汇总计算成本降低率和降低额

将以上测算的各因素变动影响的成本降低率和降低额分别汇总,即为计划年度产品成本总降低率和降低额。或者用按上年预计平均单位成本计算的计划年度产品总成本乘以总降低率,也可求得计划年度产品成本降低总额。计划年度产品成本降低率和降低额计算出来以后,还应与成本降低目标进行比较。如果达不到目标要求,财务部门必须会同有关部门共同研究,进一步挖掘潜力,采取补充措施,保证成本降低任务的完成。最后,根据测算的降低额,计算出计划年度产品成本,作为编制成本计划的依据。

【例 7-2】 某企业计划年度继续生产甲产品,经测算,上年预计平均单位成本为 1 000 元,上年预计产量 800 件,产品成本中各项目比重如表 7-1 所示。

表7-1

甲产品单位成本测算表

金额单位:元

成本项目	直接材料	直接人工薪酬	制造费用		废品损失	合 计
			折旧费	车间经费		
预计单位成本	500	200	100	180	20	1 000
比重	50%	20%	10%	18%	2%	100%

计划年度要求成本降低8.6%,根据计划年度降低成本的措施,影响产品成本的有关因素有如下变动:

生产增长	20%
材料消耗定额降低	6%
材料平均价格提高	2%
平均薪酬增长	5%
劳动生产率提高	18%
增添设备,设备价值增长	2%
废品损失降低	1%

根据以上资料，测算各因素变动影响的成本降低率和降低额。

1. 测算按上年预计平均单位成本计算的计划年度产品总成本

按上年预计平均单位成本计算的计划年度产品总成本=1 000×800×(1+20%)=960 000(元)

2. 测算各因素变动影响的成本降低率和降低额

直接材料费用变动影响的成本降低率=[1−(1−6%)×(1+2%)]×50%=2.06%

直接材料费用变动影响的成本降低额=960 000×2.06%=19 776(元)

直接人工薪酬变动影响的成本降低率 $=\left(1-\frac{1+5\%}{1+18\%}\right)\times 20\%=2.2\%$

直接人工薪酬变动影响的成本降低额=960 000×2.2%=21 120(元)

制造费用中折旧费变动影响的成本降低率 $=\left(1-\frac{1+2\%}{1+20\%}\right)\times 10\%=1.5\%$

$$\frac{\text{制造费用中折旧费变动}}{\text{影响的成本降低额}}=960\,000\times1.5\%=14\,400(\text{元})$$

$$\frac{\text{制造费用中车间经费变动}}{\text{影响的成本降低率}}=\left(1-\frac{1}{1+20\%}\right)\times18\%=3\%$$

$$\frac{\text{制造费用中车间经费变动}}{\text{影响的成本降低额}}=960\,000\times3\%=28\,800(\text{元})$$

$$\frac{\text{废品损失变动影响}}{\text{的成本降低率}}=1\%\times2\%=0.02\%$$

$$\frac{\text{废品损失变动影响}}{\text{的成本降低额}}=960\,000\times0.02\%=192(\text{元})$$

3. 汇总计算成本降低率和降低额

综合上述计算结果如表 7-2 所示。

表 7-2

产品成本年度计划表

金额单位:元

成本项目		上年预计成本(1)	按上年预计平均单位成本计算的计划年度产品成本(2)=(1)×(1+20%)	降低率(3)	降低额(4)	降低后的计划总成本(5)=(2)−(4)
直接材料		400 000	480 000	2.06%	19 776	460 224
直接工资		160 000	192 000	2.20%	21 120	170 880
制造费用	折旧费	80 000	96 000	1.50%	14 400	81 600
	车间经费	144 000	172 800	3.00%	28 800	144 000
废品损失		16 000	19 200	0.02%	192	19 008
合计		800 000	960 000	8.78%	84 288	875 712

从表 7-2 可知,测算的计划年度产品成本降低率为 8.78%,已达到要求成本降低 8.6%的任务,可以据以编制甲产品的成本计划。

三、预测产品成本发展趋势

预测产品成本发展趋势的方法常用的有高低点法、回归分析法和加权平均法。

(一) 高低点法

高低点法是指以历史成本资料中产品产量最高年份和最低年份的成本数据

为代表,测算产品成本中的固定成本和变动成本,以及计划年度一定产量下的总成本水平的方法。产品的产量与成本的计算公式为:

$$y=a+b\cdot x$$

式中 y——产品总成本;

a——固定成本;

b——单位变动成本;

x——产品产量。

即 产品总成本=固定成本总额+(单位变动成本×产品产量)

根据这个方程式,运用高低点的计算步骤如下:

(1) 根据历史资料选择产量最高年份的成本和最低年份的成本。

(2) 计算单位变动成本(b)。其计算公式为:

$$b=\frac{\text{产量最高年份的总成本}-\text{产量最低年份的总成本}}{\text{产量最高年份的产量}-\text{产量最低年份的产量}}$$

(3) 计算固定成本(a)。其计算公式为:

$$a=y-b\cdot x$$

(4) 根据计划年度的产量测算计划年度产品总成本和单位成本。

【例 7-3】 某企业历史成本资料如表 7-3 所示。

表 7-3

产品历史成本资料表

年　份	20×4	20×5	20×6	20×7	20×8
产量(件)	120	180	200	240	230
总成本(元)	13 000	17 600	18 100	20 680	20 060

该企业 20×9 年计划产量为 250 件,预测 20×9 年的总成本和单位成本为:

$$\text{单位变动成本}(b)=\frac{20\ 680-13\ 000}{240-120}=\frac{7\ 680}{120}=64(\text{元})$$

$$\text{固定成本}(a)=20\ 680-64\times240=5\ 320(\text{元})$$

或

$$\text{固定成本}(a)=13\ 000-64\times120=5\ 320(\text{元})$$

$$20\times9\ \text{年预计总成本}(y)=5\ 320+64\times250=21\ 320(\text{元})$$

$$20\times9\ \text{年预计单位成本}=21\ 320\div250=85.28(\text{元})$$

高低点法计算简单，适宜在产品成本变动趋势比较稳定的情况下采用。如果各期成本变动幅度大，采用此法会有较大的误差。

（二）回归分析法

回归分析法又称最小二乘法或回归直线法，是指根据历史成本资料，建立描述产量与总成本关系的回归直线方程，将产品成本分解为变动成本和固定成本，据以测算计划年度产量变化条件下总成本水平的方法。回归直线方程式为：

$$y=a+b\cdot x$$

$$a=\frac{\sum y-b\cdot\sum x}{n}$$

$$b=\frac{n\cdot\sum x\cdot y-\sum x\cdot\sum y}{n\cdot\sum x^2-(\sum x)^2}$$

【例 7-4】 仍以表 7-3 资料为例，按照方程式要求，将资料加工成表 7-4。

表 7-4

20×4—20×8 年度产品产量、成本资料表

年　份	产量(x)（件）	成本(y)（元）	$x\cdot y$	x^2
20×4	120	13 000	1 560 000	14 400
20×5	180	17 600	3 168 000	32 400
20×6	200	18 100	3 620 000	40 000
20×7	240	20 680	4 963 200	57 600
20×8	230	20 060	4 613 800	52 900
合　计	970	89 440	17 925 000	197 300

$$b=\frac{5\times17\,925\,000-970\times89\,440}{5\times197\,300-970^2}=\frac{2\,868\,200}{45\,600}=62.90(\text{元})$$

$$a=\frac{89\,440-62.90\times970}{5}=\frac{28\,427}{5}=5\,685.40(\text{元})$$

20×9 年计划产量为 250 件，计算 20×9 年产品总成本和单位成本为：

总成本＝5 685.40＋250×62.90＝21 410.40(元)

单位成本＝21 410.40÷250＝85.64(元)

回归分析法适宜在历年产品成本变动幅度较大的企业采用。

（三）加权平均法

加权平均法是指根据历史成本资料中的单位变动成本和固定成本总额，按照距计划期的远近分别进行加权，预测计划期产品成本的方法。计划期产品总成本(y)的计算公式为：

$$y=\frac{\sum a\cdot w}{\sum w}+\frac{\sum b\cdot w}{w}\cdot x$$

式中　w——权数；

其他字母意义同前。

由于距计划期愈近的成本资料对计划期影响愈大，所以加权数就要大些；反之小些。

【例 7-5】 某企业近 3 年甲产品成本资料如表 7-5。请预测 20×3 年生产 200 件产品的总成本和单位成本。

表 7-5

20×0—20×2 年甲产品成本表

单位：元

年　份	单位变动成本	固定成本总额
20×0	42	18 000
20×1	39	19 800
20×2	38	22 000

$$\text{20×3 年预计产品总成本}=\frac{18\,000\times1+19\,800\times2+22\,000\times3}{1+2+3}+\frac{42\times1+39\times2+38\times3}{1+2+3}\times200$$

$$=20\,600+39\times200=28\,400(\text{元})$$

$$\text{20×3 年预计产品单位成本}=28\,400\div200=142(\text{元})$$

加权平均法适宜在有详细的固定成本和变动成本历史资料的企业采用。

第四节　成本费用计划的编制和控制

一、成本费用计划的内容和编制程序

成本费用计划是在预测的基础上，预先规定企业计划期成本费用的耗费水平和降低成本总目标的措施方案。它是企业生产经营计划的重要组成部分，是成本费用控制的重要依据。正确编制成本费用计划是加强成本管理的重要环节。

成本费用计划包括制造成本计划和期间费用预算。制造成本计划具体包括主要商品单位成本计划、全部商品制造成本计划以及制造费用预算等。期间费用预算包括管理费用预算、财务费用预算和销售费用预算。

主要商品单位成本计划只按计划期企业生产的主要商品编制，每种主要商品编制一份计划，按成本项目反映每种主要商品的计划单位成本。

全部商品制造成本计划反映计划期全部商品的制造总成本、各种主要商品的单位制造成本和总成本。在全部商品制造成本计划中还分别反映可比商品和不可比商品的制造成本，以及可比商品成本计划降低率和降低额。

制造费用预算是按照制造费用项目编制的，反映计划期内预计发生的各项制造费用。

管理费用预算、财务费用预算和销售费用预算都是按照各自的费用项目，预计计划期内的耗费水平。这是控制费用支出的重要依据。

编制成本费用计划的程序如下。

1. 收集和整理资料

占有资料是编制成本费用计划的基础。与编制成本计划有关的资料主要有：计划期企业采取的经营决策和生产、物资供应、劳动工资和技术措施等计划；料、工、费等各项定额；企业内计划价格；各部门费用预算；上年实际成本费用资料；国内外同类企业、同类产品的成本资料；企业的目标利润和计划成本降低指标等。

2. 预计和分析上年成本费用计划的执行情况

预计和分析上年成本费用计划的执行情况，是为了总结上期执行计划的经验和存在的问题，以便揭示差距、查明原因、提出改进措施，进一步挖掘降低成本费用的潜力。

3. 预测计划年度成本费用降低指标

预测计划年度成本费用降低指标是在对上年成本计划执行情况分析研究的基础上，根据计划年度影响成本各因素的变动情况，测算计划年度成本降低幅度，再将测算结果与企业确定的目标利润和目标成本进行比较，反复试算平衡，保证成本费用计划既先进、合理，又切实可行。预测计划年度成本费用降低指标可采用本章第二节所述各种方法。

4. 正式编制成本费用计划

成本费用指标试算平衡达到确定的目标以后，就可以正式编制成本费用计划。由于企业的生产规模、核算体制和管理要求不同，编制成本费用计划的方法也不同。小型企业一般实行厂部一级成本核算，成本费用计划也一般由财务部门直接编制；大中型企业实行厂部、车间两级成本核算，成本费用计划也要分两级编制，先由厂部下达计划年度成本费用降低总目标，然后各车间根据厂部下达的控制指标编制各车间的成本计划，各科室编制各自的费用预算，最后由财务部门进行综合平衡后，编制全厂正式成本费用计划。

不论企业采用何种方法编制成本费用计划，成本费用计划中的成本项目、费用项目、费用分配方法、成本计算方法等，应该和实际成本核算的规定口径一致，便于分析和比较。

二、成本费用的日常控制

成本费用日常控制是指在生产经营过程中，按照成本费用计划和管理要求，对发生的各项生产经营耗费和支出进行调节和监督，将成本费用控制在计划目标范围之内。

（一）建立成本费用控制的组织体系

成本费用控制组织体系是贯彻落实成本费用计划的保证。企业应按照统一领导和归口分级管理的原则建立有秩序、高效率的成本费用控制组织体系，做到事事有人管、人人有专职。

成本费用的日常控制应由企业总部统一领导。企业领导要对企业的成本费用控制工作负完全责任，总会计师协助企业领导组织成本费用控制工作，总工程师协助企业领导在生产技术方面采取降低成本费用的措施。企业除了统一编制成本费用计划外，还必须统一成本费用管理制度，统一组织成本费用的核算。

归口分级管理是指将成本费用计划指标按可控原则分解下达给各职能部门进行控制，各职能部门再将分管的指标在本部门内进一步分解，逐项下达给分部、车间、班组甚至职工个人，使各部门以及每个职工都明确各自在成本费用管理中的职责，形成一个纵横交错的成本费用控制体系。所谓可控原则，是指分解给各职能部门的成本费用指标，应该是各职能部门在其自身的工作范围内，对这些指标的升降产生影响的原则。例如，企业先将直接材料消耗指标下达给供应部门,供应部门再将指标逐级分解下达给分厂、车间、班组和个人。

（二）直接成本费用的控制

1. 直接材料费用的日常控制

直接材料费用的日常控制主要是根据生产计划和有关技术经济定额控制材料消耗。材料消耗归口由供应部门管理,财务部门应当协助供应部门做好以下工作。

对于各种原料、主要材料和燃料,企业一般应分车间、分产品、分零件制定消耗定额。材料消耗定额的制定和修改,应该由企业的技术部门负责,财务部门应积极配合提供有关消耗定额执行情况的实际资料和分析资料,并且按照成本费用计划的要求,提出降低材料消耗定额的建议。

材料消耗定额的执行主要由供应部门负责。供应部门应严格实行限额发料制度,按月根据生产计划和材料消耗定额确定发料限额,编制限额发料凭证。车间、班组只能在规定限额之内凭证领用,经过批准增加生产数量时,可以相应增加发料限额。如果因为使用浪费、废品过多或其他原因需要超过限额领料时,必须经过规定的批准手续,才能补领材料。

对使用量小,种类繁多的辅助材料,企业难以具体制定消耗定额,可以实行按金额控制的办法,由班组、车间根据过去的实际消耗情况和当期生产任务并结合节约的要求,确定班组、车间的耗用金额,经供应部门审批平衡后,作为班组、车间领用辅助材料的指标,据以控制发料。在规定的额度内,品种可以灵活掌握,但总金额不能超过限额,因各种原因需要超过时,必须办理批准手续才能补发。每月终了,企业还要对班组、车间的材料耗用指标执行情况进行考核。

对直接材料费用的日常控制,除实行限额发料制度外,企业还应做好三方面的工作。第一,加强材料采购成本的控制。企业通过规定各类材料采购成本的控制指标,千方百计降低材料采购成本,这也是降低直接材料成本的重要环节。第二,加强材料储存量的控制。材料积压不仅影响资金周转速度,而且还会增加仓储费用、银行利息、材料损耗等支出,使成本增加。第三,加强废旧材料回收利用工作,提高材料利用率。这也是降低成本费用的重要途径。

2. 直接人工薪酬费用的日常控制

直接人工薪酬费用的日常控制主要是根据先进合理的劳动定额和编制定员控制人工薪酬总额,提高劳动生产率。人工薪酬费用归口由人力资源部门管理,财务部门应当会同人力资源部门做好定额定员工作,对合理配备劳动力和提高劳动生产率提出建议。

劳动定额是监督劳动效率的依据。所谓劳动定额,就是规定生产单位产品应该耗用的时间(称为工时定额),或者在单位时间内应该生产多少产品(称为产量定额)。企业应加强劳动定额的管理,健全工时记录、产量记录,严格控制非劳动时间,提高劳动生产率,使单位产品的工时消耗减少或单位时间内的产量增加,这样就可以降低单位产品成本中的薪酬费用支出。

除了劳动定额外,企业还必须正确地确定编制定员。确定编制定员就是规定企业完成一定的生产任务必须配备的各类人员的数量。编制定员是有计划安排劳动力的依据,按编制定员控制使用劳动力也是节约薪酬费用支出的重要途径。

3. 制造费用的日常控制

制造费用的日常控制首先要根据《企业财务通则》和行业财务制度的要求,正确确定费用开支范围和各项目的开支标准;其次按照费用项目的性质和可控原则,归口到各车间管理,各归口管理部门还应将分管的费用指标按发生地点分解下达到车间、班组、个人或有关耗费单位。

制造费用主要是通过费用预算来进行控制的,其中有些费用项目的开支标准在行业财务制度中已有规定,企业必须遵照执行,如工会经费、业务招待费、固定资产折旧等。有些费用项目的开支标准要由企业决策机关或董事会决定,如办公费、差旅费、公司经费等。有些费用项目的开支标准则是根据历年实际发生数或有关计划、定额进行预计的,如广告费、利息支出、设备修理费、机物料消耗等。

费用预算下达后,企业应据此来审批费用开支。凡是超过费用开支标准的,一般不予支付。如各种原因需增加某项费用预算的,必须由责任部门提出申请,并按规定程序报经批准后才能执行。

(三) 间接费用的控制

间接费用即期间费用,包括管理费用、财务费用和销售费用。企业对期间费用的控制与制造费用一样,也要根据财务制度规定的开支范围及开支标准将明细项目归口到各职能部门管理、通过费用预算进行控制,具体控制方法如制造费用,不再重复。

练 习 题

一、判断改错题

1. 产品制造成本是由直接材料、直接工资、制造费用和销售费用组成的。

( )

2. 计入企业本期财务费用的利息费用，不一定是企业本期发生的全部利息费用。（　　）

3. 对于几种产品共同发生的费用，可以直接平均计入各种产品的生产成本。（　　）

4. 本期发生的制造费用会直接影响本期的损益。（　　）

5. 工业企业的期间费用包括管理费用、财务费用和销售费用。（　　）

6. 工业企业本期发生的业务招待费应分期计入产品制造成本。（　　）

二、填空题

1. 产品成本预测的内容包括（　　　　）（　　　　）和（　　　　）等。

2. 影响产品成本变动的因素，主要有（　　　　）（　　　　）（　　　　）和（　　　　）。

3. 预测产品成本发展趋势的方法有（　　　　）（　　　　）和（　　　　）。

4. 企业在生产经营过程中所发生的各种耗费，按其与生产经营的关系，可以分为（　　　　）和（　　　　）两部分。

5. 预测产品的目标成本，可以采用“（　　　　）”的倒扣计算公式。

6. 企业的期间费用是指在一定会计期间发生的与（　　　　）无（　　　　）关系的费用。

三、单项选择题

1. 企业本期发生的业务招待费应直接计入（　　　　）。

A. 财务费用　　B. 生产成本
C. 销售费用　　D. 管理费用

2. 不能直接分清应由何种产品负担的费用，应（　　　　）处理。

A. 作管理费用　　B. 直接计入当期损益
C. 直接计入产品生产成本
D. 先作为制造费用，期末再分配计入产品生产成本

3. 下列费用中，不属于企业管理费用列支的是（　　　　）。

A. 业务招待费　　B. 无形资产转让
C. 技术转让费　　D. 劳动保险费

4. 下列费用中，应作为期间费用处理的是（　　　　）。

A. 产品广告费　　B. 生产用机物料消耗
C. 工业企业材料采购运费　　D. 车间管理人员工资

5. 预测产品成本发展趋势，常用的方法之一是(　　)。

A. 加权平均法　　B. 成本降低率法

C. 倒扣计算法　　D. 因素分析法

6. 下列费用中，应计入产品生产成本的是(　　)。

A. 技术开发费　　B. 劳动保险费

C. 职工福利费　　D. 车间办公费

四、多项选择题

1. 下列费用中，应计入财务费用的有(　　)。

A. 银行汇款手续费　　B. 固定资产建造期间利息支出

C. 借款利息支出　　D. 存款利息收入

2. 下列费用中，属于管理费用的有(　　)。

A. 待业保险费　　B. 折旧费

C. 劳动保护费　　D. 董事会费

3. 下列费用支出中，属于销售费用范围的有(　　)。

A. 业务招待费　　B. 销售产品运输费

C. 销售机构经费　　D. 委托代销手续费

4. 下列费用支出中，属于制造费用范围的有(　　)。

A. 车间人员工资　　B. 修理期间停工损失

C. 车间机物料消耗　　D. 技术开发费

5. 下列项目中，应列入产品直接成本费用范围的有(　　)。

A. 直接材料　　B. 直接生产工人工资

C. 营业费用　　D. 制造费用

6. 下列项目中，属于产品间接成本费用范围的有(　　)。

A. 制造费用　　B. 销售费用

C. 管理费用　　D. 车间人员工资

五、名词解释

1. 成本费用　　2. 制造成本

3. 期间费用　　4. 管理费用

5. 财务费用　　6. 销售费用

六、简答题

1. 如何降低工业企业的成本费用？

2. 制造费用和期间费用有什么区别？

3. 如何确定成本费用开支范围？

4. 工业企业的成本费用应包括哪些内容？

5. 产品成本预测的主要内容是什么？

七、业务计算题

1. 某企业产品历史成本如表7-6所示。

表7-6

产品历史成本

年　　份	产量(件)	总成本(元)
2017	240	26 000
2018	360	35 200
2019	400	36 200
2020	480	41 360
2021	460	40 120

该企业2022年计划产量为500件，请用高低点法预测该产品总成本和单位成本。

2. 根据表7-7所列某企业的产量和总成本的相关资料，用回归直线方程式预测该产品总成本和单位成本。

表7-7

相关资料

年　　份	产量(件)	总成本(元)
2017	24	260
2018	36	352
2019	40	362
2020	48	413
2021	46	401

该企业2022年计划产量为50件。

3. 某企业2018—2021年某产品成本资料如表7-8所示。

表 7-8

某产品成本资料

单位:元

年　　份	单位变动成本	固定成本总额
2018	19	10 000
2019	20	9 500
2020	21	9 800
2021	18	9 000

该企业 2022 年计划产量为 400 件,请用加权平均法预测该产品总成本和单位成本。

第 八 章

收入、利润和利润分配管理

内容提示 本章主要阐述收入、利润和利润分配的含义和管理的基础知识。通过学习,学生应了解收入、利润和利润分配的概念,明确销售收入和利润的构成以及利润分配的原则和顺序,掌握预测、计划、控制、分析、考核销售收入和利润的管理方法和操作技能。

第一节 收 入 管 理

一、收入管理概述

(一) 收入的概念

收入是指企业在日常活动中形成的、会导致所有者权益增加的、与所有者投入资本无关的经济利益的总流入。它包括销售商品收入、劳务收入、利息收入、使用费收入、租金收入、股利收入等。

(二) 收入的分类

收入按企业经营业务的主次,可以分为主营业务收入和其他业务收入。

不同行业的主营业务收入所包含的内容有所不同。工业生产企业的主营业务收入主要是指销售产成品、自制半成品、代制品、代修品、提供工业性劳务等取得的收入。商品流通企业的主营业务收入主要是指销售商品收入、代购代销收入。主营业务收入一般占企业收入的比重较大,对企业的经济效益影响较大。

其他业务收入一般占企业收入的比重较小,主要是指企业除销售商品以外的非经常性兼营业务交易所产生的收入。它包括材料销售、固定资产出租、包装物出租、外购商品销售、无形资产转让及提供运输、装卸等非工业性劳务取得的收入。

本节主要阐述销售商品收入。

（三）收入管理的重要意义

企业的收入主要是销售商品收入。企业的商品能否实现销售，直接影响到资金的周转和生产经营的继续，以及经济效益的实现，为此企业及时地取得销售收入，具有重要意义。

首先，及时取得销售商品收入是保证企业再生产过程正常进行的重要条件。企业及时将商品销售出去，并取得销售收入，表明企业的商品的价值和使用价值已经实现，凝结在商品价值中的生产耗费得以补偿，并且可以重新购买材料、支付工资和其他生产费用，进行新的生产经营过程。

其次，及时取得销售商品收入是企业实现盈利的前提。销售商品收入减去销售商品成本及各项费用和支出，就是企业的盈利，只有及时取得销售商品收入，企业的盈利才能实现。

再次，及时取得销售商品收入是加速资金周转的重要环节。企业取得销售商品收入，意味着企业的资金从成品资金形态又回到货币资金形态，完成了资金的一次循环，并开始新的循环。实现销售商品收入越及时，资金周转速度就越快，资金利用效果也就越好。

（四）销售商品收入的确认

"销售商品"中所指"商品"主要包括企业为销售而生产或购进的商品，如工业生产企业生产的产品、商品流通企业购进的商品等。企业销售其他存货如原材料、包装物等也视同商品。

销售商品收入的确认也就是指企业销售商品收入在什么时候实现并入账。合理确认销售商品收入的实现，对于销售任务的完成、正确计算企业经营成果、评价企业经营业绩具有重要意义。

按照现行《企业会计准则》的规定，收入确认与计量大致分为以下五步：

第一步，识别与客户订立的合同。合同是指双方或多方之间订立有法律约束力的权利义务协议，包括书面形式、口头形式以及其他可验证的形式（如隐含于商业惯例或企业以往的习惯做法中等）。

第二步，识别合同中的单项履约义务。合同开始日，企业应当先对合同进行评估，识别该合同所包含的各单项履约义务，并确定各单项履约义务是在某一时段内履行，还是在某一时点履行；然后，在履行各单项履约义务时分别确认收入。履约义务是指合同中企业向客户转让可明确区分商品的承诺。

第三步，确定交易价格。交易价格是指企业因向客户转让商品而预期有权收取的对价金额。在确定交易价格时,企业应当考虑可变对价、合同中存在的重大融资成分、非现金对价以及应付客户对价等因素的影响。

第四步,将交易价格分摊至各单项履约义务。当合同中包含两项或多项履约义务时,企业需要将交易价格分摊至各单项履约义务,以使企业分摊至各单项履约义务(或可明确区分的商品)的交易价格能够反映其因向客户转让已承诺的相关商品而预期有权收取的对价金额。

第五步,履行各单项履约义务时确认收入。企业应当在履行了合同中的履约义务,即客户取得相关商品控制权时确认收入。

在实际工作中,由于商品交易可以采取不同的结算方式,因此,企业应当分别不同结算方式确认销售收入的实现:

(1) 在交款提货销售的情况下,如果货款已经收到,发票、账单和提货单已经交给买方,不论商品是否发出,企业都应确认销售商品收入的实现。因为这时尚未发出的商品所有权已属于买方,企业只是代买方保管。

(2) 在托收承付或委托收款结算方式情况下销售,企业应当在商品已经发出,并已将发票账单提交银行办妥托收手续后,确认销售商品收入的实现。

(3) 在委托其他单位代销的情况下,以收到代销清单后,确认销售商品收入的实现。因为代销清单既可表明商品已经卖出,又可作为向代销单位索取货款的凭据。

(4) 在分期收款结算方式情况下销售,企业以本期收到的价款或以合同约定的本期应收款日期,确认销售商品收入的实现。

(5) 在出口销售情况下,陆运以企业取得承运货物收据或铁路运单,海运以企业取得出口装船提单,空运以企业取得空运运单,并向银行办理出口交单手续后,确认销售商品收入的实现。

(6) 在为其他单位加工,制造大型机器设备、船舶或提供劳务等,持续时间在 1 年以上的情况下,企业应按照完工进度或实际完成的工作量,确认销售商品收入的实现。

二、价格管理

销售商品收入与商品价格有着密切的联系。商品价格是商品价值的货币表现,商品价值是商品价格的基础。由于价值规律的作用,往往因供求矛盾导致价格偏离价值。因此,加强商品价格管理也是财务管理的重要内容。

（一）工业品价格的构成

工业品价格按照产品在流通过程中经过的主要阶段，分为出厂价格、批发价格和零售价格三种。其中，出厂价格是工业企业将商品销售给商品流通企业和其他生产单位所使用的价格，它由商品的生产成本、销售税金和销售毛利三部分构成；批发价格是工业企业自行批量销售或由商品流通批发企业将产品销售给零售商店所使用的价格，它是在出厂价格的基础上加上批发环节的流通费用、销售税金和利润构成的；零售价格是零售商店或工业企业直接将商品销售给消费者所使用的价格，它是在批发价格的基础上加上零售环节的流通费用、销售税金和利润构成的。工业品价格的构成如表 8-1 所示。

表 8-1

工业品价格的构成

<table>
<tr><td rowspan="2">产品成本</td><td rowspan="2">销售税金</td><td rowspan="2">销售毛利</td><td colspan="3">商业批发机构
或工业企业自销</td><td colspan="3">零售商店
或工业企业自销</td></tr>
<tr><td rowspan="2">流通费用</td><td rowspan="2">销售税金</td><td rowspan="2">利润</td><td rowspan="3">流通费用</td><td rowspan="3">销售税金</td><td rowspan="3">利润</td></tr>
<tr><td colspan="3">出厂价格</td></tr>
<tr><td colspan="6">商业批发价格</td></tr>
<tr><td colspan="9">商业零售价格</td></tr>
</table>

从表 8-1 可以看出，工业品的三种价格中出厂价格是基础，它的高低直接影响批发价格和零售价格的高低。

（二）价格的制定

商品价格是价值的货币表现。商品价格是由产品制造成本、期间费用和企业纯收入构成的，在成本费用和销售量一定的情况下，价格的高低直接影响企业的销售收入和盈利水平。

1. 商品定价原则

企业制定商品价格时应遵守以下原则：

(1) 以商品价值为基础。价格是价值的货币表现，企业在制定商品价格时，应当使商品的价格基本符合其价值。这样，企业就能在商品交换时实现其使用价值及全部价值，就能补偿生产耗费并取得盈利，保证企业简单再生产的顺利进行。

(2) 遵守国家价格政策。价格是国家对整个国民经济进行宏观调控的重要经济杠杆之一。价格的变动直接关系到国家的财政收入和人民生活水平。因此，企业在制定商品价格时，必须严格遵守国家的价格政策，在政策允许的范围内行使定价权力,维护国家和消费者的利益。

(3) 坚持按质论价。企业按商品质量定价,优质优价,低质低价,可以促使自身改善经营管理,提高商品质量。

2. 出厂价格的制定方法

根据税法确定,增值税是价外税,因此,计算销售商品收入采用的出厂价格应该是不含增值税的出厂价格。不含增值税的出厂价格的制定方法,主要有以下几种:

(1) 成本加成定价法。成本加成定价法是指在商品制造成本的基础上,再加上单位商品毛利,构成商品出厂价格的定价法。其计算公式为:

$$出厂价格=单位商品制造成本+单位商品毛利$$

式中的"单位商品制造成本"是指直接材料、直接人工和制造费用;"单位商品毛利"是指单位商品销售利润以及应负担的管理费用、财务费用和销售费用。单位商品毛利还可以按制造成本毛利率计算,其计算公式为:

$$单位商品毛利=单位商品制造成本\times制造成本毛利率$$

这样,出厂价格的计算公式可写成:

$$出厂价格=单位商品制造成本\times(1+制造成本毛利率)$$

【例 8-1】 某企业生产新商品,预计单位制造成本为 120 元,制造成本毛利率要求达到 25%,则新商品的出厂价格为:

$$该商品出厂价格=120\times(1+25\%)=150(元)$$

成本加成定价法是工业企业普遍使用的定价方法。它的优点是计算简便,所需资料容易取得;其缺点是没有考虑市场需求状况。

(2) 售价倒扣法。售价倒扣法是指通过市场调查确定产品的零售价格,减去批零差价和进批差价,倒算出商品出厂价格的方法。其计算公式为:

$$出厂价格=\left(\begin{matrix}市场零\\售价格\end{matrix}-\begin{matrix}批零\\差价\end{matrix}-\begin{matrix}进批\\差价\end{matrix}\right)\times(1-增值税税率)$$

售价倒扣法考虑了市场供求状况,有利于扩大商品的市场占有率,但该方法容易使出厂价格与实际生产耗费脱节。

三、销售商品收入预测及计划编制

为了避免生产经营的盲目性,加强销售管理,企业必须做好销售预测工作和销售商品计划的编制工作。其中,销售预测是正确编制销售计划的前提。

(一) 销售趋势预测

销售预测是指以市场调查研究和一定的数理统计方法为基础,根据企业的历史销售资料和市场上商品供需情况的发展趋势，对计划期的销售量和销售额进行的分析、预计和测算。在社会主义市场经济条件下，销售量的多少是企业利润高低的一个决定性因素。企业只有搞好销售预测，才能进行成本预测、利润预测和资金预测等。

销售预测的方法很多，常用的有以下几种。

1. 简单平均法

简单平均法是指对某商品过去若干时期的实际销售量进行简单平均，求出平均值作为计划期销售预测数的方法。其计算公式为：

$$\text{计划期销售预测数}=\frac{\text{过去若干时期销售之和}}{\text{期数}}$$

【例 8-2】 某企业某商品 20××年 1～5 月实际销售量如表 8-2 所示。请预测 6 月份的销售量。

表 8-2

某商品 20××年 1～5 月销售量资料表

月　份	1	2	3	4	5
销售量(件)	120	140	160	150	140

$$\text{6 月份预计销售量}=\frac{120+140+160+150+140}{5}=142(\text{件})$$

简单平均法简便易行，适用于销售量比较稳定的短期商品销售预测。

2. 加权平均法

加权平均法是指根据过去若干时期的销售量，按照距预测期的远近分别进行加权(距预测期近的加权数要大些，远的加权数要小些)，预测产品销售量的方法。其计算公式为：

$$\text{计划期销售预测数}=\frac{\text{过去若干期销售量分别乘以其权数之和}}{\text{各期权数之和}}$$

【例 8-3】 承[例 8-2]，以表 8-2 后 3 个月的实际销售量资料，预测 6 月份的销售量。

$$\text{6 月份预计销售量}=\frac{160\times1+150\times2+140\times3}{1+2+3}=\frac{880}{6}=147(\text{件})$$

加权平均法消除了各期销售量差异平均化的缺点，适用于各期销售量变化比较大的商品销售预测。

3. 回归分析法

回归分析法是指根据过去若干时期的销售量资料，通过建立回归直线方程式来预测商品销售量的方法。

根据过去若干时期的销售量资料，将企业销售发展趋势用回归直线方程式来表示，即：

$$y=a+b\cdot x$$

式中 y——预测销售量；

x——时期数；

b——趋势直线的斜率。

回归直线方程式中 a 和 b 的值的计算公式为：

$$a=\frac{\sum x^2\cdot\sum y-\sum x\cdot\sum x\cdot y}{n\cdot\sum x^2-(\sum x)^2}$$

$$b=\frac{n\cdot\sum x\cdot y-\sum x\cdot\sum y}{n\cdot\sum x^2-(\sum x)^2}$$

由于自变量 x 在销售预测中，按时间顺序排列，间隔期相等，故可采用简单的方法，将 x 适当取值，令 $\sum x=0$，这时，计算 a 与 b 的公式可以简化为：

$$a=\frac{\sum y}{n}$$

$$b=\frac{\sum x\cdot y}{\sum x^2}$$

则

$$y=\frac{\sum y}{n}+\frac{\sum x\cdot y}{\sum x^2}\cdot x$$

【例 8-4】 承[例 8-2]，仍用表 8-2 资料，预测 6 月份销售量，按照方程式要求将资料加工成表，如表 8-3 所示。

表 8-3

销售量预测计算表

月份(n)	间隔期(x)	销售量(y)	x^2	$x\cdot y$
1	−2	120	4	−240
2	−1	140	1	−140
3	0	160	0	0
4	1	150	1	150
5	2	140	4	280
$n=5$	$\sum x=0$	$\sum y=710$	$\sum x^2=10$	$\sum x\cdot y=50$

根据资料可以得到：

$$a=\frac{710}{5}=142$$

$$b=\frac{50}{10}=5$$

预测 6 月份销售量,6 月份时间序数为 3。

则　　　　6 月份预计销售量(y)＝142＋5×3＝157(件)

在实际计算中，若实际预测的次数(n)为偶数时，则取 x 的间隔数为 2，即将 $x=-1$ 和 $x=+1$ 置于所有预测期的当中上下两期，其余上下均以 2 递增，这样也可使 $\Sigma x=0$。销售量预测计算表如表 8-4 所示。

表 8-4

销售量预测计算表

月份(n)	1	2	3	4	5	6
间隔期(x)	－5	－3	－1	＋1	＋3	＋5

回归分析法一般可用于长期销售预测。

4. 市场调查法

市场调查法是指通过对商品寿命周期、市场供需状况、消费者心理变化、同行业竞争等进行调查,来预测销售量的方法。市场调查法可以从三个方面进行：

(1) 对商品目前处于的寿命周期进行调查。任何商品都有其产生、发展、成熟、饱和、衰亡的过程,这一过程称为商品的寿命周期。在不同的寿命周期过程中,产品的销售量是不同的。

(2) 对消费者情况进行调查。消费者的经济状况、风俗习惯、职业、爱好等方面的差异,也会影响产品销售量。

(3) 对同行业竞争力情况进行调查。企业应了解同行业在同类商品的品种、质量、包装、价格、售后服务等方面所采取的改进措施,这也会对销售量产生影响。

企业应将以上几个方面的调查资料进行整理、综合、加工、分析,作出销售预测。

市场调查法属于定性预测方法,如果结合运用以上所述的定量预测方法,可以提高销售预测的准确性。

（二）销售收入计划

销售收入计划是企业在计划期内要达到的销售目标，是企业生产经营计划的重要组成部分。销售收入计划由商品销售收入计划与其他销售和其他业务收入计划两部分构成。

1. 销售收入计划的编制

商品销售收入计划一般采用直接计算法编制，即先按照各种商品分别计算其销售收入，然后相加求得计划期商品销售收入总额。计划期某种商品的销售收入的计算公式为：

$$\text{计划期某种商品销售收入}=\text{计划期该种商品销售量}\times\text{单位商品销售价格}$$

从以上公式中看出，决定商品销售收入指标的首要因素是商品销售量。在社会主义市场经济条件下，企业应按照市场需要来安排生产任务，企业生产的商品能否适应不断发展变化的市场的需要，关键要搞好销售预测。关于计划期商品销售量预测的方法前面已经介绍过。

决定商品销售收入的另一个重要因素是商品销售价格。企业要在遵守国家价格政策的前提下，根据市场供求情况和同类商品价格水平，确定好商品的出厂价格。其具体方法在本章第二节叙述。

计划期商品销售数量和价格确定后，企业就可以编制商品销售收入计划。其格式如表 8-5 所示。

表 8-5

商品销售收入计划

金额单位：元

商品名称	计量单位 (1)	期初结存量 (2)	计划期生产量 (3)＝(5)－(2)＋(4)	期末结存量 (4)	计划期销售量 (5)	销售价格 (6)	销售收入 (7)＝(5)×(6)
甲商品	件	30	159	32	157	1 200	188 400
乙商品	件	40	196	36	200	1 080	216 000
合　计	—	—	—	—	—	—	404 400

其他销售和其他业务收入计划一般采用分析计算法编制，即根据上年实际完成数（或预计完成数），分析计划期其他销售和其他业务收入的增减变动情况计算确定。其计算公式为：

$$\text{计划期某项其他销售收入}=\text{上年该项其他销售收入实际(或预计)完成数}\times\left(1\pm\text{计划期预计该项其他销售收入增减\%}\right)$$

【例 8-5】 某企业上年修理劳务收入实际完成 50 000 元，计划期预计增加 20%。

$$\text{计划期修理劳务收入}=50\,000\times(1+20\%)=60\,000(\text{元})$$

根据商品销售收入计划和其他销售和其他业务收入计划，即可汇总编制销售收入计划。销售收入计划的格式如表 8-6 所示。

表 8-6

销售收入计划

单位：元

项目	销售收入
销售商品收入	404 400
销售甲商品收入	188 400
销售乙商品收入	216 000
……	
其他销售和其他业务收入	90 000
材料销售收入	30 000
修理劳务销售收入	60 000
……	
合计	494 400

2. 销售收入计划的控制

为了完成销售收入计划，企业应根据年度销售收入计划，正确编制和执行月份销售收入计划，加强销售收入的日常控制。销售收入计划的控制一般由企业的销售部门和财务部门共同负责，主要做好以下几方面的工作：

(1) 加强销售合同管理。销售合同是指企业与其他单位之间进行商品销售活动而签订的具有法律效力的契约。它明确规定销售商品的名称、规格、数量、价格、结算方式、包装要求、发运方式及地点、交货日期，以及不履行合同的惩罚等。企业及时签订销售合同，可以使销售计划进一步具体化。购销双方都严格执行经济合同，有利于商品购销活动的正常进行。因此，企业财务部门应协助销售部门，组织好销售合同的签订和执行，并对合同的内容进行审查。例如,签订的合同在生产、技术上是否可行;在经济上是否有利;销售价格和结算方式是否合理;违反合同应负的经济责任有无明确规定等。销售合同签订后,企业必须严格执行,按合同要求组织产品生产、包装和发运。为了全面系统地检查各项合同的执行情况,企业销售部门应有专人负责销售合同的管理,设置"销售合同执行情况登记簿",登记每项合同的编号、订货单位、产品名称、计划发货日期和数量、实际发货日期和数量等内容,以全面掌握合同的执行情况。当发现有违反销售合同的情况时,企业应及时查明原因,采取相应措施,提高合同履约率。

(2) 加强销售结算管理。为了完成销售收入计划,在商品发出后,企业还要做好销售结算工作,及时收回货款。销售货款的结算一般由企业财务部门负责。在托收承付结算方式下,产品发出后,销售部门应及时将发票、运单等凭据送交财务部门,以便财务部门及时向银行办理托收手续,如果购货单位未能按期付款,应查明原因,及时处理;采用汇票、本票等结算方式的,企业应在票据有效期限内,及时到银行办理转账结算;采用赊销或分期收款结算方式的,企业应按照谁赊销谁收款的原则建立货款回收责任制。总之,无论企业采取哪种结算方式,都应以尽快收回货款为目标,尽可能减少拖欠。

(3) 搞好销售服务。销售服务一般包括售前服务、售后服务和技术服务。其中,售前服务是向用户介绍产品的性能、特点和使用方法,使用户了解产品;售后服务是帮助用户进行产品安装、调试、维修、供应零配件等;技术服务是向用户提供技术指导、技术培训、技术咨询等服务工作,它贯穿整个销售过程。销售服务由销售部门负责。担任销售服务工作的人员应经过专门的培训,使用户放心、满意,树立企业的良好信誉和增强产品的竞争能力。

第二节 利润管理

一、利润的构成和预测

利润是指企业在一定会计期间的经营成果。利润包括收入减去费用成本的净额,以及直接计入当期利润的利得和损失。它是生产经营活动的最终财务成果,集中反映了企业生产经营业绩和获利能力,是衡量企业投入产出效率和经济效益各方面工作量的重要综合指标。

企业生产经营活动的主要目的，就是要不断提高企业的盈利水平，为国家提供积累资金，保证社会扩大再生产的正常进行，促进国民经济的迅速发展。

（一）利润的构成

按照《企业会计准则》规定，企业的利润总额由营业利润、营业外收支净额和所得税费用等部分组成。其可用公式表示为：

$$\text{利润总额}=\text{营业利润}+\text{营业外收入}-\text{营业外支出}$$

$$\text{利润总额}-\text{所得税费用}=\text{利润净额}$$

1. 营业利润

营业利润是指企业从事经营活动所取得的利润。它是企业利润的主要来源。营业利润包括主营业务利润和其他业务利润。其计算公式为：

$$\text{营业利润}=\text{营业收入}-\text{营业成本}-\text{税金及附加}-\text{销售费用}-\text{管理费用}-\text{财务费用}+\text{投资收益}$$

(1) 营业收入包括主营业务收入和其他业务收入两部分。其中，主营业务收入是指企业从事商品销售活动所获得的收入，它是营业收入的主要构成部分；其他业务收入是企业商品销售活动以外的其他收入。其计算公式为：

$$\text{营业收入}=\text{主营业务净收入}+\text{其他业务收入}$$

其中

$$\text{主营业务净收入}=\text{主营业务收入}-\text{销售退回}-\text{销售折让}$$

(2) 税金及附加是指已销售商品缴纳的消费税、城市维护建设税和教育费附加等税费。它不包括增值税。

(3) 销售费用、管理费用和财务费用等期间费用作为营业利润的扣减项目，意味着不仅商品销售应负担期间费用，而且其他业务也应负担期间费用。

(4) 投资收益是指企业对外投资所取得的收益减去对外投资所发生的损失及计提的投资损失准备后的净额。它也是企业营业利润的构成部分。其中，投资收益包括企业对外投资所分得的利润、股利和债券利息，投资到期收回或者中途转让取得款项高于账面价值的差额，以及按照权益法核算的股权投资在被投资单位增加的净资产中所拥有的数额等；投资损失包括企业对外投资到期收回或中途转让取得款项低于账面价值的差额，以及按照权益法核算的股权投资在被投资单位减少的净资产中所分担的数额等。

2. 营业外收入与营业外支出

营业外收入和营业外支出是指企业发生的与生产经营无直接关系的各项收入和各项支出。营业外收入减去营业外支出称为营业外收支净额,它属于企业利润总额的构成部分。

(1) 营业外收入包括非流动资产毁损报废利得、确实无法支付的应付款项、接受捐赠收入、罚款净收入等。

其中,罚款净收入是指企业取得的因对方违反有关法规、合同或协议而按规定支付的滞纳金和各种形式的罚款收入在弥补了违规或违约造成的经济损失后的罚款净收入。它是对对方违约的经济制裁,不是企业生产经营活动的收入,所以,也不应作为营业收入,而应作为营业外收入处理。

营业外收入应当在发生收入时,按实际发生数额直接增加企业利润总额。

(2) 营业外支出包括非流动资产报废损失、公益性捐赠支出、固定资产的盘亏、无形资产报废损失、捐赠支出、罚款支出、非常损失等。

其中:固定资产的盘亏是指按照原价扣除已提折旧、过失人和保险公司赔款后的差额;捐赠支出是指国内重大救灾或慈善事业的救济性捐赠支出;罚款支出是指企业违反有关法规或未履行合同、协议,而向其他单位支付的赔偿金、违约金、罚息等罚款性支出;非常损失是指自然灾害造成的各项资产净损失(扣除保险赔偿款及残值),以及由此造成的停工损失和善后清理费用。

营业外支出应当在发生支出时,按实际发生数额直接冲减企业利润总额。

(二) 利润的预测和计划编制

1. 目标利润预测

目标利润是指企业在计划期经过努力能够达到的利润水平。它是企业计划期生产经营活动综合经济效益的集中表现。目标利润对编制利润计划和平衡企业其他财务计划起着主导作用。

企业的利润是由主营业务利润、其他业务利润、投资净收益和营业外收支净额组成的,主营业务利润是企业利润的主要组成部分。因此,确定目标利润主要是确定主营业务利润的目标,即商品销售的利润目标。

目标利润是通过利润预测来确定的。确定目标利润的一般步骤如下:

第一步,分析上期利润指标完成情况,提出计划期利润目标的理想数。企业确定计划期目标利润,首先要对上期利润指标的完成情况进行分析、评价,总结经验,找出存在的问题,挖掘增加利润的潜力;其次根据企业对计划期利润的要求,提出计划期利润目标的理想数。

第二步,测算计划期可能实现的目标利润数额。计划期的利润目标理想数额确定后,企业还应根据能影响计划期利润增减变化的各项因素,来测算计划期可能实现的利润。常用的利润测算方法有以下几种:

(1) 量本利分析法。量本利分析法是指利用产、销量、成本和利润的依存关系,根据预计的销售量、销售价格和计划成本费用资料,确定计划期目标利润总额的方法。其计算公式为:

$$\text{目标销售利润总额}=\text{预计销售数量}\times(\text{预计单位售价}-\text{预计单位变动成本})-\text{固定成本总额}$$

【例 8-6】 某企业生产和销售乙商品，通过市场预测，计划期的销售量为 6 000件，预计单位出厂价为 900 元。该商品计划单位变动成本为 500 元，计划固定成本总额为 180 000 元。预测商品销售的利润总额为:

$$\text{目标销售利润总额}=6\,000\times(900-500)-180\,000=2\,220\,000(\text{元})$$

采用量本利分析法,企业须按照与产品产量的关系将成本费用分为变动成本和固定成本。可比产品和不可比产品销售利润的预测均可采用此法。

(2) 因素分析法。因素分析法是指以上年的销售利润为基础,通过分析计算计划年度影响商品销售利润的各项因素的增减变动,预计计划年度商品销售利润的方法。其计算公式为:

$$\begin{aligned}\text{目标商品销售利润}=&\text{上年商品销售利润}\pm\text{计划年度销售量变动影响的利润额}\pm\text{计划年度品种结构变动影响的利润额}\\&\pm\text{计划年度销售价格变动影响的利润额}\pm\text{计划年度成本变动影响的利润额}\\&\pm\text{计划年度税率变动影响的利润额}\pm\text{计划年度销售费用变动影响的利润额}\end{aligned}$$

其一，测算上年产品销售利润。企业一般是在上年第 4 季度预测计划年度销售利润,因此,上年产品销售利润就需要根据上年1～3季度产品销售利润实际数和第 4 季度产品销售利润预计数进行测算。其计算公式为:

$$\text{上年商品销售利润}=\text{上年第 1～3 季度商品销售利润实际数}+\text{上年第 4 季度商品销售利润预计数}$$

在计算上年商品销售利润时应注意：① 如果上年生产的某种商品计划年度不再生产，其销售利润要从公式中扣减，使两个年度的商品品种相同。② 如果上年内调整过售价和税率，上年商品销售利润应该全部按最后一次调整的售价和税率计算，以便计算售价和税率变动对商品销售利润的影响。

其二，测算计划年度销售数量变动对商品销售利润的影响。在其他因素不变的情况下，商品销售数量的变动与商品销售利润的变动成正比。其计算公式为：

$$\frac{\text{销售数量变动}}{\text{对利润的影响}}=\frac{\text{上年商品}}{\text{销售利润}}\times\frac{\text{计划年度商品}}{\text{销售数量增长百分比}}$$

其三，测算计划年度销售商品品种结构变动对商品销售利润的影响。在销售多种商品的情况下，企业还应计算品种结构变动对商品销售利润的影响。品种结构是指各种商品销售额(按成本计算)占全部商品销售额的百分比。由于各种商品的利润率不一致，如果利润率高的商品在全部商品中所占比重提高，而利润率低的商品在全部商品中所占比重降低，就会使平均成本利润率上升；反之，则使平均成本利润率下降，从而影响商品销售利润。其计算公式为：

$$\frac{\text{品种结构变动}}{\text{对利润的影响}}=\frac{\text{按上年单位成本计算的}}{\text{计划年度商品销售成本}}\times\frac{\text{平均成本利}}{\text{润率差异百分比}}$$

其四，测算计划年度不含增值税的商品销售价格变动对商品销售利润的影响。因为不含增值税的销售价格中包含向购买者收取的其他税金，所以企业在测算销售价格变动对商品销售利润的影响时，要扣除相应增减变动的税金。其计算公式为：

$$\frac{\text{不含增值税的销售价}}{\text{格变动对利润的影响}}=\frac{\text{计划年度价格变动}}{\text{的商品销售数量}}\times\left(\frac{\text{计划年度}}{\text{单位售价}}-\frac{\text{上年单}}{\text{位售价}}\right)\times\left(1-\frac{\text{上年}}{\text{税率}}\right)$$

其五，测算计划年度商品销售成本变动对商品销售利润的影响。其计算公式为：

$$\frac{\text{商品成本变动}}{\text{对利润的影响}}=\frac{\text{按上年单位成本计算的}}{\text{计划年度商品销售成本}}\times\frac{\text{计划年度预计}}{\text{成本降低率}}$$

其六，测算计划年度税率变动对商品销售利润的影响。其计算公式为：

$$\frac{\text{商品税率变动}}{\text{对利润的影响}}=\frac{\text{计划年度商}}{\text{品销售收入}}\times\left(\frac{\text{上年}}{\text{税率}}-\frac{\text{计划年}}{\text{度税率}}\right)$$

因素分析法主要适用于可比商品销售利润的预测。

【例 8-7】 某企业上年和计划年度生产和销售甲、乙两种商品,根据上年可比商品销售利润和可比商品销售成本资料,以及计划年度影响可比商品销售利润的各因素变动情况,预测计划年度目标商品销售利润如下:

测算上年可比商品销售利润:

甲、乙商品上年第1～3季度商品销售利润为600 000元,商品销售成本为4 200 000元;预计第4季度商品销售利润为300 000元,商品销售成本为2 000 000元。

$$\frac{\text{上年可比商品}}{\text{销售利润}}=600\,000+300\,000=900\,000(\text{元})$$

测算计划年度销售数量变动对可比商品销售利润的影响:

本例根据销售预测,计划年度销售数量将比上年增长10%。

$$\frac{\text{销售数量变动对}}{\text{销售利润的影响}}=900\,000\times10\%=90\,000(\text{元})$$

测算计划年度销售商品品种结构变动对可比商品销售利润的影响:

本例根据成本计划,按上年单位成本计算的计划年度可比商品成本为7 178 900元,预计计划年度可比商品应销比例(销售量占生产量的比例)为95%。由于商品结构变动而影响平均成本利润率的有关资料如表8-7所示。

表8-7

商品平均成本利润率计算表

商品种类	上年成本利润率(1)	上年平均成本利润率		计划年度平均成本利润率		平均成本利润差异率(6)
		销售比重(2)	系数(3)=(1)×(2)	销售比重(4)	系数(5)=(1)×(4)	
甲	20%	40	8	60	12	4.0%
乙	10.8%	60	6.5	40	4.3	−2.2%
合计		100	14.5	100	16.3	1.8%

$$\frac{\text{按上年单位成本计算的}}{\text{计划年度商品销售成本}}=7\,178\,900\times95\%=6\,819\,955(\text{元})$$

$$\frac{\text{品种结构变动对}}{\text{销售利润的影响}}=6\,819\,955\times1.8\%=122\,759(\text{元})$$

测算计划年度不含增值税的商品销售价格变动对可比商品销售利润的影响：

本例根据销售预测，乙商品销售单价从 600 元提高到 620 元，乙商品计划销售数量为 3 000 件。计划年度税率不变，仍为 2%。

$$\begin{matrix}\text{销售价格变动对}\\\text{销售利润的影响}\end{matrix}=3\ 000\times(620-600)\times(1-2\%)=58\ 800(\text{元})$$

测算计划年度商品销售成本变动对可比商品销售利润的影响：

本例根据成本计划，计划年度预计商品成本平均降低 2%。

$$\begin{matrix}\text{商品成本变动对}\\\text{销售利润的影响}\end{matrix}=6\ 819\ 955\times2\%=136\ 399(\text{元})$$

本例计划年度甲、乙商品的税率没有变动，因此，不需要测算税率变动对可比商品销售利润的影响。

本例有关因素变动对上年可比商品销售利润的影响汇总如下：

$$90\ 000+122\ 759+58\ 800+136\ 399=407\ 958(\text{元})$$

加上上年可比商品销售利润，就是计划期可比商品目标销售利润：

$$\begin{matrix}\text{可比商品目标}\\\text{销售利润}\end{matrix}=900\ 000+407\ 958=1\ 307\ 958(\text{元})$$

(3) 按成本利润率测算。对于不可比商品的目标销售利润，可以按成本利润率计算。其计算公式为：

$$\begin{matrix}\text{不可比商品}\\\text{目标销售利润}\end{matrix}=\begin{matrix}\text{计划年度不可比}\\\text{商品成本总额}\end{matrix}\times\begin{matrix}\text{不可比商品}\\\text{应销比例}\end{matrix}\times\begin{matrix}\text{不可比商品预}\\\text{计成本利润率}\end{matrix}$$

【例 8-8】 某企业计划年度生产新产品丙商品，计划成本总额为600 000元，预计应销比例为 98%，预计成本利润率为 10%。不可比商品目标销售利润计算为：

$$\begin{matrix}\text{不可比商品目}\\\text{标销售利润}\end{matrix}=600\ 000\times98\%\times10\%=58\ 800(\text{元})$$

第三步，将计划期利润目标的理想数与可能实现数进行比较，最后确定目标利润数额。企业先要将提出的计划期利润目标理想数与经过测算的可能实现数进行比较，如果可能实现的利润数额达不到理想的数额，就应该进一步挖潜力，在生产经营管理各方面采取改进措施；经过反复测算，确定切实可行的计划期目标利润数额；计划期目标利润确定之后，就可据此编制利润计划。

2. 利润计划的编制

利润目标是企业制订利润计划的主要依据,利润计划是利润目标的具体化。企业的利润计划包括商品销售利润计划、其他业务利润计划和营业外收支计划等。

(1) 商品销售利润计划。商品销售利润计划是利润计划的核心,商品销售利润计划的编制一般采用直接计算法。

直接计算法是指按照构成产品销售利润的项目,分别计算每一种商品的销售利润,然后汇总确定全部商品销售利润的方法。其计算公式为:

$$\text{商品计划销售利润}=\text{商品计划销售收入}-\text{商品计划销售成本}-\text{商品计划税金及附加}$$

商品计划销售收入可以根据销售收入计划确定,或按照以下公式计算:

$$\text{商品计划销售收入}=\Sigma\left(\text{某种商品计划销售数量}\times\text{该种商品计划销售单价}\right)$$

商品计划销售成本是指已实现销售的商品的制造成本。如果计划期销售的商品全部都是当期生产的,则商品计划制造成本就是商品计划销售成本。其计算公式为:

$$\text{商品计划销售成本}=\Sigma\left(\text{某种商品计划销售数量}\times\text{该种商品计划单位制造成本}\right)$$

式中的商品计划单位制造成本的资料可以从成本计划中取得。

如果计划期商品生产量和销售量不一致,商品计划销售量既包括期初结存商品,又包括计划期生产的商品,由于这两部分商品的单位制造成本往往不同,因而商品计划销售成本就要采取先进先出法或加权平均法计算。

采用加权平均法时,其计算公式为:

$$\text{商品计划销售成本}=\Sigma\left(\text{某种商品计划销售数量}\times\text{该商品平均单位制造成本}\right)$$

$$\text{某种商品平均单位制造成本}=\frac{\text{计划期初结存商品制造成本}+\text{计划期生产商品制造成本}}{\text{计划期初结存商品数量}+\text{计划期生产商品数量}}$$

采用先进先出法时,其计算公式为:

$$\text{商品计划销售成本}=\Sigma\left(\text{某种商品期初结存制造成本}+\text{该商品计划期生产商品制造成本}-\text{该商品期末结存制造成本}\right)$$

$$\text{按先进先出法计算的某种商品单位销售成本}=\frac{\text{商品计划销售成本}}{\text{商品计划销售数量}}$$

上述计算公式中的某种商品期初结存制造成本一般根据期初商品结存量乘以上年第 4 季度或全年预计平均单位制造成本计算；计划期生产商品制造成本根据成本计划确定；该商品期末结存制造成本可以根据期末商品结存量乘以计划年度或第 4 季度平均单位制造成本计算。

商品计划税金及附加是指消费税、城市维护建设税和教育费附加等，企业可根据税法规定，先按不同商品分别计算，然后汇总。其计算公式为：

$$\begin{matrix}\text{商品计划}\\\text{税金及附加}\end{matrix}=\sum\left(\begin{matrix}\text{某商品计划}\\\text{销售收入}\end{matrix}\times\begin{matrix}\text{该商品}\\\text{税率}\end{matrix}\right)$$

企业采用直接计算法编制商品销售利润计划，其优点是计算方法简便，计算结果准确，并可提供各种商品的利润指标，便于按商品品种分析、考核商品销售利润计划的执行情况。但是，对品种繁多的企业采用此法计算工作量甚大。

用直接计算法编制的商品销售利润计划如表 8-8 所示。

表 8-8

商品销售利润计划

商品名称	计量单位	销售数量	商品销售收入		商品销售成本		税金及附加			商品销售利润	
			单价	金额	单位成本	金额	税率	单位税金	金额	单位利润	金额
		(1)	(2)	(3)＝(1)×(2)	(4)	(5)＝(1)×(4)	(6)	(7)＝(2)×(6)	(8)＝(1)×(7)	(9)＝(2)－(4)－(7)	(10)＝(1)×(9)
A	台	100	6 000	600 000	4 200	420 000	2%	120	12 000	1 680	168 000
B	台	500	4 000	2 000 000	3 000	1 500 000	2%	80	40 000	920	460 000
合计				2 600 000		1 920 000			52 000		628 000

(2) 其他业务利润计划。其他销售业务比较零星，包括其他销售和其他业务，一般在销售利润中所占比重不大，因此，其他业务利润计划不必分项详细计算，企业可以采用分析计算法，在上年其他业务利润的基础上，考虑计划期主要变动因素的影响，综合计算确定。其计算公式为：

$$\begin{matrix}\text{其他业务}\\\text{计划利润}\end{matrix}=\begin{matrix}\text{其他业务}\\\text{收入计划}\end{matrix}\times\left(\begin{matrix}\text{上年其他业务}\\\text{收入利润率}\end{matrix}\pm\begin{matrix}\text{计划期其他业务}\\\text{利润升降率}\end{matrix}\right)$$

【例 8-9】 某企业上年其他业务收入为 60 000 元，其他业务成本为 55 800 元，税金及附加为 1 200 元，其他业务利润为 3 000 元。计划年度预计其他业务收入为 80 000 元，其他业务成本为 72 800 元，税金及附加为 1 600 元，其他业务

利润率预计比上年提高 2%。计划年度其他业务利润为:

$$\text{其他业务计划利润} = 80\,000 \times \left(\frac{3\,000}{60\,000} \times 100\% + 2\%\right) = 5\,600(\text{元})$$

(3) 营业外收支计划。营业外收支计划用来确定企业在计划期内发生的,与生产经营没有直接联系的各种收入和支出数额。它由营业外收入计划和营业外支出计划组成。企业在编制营业外收支计划时,要严格按照财政规定的收支项目,不得任意扩大营业外支出范围。营业外收支计划可在上年实际收支数额的基础上,考虑计划年度的增减变动情况计算确定。

上述几个计划确定后,企业再根据期间费用计划和投资收益预算,即可汇编企业的利润净额计划,如表 8-9 所示。

表 8-9

利润净额计划 单位:元

项　　目	上年实际	本年计划
一、营业收入		2 680 000
减:营业成本		1 992 800
税金及附加		53 600
销售费用		52 000
管理费用	(略)	80 000
财务费用		20 000
加:投资收益		50 000
二、营业利润		531 600
加:营业外收入		6 000
减:营业外支出		12 000
三、利润总额		525 600
减:所得税费用(税率 25%)		131 400
四、净利润		394 200

3. 利润计划的执行和考核

企业制订利润计划后,就要保证其在生产经营过程中贯彻执行,并定期对利润指标的完成情况进行考核。在执行利润计划过程中,企业要做好以下工作:

(1) 分解落实利润指标,健全企业内部经济责任制。企业利润指标是反映企业全部生产经营活动财务成果的综合指标。为了保证利润计划的切实执行,企业就需要调动企业各部门、各生产经营单位和广大职工的积极性，将利润指标和其他各项经济技术指标一起进行分解，落实到各部门、各生产经营单位、班组以致个人，明确各自的经济责任，并且广泛开展厂内经济核算，将利润指标和相关指标的完成情况，与责任者的经济利益紧密联系起来，使其从经济利益上关心利润指标的完成，努力增加利润。

（2）加强和提高经营管理水平，通过正确途径增加利润。首先，降低成本费用是增加利润的根本途径。企业必须加强成本费用管理，广泛开展以增产节约为主要内容的劳动竞赛，通过增加产量和控制成本费用来增加利润。其次，提高商品质量也是增加利润的重要途径。在优质优价的情况下，提高商品质量可以在不增加商品成本的前提下增加收入和利润。因此，企业必须加强全面质量管理，在提高商品质量的基础上增加商品产量。再次，合理利用资金，加速资金周转，也是增加利润的途径。企业必须加强各项资金管理，合理筹集和利用资金，提高资金利用率，减少筹资成本和资金占用费用，增加企业利润。与此同时，企业还必须采取有效的营销策略，用优质、低成本、适销对路的商品开拓和占领市场，扩大销售量。只有这样，利润计划的完成才有保证。

（三）缴纳所得税

税收是国家财政收入的主要来源，按照税法的规定，企业取得利润后，先要向国家缴纳所得税，剩余部分再在企业、投资者和职工之间分配。及时、足额缴纳所得税，不仅能保证国家按时取得财政收入，也是企业应尽的义务。

企业的所得税计算公式为：

$$应上交的所得税额=应纳税所得额\times 所得税税率$$

企业的应纳税所得额就是会计上的利润总额，两者理应一致。但是由于企业的会计处理与税法规定不完全一致，以致使会计所得额与纳税所得额出现差额。因此，企业在计算应缴纳的所得税时，须先将利润总额按国家税法规定调整为应纳税所得额。

1. 所得税前弥补亏损

按现行财税制度规定，企业发生经营性年度亏损，可以用下一年的税前利润等弥补；下一年度利润不足弥补的，可以在 5 年内延续弥补；5 年内不足弥补的，用税后利润弥补。这种税收上的优惠政策，能帮助经营性亏损企业尽快渡过难关，发展生产。

2. 企业投资收益中已纳税项目或按规定只需补交所得税的项目

企业对外投资取得的投资收益,在一般情况下,如果接受投资的企业已经缴纳过所得税,计算应纳税所得额时就应予以扣除,以免重复纳税。

3. 会计计算的利润总额与税法规定的纳税所得之间的差异

按照会计方法计算的税前利润与按照税法规定计算的纳税所得,由于两者收支口径和收支确认时间不同,因而在同一企业,同一会计期间的计算结果存在差异。它包括永久性差异和暂时性差异。

(1) 永久性差异。永久性差异是指计算税前利润或纳税所得额时,由于收支口径不同所造成的差异。这种差异在本期发生,而引起的少缴所得税额无法在以后各期转回。例如,违法经营的罚款和被没收财物的损失,从会计角度看是一项营业外支出,已从利润总额中扣除,而在计算纳税所得时,不能作为支出从应纳税所得额中扣除。又如,企业的业务招待费在会计处理上列入管理费用,在产品销售利润前扣除,而税法规定超过规定标准的支出不得列入费用,要调整应纳税所得额。

(2) 暂时性差异。暂时性差异是指由于某些收入和支出项目在计入会计税前利润与纳税所得的时间不一致而产生的差异。这种差异发生于某一时期,但在以后的一期或若干期内转回。例如,固定资产折旧率和折旧年限的确定,在会计处理与税法规定不符时,就会产生折旧额对利润和所得税的影响而形成暂时性差异。对于暂时性差异企业可采用资产负债表债务法调整。

纳税人在计算应纳税所得额时,企业财务、会计处理方法与税收法律、行政法规的规定不一致的,应当依照税收法律、行政法规的规定计算。因此,企业计算出利润总额之后,应将利润总额依照国家有关税收的规定调整为应纳税所得额,再乘以规定的所得税税率,即为应缴纳的所得税。

第三节　利润分配管理

一、利润分配的原则

企业税后净利润的分配是处理企业所有者和经营者等之间的利益关系的重要方面,因此必须遵守下列原则:

(1) 必须遵守国家的财经法规,保证国家的财政收入和企业生产经营的需要。在利润分配以前，企业先要依法及时、足额地缴纳所得税，同时要按照《中华人民共和国公司法》和《企业财务通则》规定，确定正确的分配项目和顺序。

(2) 必须兼顾企业所有者、经营者和职工的利益。企业既要考虑企业的长远利益，也要调动各方面的积极性，不能只强调长远利益而忽视所有者和职工的近期利益，也不能只顾近期利益而损害企业的长远利益；对投资者必须强调资本保全原则，保证所有者的权益不受侵犯，并做到股权平等、公平合理。

(3) 要提高企业的自我发展能力和承受风险的能力，优先考虑企业积累，同时兼顾投资者的利益。如果当年无利润或以前年度亏损未予以弥补，原则上就不得分配利润。

(4) 处理好企业内部积累和职工利益的关系，既要防止企业积累比例过大，而职工生活得不到改善，影响职工的积极性；也要防止对职工分配过多，而削弱企业的积累能力；还要注意克服吃“大锅饭”的倾向。

二、利润分配的顺序

企业缴纳所得税后的利润，除国家另有规定外，按照下列顺序分配：

(1) 弥补以前年度亏损。这是指企业延续 5 年未弥补完的经营性亏损，用税后利润弥补。

(2) 提取法定盈余公积。法定盈余公积按照当期税后利润的 10%提取，法定盈余公积已达到注册资本 50%时可不再提取。法定盈余公积可用于弥补企业亏损，经过批准也可用于转增资本金。但是，转增资本金后，法定盈余公积一般不得低于注册资本金的 25%。

(3) 提取任意盈余公积。企业出于经营、管理等方面的需要，在向投资者分配利润以前，可以按照公司章程或者股东会议决议提取和使用任意盈余公积。计提比例由股东大会根据需要决定。其目的是控制向投资者分配利润的水平，以及调整各年利润分配的波动。

(4) 向优先股股东发放股利。有优先股的企业应按事先约定的股利率，向优先股股东发放股利。

(5) 向投资者分配利润。企业以前年度未分配利润，可以并入本年度向投资者分配，在分配时，要按照投入资本的比例，坚持同股同利。

上述利润分配的逻辑关系是：企业以前年度亏损未弥补完，不得提取法定盈余公积和任意盈余公积；在提取法定盈余公积和任意盈余公积以前，不得向投资者分配利润。

不同所有制形式和经营方式的企业，都应遵循上述利润分配顺序，但对于股份制企业，在提取法定盈余公积之后，应先支付优先股股利，然后提取任意盈余公积，最后支付普通股股利。

需要说明的是，股份制企业当年无利润时不得分配股利。但为了维护企业股票的信誉，避免股票价格大幅度波动，企业在用盈余公积弥补亏损后，经股东会特别决议，可以按照不超过股票面值6%的比率，用盈余公积分配股利。在分配股利后，企业法定盈余公积不得低于注册资金的25%。

三、股利分配政策

企业在不违反国家相关法律法规的前提下，根据本单位具体情况制定股利分配政策。通常有以下几种类型可供选择。

（一）剩余股利政策

剩余股利政策是指企业根据目标资本结构，测算出投资所需的权益资本额，先从净利润中留用，剩余作为股利分配给股东，如没有剩余就不分配的股利分配政策。剩余股利政策的优点是保证企业再投资资金的需要，不足之处是会随着投资机会和盈利水平的波动而波动。

【例8-10】 某公司本年税后净利润为800万元，下一年投资计划需要1 000万元。该公司目标资本结构为权益资本占60%，债务资本占40%，发行普通股200万股。本年每股股利为多少？

下一年投资所需权益资金＝1 000×60%＝600(万元)

本年可分配股利＝800－600＝200(万元)

每股股利＝200÷200＝1(元)

（二）固定股利政策

固定股利政策是指将每年的股利分配数额定为较长时间不变，固定在同一水平上，股东所分得的股利是固定的，不论企业经营如何，盈利多少，股利是同样的股利分配政策。固定股利政策的优点是股利比较稳定，缺点是股利分配与企业净利脱节，而且在企业无利可分的情况下，也要实行固定股利，有违公司法规定，特别是经营不稳定企业不宜采用。

【例 8-11】 某公司前 3 年的净利润分别为 420 万元、600 万元、750 万元，在第 1 年经股东大会讨论决定的固定股利是每股 1.2 元，共发放普通股为 200 万股，因此前 3 年每年支付的股利均为 240 万元。

（三）固定股利分配率政策

固定股利分配率政策是企业将每年净利润的某一固定百分比作为股利分配率分配给股东的股利分配政策。股利分配率一经确定，一般不予变动。固定股利分配率政策的优点是股利与利润紧密结合，体现“多盈多得、少盈少得、不盈不得”的分配原则，缺点是如果企业收益不稳定，会导致股利额的波动，投资风险较大。

【例 8-12】 承[例 8-11]中公司前 3 年净利润 420 万元、600 万元和 750 万元，确定固定股利分配率为 40%，则 3 年所支付的股利分别为：

第 1 年支付的股利＝420×40%＝168(万元)

第 2 年支付的股利＝600×40%＝240(万元)

第 3 年支付的股利＝750×40%＝300(万元)

如果本年发生亏损则不支付股利。

（四）低正常股利加额外股利政策

低正常股利加额外股利政策是指企业除了在一般情况下，每年只支付数额较低的固定股利以外，还在利润较多、资金较充裕的情况下向股东增发额外股利，这部分额外股利是不固定的股利分配政策。这种低固定股利加额外不固定股利政策的优点体现了相对稳定性和灵活性，给企业在股利分配上具有较大财务弹性，且使股东每年都有稳定收入，缺点是会使股东造成错觉，误认额外股利也是正常股利。

【例 8-13】 设某公司采用低正常股利加额外股利的政策，每年发放低股利为每股 0.8 元，上年净利润为 120 万元，本年净利润大幅度增长为 220 万元，经决定今年每股增发 0.5 元，发放在外普通股为 100 万股，无优先股，该公司 2 年发放的股利为：

上年度发放股利数额 = 0.80 × 100 = 80(万元)

本年度发放股利数额 = (0.8＋0.5) × 100 = 130(万元)

以上四种股利分配政策各有优点和缺点，在股利分配时，企业应结合具体情况，灵活选用制定本单位的分配方案。

练 习 题

一、判断改错题

1. 用售价倒扣的方法制定产品出厂价的计算公式是：产品出厂价＝零售价－批零差价×(1－税率)。 (　　)

2. 销售趋势预测的方法常用的有高低点法、加权平均法和市场调查法等。 (　　)

3. 零售价的构成是批发价加零售环节的流通费用、销售税金和利润。 (　　)

4. 决定商品销售收入的主要因素是商品销售毛利和商品销售费用。 (　　)

5. 用加权平均法预测产品销售趋势，可以消除各期销售量的差异平均化的缺点。 (　　)

6. 企业在上年销售中发生的销售退回和折让应冲减以前年度损益。 (　　)

7. 企业的应纳税所得额与会计上的利润总额是一致的，两者没有差额。 (　　)

8. 企业发生年度亏损，可用下一年的税后利润弥补。 (　　)

9. 企业以前年度亏损未弥补完，不得提取盈余公积。 (　　)

10. 企业提取法定盈余公积，如果已达到注册资本25%时，可不再提取。 (　　)

11. 任意盈余公积提取比例由股东大会根据需要决定。 (　　)

12. 企业在提取盈余公积以前，不得向投资者分配利润。 (　　)

二、填空题

1. 用成本加成法制定产品出厂价的计算公式是：产品出厂价＝(　　　　)＋(　　　　)。

2. 产品寿命周期包括(　　　　)(　　　　)(　　　　)(　　　　)和(　　　　)等阶段。

3. 企业商品销售收入实现的标志是(　　　　)和(　　　　)。

4. 企业销售收入按经营业务的主次可以分为(　　　　)和(　　　　)两

部分。

5. 产品的价格可分为( )( )和( )三种。

6. 产品价格是由( )( )和( )构成的。

7. 企业提取的盈余公积可用于( ),经过批准也可用于( )。

8. 企业连续5年未弥补完的经营亏损,应用( )弥补。

9. 企业提取的任意盈余公积主要用于( )。

10. 盈余公积( )后,法定盈余公积一般不得低于注册资本金的( )。

11. 企业( )未分配利润,可以并入( )向投资者分配。

12. 股份制企业当年( )时不得分配( )。

三、单项选择题

1. 产品出厂价是单位制造成本加上( )。

A. 单位销售利润　B. 期间费用

C. 单位产品毛利　D. 制造费用

2. 企业在销售中实际发生的销售退回应冲减本月( )。

A. 销售费用　B. 财务费用　C. 管理费用　D. 销售收入

3. 企业的销售服务包括售前服务、售后服务和整个销售过程的( )。

A. 产品调试　B. 技术服务　C. 产品维修　D. 技术咨询

4. 产品市场调查可以从消费者心理、同行业竞争和( )三方面进行。

A. 产品寿命期　B. 市场供需　C. 产品质量　D. 产品价格

5. 决定产品销售收入的主要因素是产品的销售量和( )。

A. 产品销售质量　B. 产品销售成本

C. 产品销售价格　D. 产品销售利润

6. 产品销售价格是由产品制造成本、期间费用和( )构成的。

A. 产品销售利润　B. 产品销售毛利

C. 企业纯收入　D. 商品流通费用

7. 下列项目中,属于主营业务利润部分的是( )。

A. 财务费用　B. 税金及附加

C. 管理费用　　D. 销售费用

8. 法定盈余公积达到注册资本(　　)时可不再提取。

A. 55%　　B. 50%　　C. 40%　　D. 25%

9. 公司制企业的法定盈余公积按税后利润的(　　)提取。

A. 5%　　B. 15%　　C. 10%　　D. 20%

10. 下列项目中,不能用于弥补亏损的是(　　)。

A. 税前利润　　B. 未分配利润

C. 资本公积金　　D. 盈余公积

11. 下列项目中,属于在利润总额中扣除的是(　　)。

A. 盈余公益金　　B. 盈余公积

C. 分给投资者利润　　D. 所得税费用

12. 下列项目在利润分配中,可以优先分配的是(　　)。

A. 法定盈余公积　　B. 任意盈余公积

C. 法定盈余公益金　　D. 股利

四、多项选择题

1. 构成产品出厂价的要素有(　　)。

A. 产品生产成本　　B. 产品销售毛利

C. 产品销售税金　　D. 流通费用

2. 产品出厂价格的制定方法有(　　)。

A. 简单平均法　B. 成本加成法　C. 加权平均法　D. 售价倒扣法

3. 构成单位产品毛利的因素有(　　)。

A. 产品销售利润　　B. 制造费用

C. 应负担的期间费用　　D. 单位产品制造成本

4. 下列收入中,属于企业其他业务收入的有(　　)。

A. 产品加工收入　　B. 包装物出租收入

C. 材料销售收入　　D. 非工业性劳务收入

5. 下列收入中,属于企业主营业务收入的有(　　)。

A. 产品销售收入　　B. 商品销售收入

C. 材料销售收入　　D. 工业性劳务收入

6. 下列情况中,可以作为企业销售收入实现的有(　　)。

A. 货款收到,发票、提货单已交买方

B. 商品发出，已办妥银行托收货款手续，货款未收到

C. 商品发出，货款未收到

D. 货款收到，货未发出，发票未开

7. 下列项目中，属于营业外收入项目的有（　　）。

A. 接受捐赠　　B. 包装物出租收入

C. 罚款净收入　　D. 无法支付的应付账款

8. 下列项目中，属于营业外支出项目的有（　　）。

A. 大修理期间停工损失　　B. 固定资产报废损失

C. 非常损失　　D. 坏账损失

9. 下列项目中，按税法规定可以在计算应纳税所得额时予以调整的有（　　）。

A. 接受投资单位已缴纳所得税的投资收益

B. 按规定标准开支的业务招待费

C. 违法经营罚款

D. 被没收财物的损失

10. 下列项目中，按规定可转增资本的有（　　）。

A. 未分配利润　　B. 任意盈余公积

C. 法定盈余公积　　D. 资本公积金

11. 下列项目中，按规定可用于弥补企业亏损的有（　　）。

A. 税前利润　　B. 法定盈余公积

C. 税后利润　　D. 任意盈余公积

12. 下列项目中，属于税后利润分配的项目有（　　）。

A. 职工福利基金　　B. 法定盈余公积

C. 任意盈余公积　　D. 股利支出

五、名词解释

1. 收入　　2. 主营业务收入

3. 销售净收入　　4. 其他业务收入

5. 售价倒扣法　　6. 商品价格

7. 营业利润　　8. 主营业务利润

9. 其他业务利润　　10. 投资净收益

11. 利润分配　　12. 目标利润

六、简答题

1. 加强企业收入管理的意义何在?
2. 确认企业销售收入实现的标志是什么?
3. 产品定价原则是什么?
4. 如何确定产品的出厂价格?
5. 预测企业销售趋势常用的方法有哪些?它们各有什么特点?
6. 如何对产品进行市场调查?
7. 利润总额是如何构成的?
8. 利润分配应按什么顺序进行?
9. 利润分配的原则是什么?
10. 什么是营业外收入?
11. 什么是营业外支出?
12. 什么是量本利分析法?

七、业务计算题

1. 某公司A产品20××年1～5月实际销售量的资料如表8-10所示。

表8-10

A产品20××年1～5月实际销售量

月　份	1	2	3	4	5
销售量(件)	2 500	2 800	3 200	3 000	2 800

要求:用加权平均法预测A产品6月份的销售量。

2. 某公司甲产品2016—2020年销售量资料如表8-11所示。

表8-11

甲产品销售量资料

年　度	2016	2017	2018	2019	2020
销售量(件)	600	700	800	750	700

要求:用回归分析法预测2021年甲产品的销售量。

3. 甲企业通过市场调查,预计年度A产品销售量为9 000件,每件出厂价为1 350元,该产品计划单位变动成本为750元,计划固定成本总额为270 000元。请预测年度目标销售利润额。

4. 甲企业预测下年度生产的A、B两产品的销售、费用、税金资料如表8-12

所示。

表 8-12

甲企业下年度预测资料

项 目	A 产 品	B 产 品
销售量(件)	200	1 000
单价(元)	1 200	800
单位销售成本(元)	840	600
单位销售费用(元)	48	32
单位销售税金(元)	60	40

请计算 A、B 产品的销售利润及总销售利润。

5. 甲企业预测下年度除业务计算题 4 所列示的产品销售业务外，尚有其他销售业务和营业外收支，要求根据表 8-13 所列本年有关资料，预测下年度其他业务利润及营业外收支。

表 8-13

甲企业本年有关资料

项 目	本 年 度	下年度预计
其他业务收入	100 000 元	比本年度+10%
其他业务利润	6 000 元	利润率比本年度+2%
营业外收入	5 000 元	比本年度−10%
营业外支出	8 000 元	比本年度−10%
管理费用	65 000 元	60 000 元
财务费用	11 000 元	10 000 元

6. 请根据业务计算题 3～5 的资料编制利润总额计划。

7. 某公司 2015 年年末未分配利润为 80 万元，2016 年亏损 180 万元，2017—2020 年中每年利润为 15 万元，2021 年税前利润为 100 万元。试计算：①该公司 2021 年是否需缴纳所得税？缴多少(税率为 25%)？②该公司 2021 年是否可分配股利？基数是多少(提取法定盈余公积和任意盈余公积 20%)？

8. 某公司有普通股 100 万股，每股面值为 1 元，无优先股，预计本年税后利润为 500 万元，拟在提取法定盈余公积和任意盈余公积 20%以后，抽出 200 万元投资下年度的新项目，剩余资金发放股利。请计算该公司每股股利及股利发放率。

第九章

外汇业务管理

内容提示 本章主要阐述外汇业务的基础知识和管理要求。通过学习,学生应了解外汇业务的概念和外汇管理的意义和要求,明确外汇业务的主要内容和外汇管理体制,掌握外币收付的处理办法及有关规定,学会外汇收支计划的编制和日常管理的知识和技能。

第一节 外汇业务管理的意义

一、外汇业务的概念

外汇业务是指以记账本位币以外的货币进行的款项收付、往来结算及计价等业务。企业如以人民币作为记账本位币,所有以非人民币货币进行的经济业务均属外汇业务。

外汇是指一国拥有的外国货币和以外国货币表示的用于国际结算的各种支付手段。其主要包括:

(1) 外国货币:如外国钞票、铸币等。

(2) 外币有价证券:如外国政府债券、公司债券、股票等。

(3) 外币支付凭证:如票据、银行存款凭证、邮政储蓄凭证等。

(4) 其他外汇资金。

二、汇率及外汇市场

(一) 汇率

汇率又称汇价,是指在国际结算中一国货币与另一国货币的兑换比率。它是两种货币之间的比价。两种货币的兑换在银行称为外汇买卖,汇率就是外汇买卖的价格。汇率可分为外汇买入价和外汇卖出价。其中,外汇买入价是指银行买入外汇的价格;外汇卖出价是指银行卖出外汇的价格。此外,汇率还有现钞买入价,是指银行买入外国货币的价格。卖出价一般高于买入价,其差额就是银行收取的手续费。在实务中,对外汇收支的折算经常采用中间价。所谓中间价,就是外汇买入价和外汇卖出价的平均数。

外汇汇率的标价方法有直接标价法和间接标价法两种。直接标价法的汇率表示一定单位的外国货币可兑换本国货币的金额。例如,US＄100=￥630,表示100美元可以兑换630元人民币。采用这种标价方法时,外国货币数额不变,而折合为本国货币的数额会随着两国货币之间汇率的变化而发生变化。间接标价法的汇率表示一定单位的本国货币可兑换外国货币的金额。如前述US＄100=￥630,用间接标价法表示为￥100=US＄15.87,即为100元人民币可以兑换15.87美元。采用间接标价法时,本国货币数额不变,而折合为外国货币的数额会随着两国货币之间汇率的变化而发生变化。直接标价与间接标价互为倒数,我国目前采用的是直接标价法,与国际通行的惯例一致。

我国过去实行的是人民币官方汇率和外汇调剂市场汇率的双重汇率制度,从1994年1月1日起,实现汇率并轨,实行以市场供求为基础的、单一的、有管理的、在市场上运作的浮动汇率制。市场汇率由中国人民银行根据前一天外汇市场交易价格为基础,参照国际金融市场主要货币的变动情况,公布人民币市场汇率。

(二) 外汇市场

外汇市场是从事外汇交易的市场。外汇交易是指以外币计价或者结算的交易。外汇指定银行和经营外汇业务的其他金融机构是银行间外汇市场的交易者,它们应当根据中国人民银行公布的汇率和规定的浮动范围,确定对客户的外汇买卖价格,办理外汇买卖业务。国务院外汇管理部门依法监督、管理全国的外汇市场;中国人民银行根据货币政策的要求和外汇市场的变化,依法对外汇市场进行调控。

三、企业外汇管理的意义

外汇管理包括外汇收支管理和外汇风险管理。企业的外汇收支管理一般都要严格遵循有关法律、法规的规定;积极地增加外汇收入、节约支出,尽力维持收支平衡;科学合理地编制外汇收支计划;普遍地实行指标分管责任制、额度审批和检查分析制;并要十分重视外汇风险的管理。加强外汇管理的意义主要有以下几个方面:

(1) 增加国家外汇收入,节约外汇支出,并维护国家权益。

(2) 保持外汇收支平衡,促进国民经济健康发展。

(3) 降低外汇资金成本,减少外汇风险,提高企业经济效益。

第二节　外汇管理的体制改革

为了促进社会主义市场经济体制的建立和进一步对外开放,1993 年 12 月 28 日,根据国务院决定,中国人民银行发布了《关于进一步改革外汇管理体制的公告》,决定从 1994 年 1 月 1 日起,对我国的外汇管理体制进行进一步的改革,取消外汇留成、上缴和额度管理办法,实行外汇结汇制、售汇制、人民币汇率并轨等一系列外汇管理新制度。1994 年 3 月 26 日,经国务院批准,中国人民银行又发布了《结汇、售汇及付汇管理暂行规定》。1996 年 1 月,国务院通过了《中华人民共和国外汇管理条例》;1997 年 1 月,又对其作了修改决定。这些法规、规章的发布,标志着我国外汇管理工作进入了一个有法可依、管放结合的历史新时期。

一、我国外汇管理的原则

我国目前正处在由严格控制的外汇管理体制向部分控制的外汇管理体制过渡的阶段,对外汇实行由国家集中管理、统一经营为主的方针,坚持收支两条线的原则。

(一) 集中管理

集中管理是指对外汇资金的收支、进出国境、外汇收支计划的编制等外汇业务活动,由国家外汇管理部门集中管理。

(二) 统一经营

统一经营是指外汇业务和国际结算业务统一由国家指定的银行——中国银行和其他经国家外汇管理部门批准的可以经营外汇业务的银行办理。其他任何机构和个人未经国家外汇管理部门批准,不能擅自经营外汇业务。

(三) 收支两条线

收支两条线是指除经外汇管理部门批准之外,一切外汇收入必须及时向指定的外汇银行结汇,一切外汇支出必须持国家认可的有效凭证,用人民币到外汇指定银行办理兑付,不能用外汇收入直接抵作外汇支出。

近年来,我国对于外汇的管理已有较大放松,取消了经常性外汇交易管制,基本上实现了人民币在经常项目的可兑换。

二、外汇管理体制改革的主要内容

(一)实行外汇收入结汇制

外汇收入结汇制是指中国境内所有企、事业单位、机关和社会团体的各类项目的外汇收入,除部分有规定的外汇收入项目外,外汇收入必须按银行挂牌汇率,全部结售给外汇指定银行的制度。实行结汇制,意味着取消了外汇收入的留成、上缴和额度管理制度。部分不必向银行结售、允许在外汇指定银行开立外汇账户的外汇收入项目主要是指:国家批准专项用于偿还境内外外汇债务,并经外汇局审核的外汇;捐赠协议规定用于境外支付的捐赠外汇;境外借款、发行外币债券、股票取得的外汇;境外法人或自然人作为投资汇入的外汇;外商投资企业的外汇等。

(二)实行外汇支付售汇制

外汇支付售汇制是指境内企、事业单位、机关和社会团体在规定范围内的对外支付用汇,可以持国家认可的有效凭证,到外汇指定银行用人民币办理兑付的制度。实行售汇制,意味着取消了经常性项目正常对外支付用汇的计划审批制度,允许人民币在经常项目的兑换。

(三)实行人民币汇率并轨

人民币汇率并轨后,我国实行以市场供求为基础的、单一的、有管理的浮动制。我国外汇交易的主体主要是外汇指定银行。实行银行结汇制、售汇制以后,建立和规范全国统一的银行间外汇交易市场就成为我国外汇管理制度中一项重要的内容。

银行间外汇交易市场的主要职能是为各外汇指定银行相互调剂外汇余缺和清算服务。银行之间的外汇市场由中国人民银行通过国家外汇管理局进行监督管理。中国人民银行根据前一日银行间外汇交易市场形成的价格,每日公布人民币对美元交易的中间价,并参照国际外汇市场的变化,同时公布人民币对其他主要货币的汇率。各外汇指定银行以此为依据,在中国人民银行规定的浮动汇率的幅度内,自行挂牌,对客户买卖外汇。

(四)加强外债偿还的管理

为了确保国家的对外信誉,国家必须加强外债偿还的管理,对外债偿还继续实行"谁借谁还"的原则。债务人应加强对借用外债项目的管理,提高项目的经济效益和创汇能力;同时,国家鼓励和支持各地区、有关部门和外债较多的企业按债务余额的一定比例建立偿债基金,在外汇指定银行开立现汇账户,专户存储,用于支付外债本息。企业建立外汇偿债基金的来源主要有出口创汇收入、按外债一定比例到外汇指定银行兑换外汇、现汇账户划转等。

第三节　企业外币兑换和折算

一、汇兑损益的处理

企业发生外币收付业务,都要按照业务发生的即期汇率(原则上为中间价)折算为记账本位币记账,也可采用按照系统合理的方法与交易发生日即期汇率近似的汇率折算为记账本位币记账。所谓汇兑损益,就是指企业发生的外币业务,在折合记账本位币时,由于业务发生的时间不同,所采用的汇率不同而产生的账面记账本位币的差额。现行制度规定:月份终了,企业应当将外币现金、外币银行存款、债权、债务等各种外币账户的余额,按照月末的市场汇率(原则上为中间价)折合为记账本位币金额。按照月末市场汇率折合的记账本位币金额与账面记账本位币金额之间的差额,作为汇兑损益。由于企业在月末重新调整了所有外币账户余额,使企业的财务状况更接近实际。

对企业发生的汇兑损益处理的原则是:筹建期间发生的,将汇兑损失与汇兑收益相抵后的净损益,从企业开始生产、经营起一次转销计入当期损益;生产经营期间发生的,计入财务费用;清算期间发生的,计入清算损益;与购建固定资产等直接有关的汇兑损益,在资产尚未交付使用之前,计入资产的价值。

二、不同货币之间的兑换

企业外币折算只是货币单位表述的改变,即从一种货币计量单位(外币)重新表述为另一种货币计量单位(记账本位币)。而外币兑换则是将一种货币交换成另一种货币的交易,是实际发生的一项经济业务。外币兑换必须是国家规定的可自由兑换的货币,并且应通过中国银行或国家指定的外汇银行办理。外币兑换有以下三种情况。

(一)企业用外币兑换人民币

企业将外币向银行兑换人民币,银行按当天市场汇价的买入价计算企业应得的人民币。企业将以买入价兑换所得人民币与外币存款时按当天或当月1日市场汇价折合的人民币金额之间的差额,作为汇兑损益处理。例如,企业将5 000美元卖给银行,银行当天美元买入价为US＄100＝￥635,企业以当月1日市场汇价（中间价）US＄100＝￥630作为记账折合汇率,则实际兑换人民币31 750元(US＄5 000×6.35),它与账面美元存款按当月1日市场汇价折合的人民币31 500元(US＄5 000×6.30)之间的差额250元,作为汇兑损益处理。

（二）企业用人民币兑换外币

企业因付汇需要，将人民币向银行兑换外币，银行须按当天市场汇价的卖出价计算企业应得的外币。企业将兑换所得外币存款按当天或当月1日市场汇价折合的人民币金额与原有兑换美元的人民币金额之间的差额，作为汇兑损益处理。例如，企业将人民币12 760元按照银行当天美元卖出价US＄100＝￥638向银行购买美元，企业以当月1日市场汇价(中间价)US＄100＝￥630作为记账折合汇率，则人民币存款12 760元与兑换所得的美元存款按当月1日市场汇价折合的人民币12 600元(￥12 760÷6.38×6.30)之间的差额160元，作为汇兑损益处理。

（三）一种外币兑换另一种外币

企业将一种外币向银行兑换另一种外币时,银行须按照当日市场汇价的买入价将企业兑出(或银行兑入)的一种外币折算成人民币,然后再将人民币按当天市场汇价的卖出价计算企业兑入(或银行兑出)的另一种外币金额。企业应将实际兑入和实际兑出的外币金额,按当天或当月1日的市场汇价折合为人民币，两者之间的差额，作为汇兑损益处理。例如，企业将2 000美元向银行兑换港元，当日银行美元买入价为US＄100＝￥636，港元卖出价为HK＄100＝￥0.82,企业以当月1日市场汇价(中间价)作为记账折合汇率，当月1日美元市场汇价为US＄100＝￥635，港元市场汇价为HK＄100＝￥0.81，则2 000美元可以兑换港元15 512.20元(US＄2 000×6.36÷0.82),实际兑出的美元按当月1日市场汇价折合人民币12 700元(US＄2 000×6.35),与实际兑入的港元按当月1日市场汇价折合人民币12 564.88元(HK＄15 512.20×0.81)之间的差额135.12元,作为汇兑损益处理。

三、资本金的折算

现行制度规定:企业收到投资者的出资额,如果需要折合为记账本位币的,有关资产账户按照当日市场汇率或当月1日市场汇率折合,实收资本账户按照合同、协议中约定的折合汇率折合;合同、协议未作约定的,按照企业收到出资额时的市场汇率折合。有关资产账户与实收资本账户采用的折合汇率不同而产生的折合记账本位币差额,作为资本公积金处理。

(一) 合同、协议中约定投资者出资的折合率

如果投资者在合同、协议中不仅规定各方的出资额和出资比例,而且约定各方出资的货币及其不同货币折合成记账本位币的汇率,投资各方就应按合同、协议的约定缴付出资额,对实收资本账户按约定的汇率折合记账本位币。例如,某企业以人民币为记账本位币,注册资本1 000万元人民币,中外各方各占 50%。合同约定外方以美元现汇出资,按照合同约定的汇率 US＄100＝￥800,外方应出资62.5万美元(￥500÷8)。企业采用当天市场汇率作为记账折合汇率,假定企业收到外方出资当天的美元市场汇率为 US＄100＝￥810,那么,资产账户按照当日汇率折合为记账本位币506.25万元,实收资本账户按照约定汇率折合为记账本位币 500 万元,导致两者之间的记账本位币差额6.25万元人民币,这部分差额作为资本公积金处理。

(二) 合同、协议中没有约定投资者出资的折合率

在合同、协议中事先约定折合汇率,因时间关系会造成出资时的市场汇率与约定汇率出现较大的差异,因此,在合同、协议中企业也可以对出资的折合汇率不作约定,资产账户与实收资本账户都按照收到资本金时的市场汇率进行折合。采用这种做法时,由于企业表示注册资本的货币与记账本位币可能一致,也可能不一致,应分别进行处理。

(1) 表示注册资本的货币与记账本位币一致时,由于合同中无约定汇率,收到不同货币的出资,资产账户和实收资本账户均按收到时的市场汇率折合为记账本位币,因此,不会发生实收资本账户中各方出资比例与合同规定的出资比例不一致的情况,也不会产生资本折算差额。

(2) 表示注册资本的货币与记账本位币不一致时,企业收到的各种货币的出资,与表示注册资本的货币不一致的,要折合成表示注册资本的货币;与记账本位币不一致的,要折合成记账本位币。由于合同中无约定汇率,为了保持合同规定的出资比例与折合成记账本位币的出资比例一致,实收资本账户一律按企业第一次收到出资额时的市场汇率折合;对于投资者分期投入资本金的,其各期出资均按第一期第一次收到资本金时的市场汇率折合。与此相对应的资产账户,均采用收到出资额当日或当月 1 日的市场汇率折合。有关资产账户与实收

资本账户之间的记账本位币差额，作为资本公积金处理。

第四节　外汇收支计划

一、外汇收支计划的内容

为了有计划安排外汇收支，企业应当编制外汇收支计划，对外汇收支实行计划管理。企业外汇收支计划也是企业财务计划的一个组成部分。其格式和内容如表 9-1 所示。

表 9-1

外汇收支计划

20××年度　　　　单位：美元

内　　容	原　币	折合美元	原　币	折合美元	美元合计
一、期初余额					
二、外汇收入					
(一) 经常项目					
1. 货物贸易					
1.1 货物出口					
2. 服务贸易					
2.1 代理业务收入					
2.2 利息收入					
3. 其他应收款					
(二) 资本项目					
1. 外方投入资本金					
1.1 直接投资					
1.2 证券投资					
2. 境内投资					
3. 境外借款					
4. 境内借款					
(三) 他行划入款					
(四) 购入外汇					
外汇收入总计					
三、外汇支出					

（续表）

内　　容	原　币	折合美元	原　币	折合美元	美元合计
(一) 经常项目					
1. 货物贸易					
1.1 货物进口					
2. 服务贸易					
2.1 手续费,运保费支出					
2.2 佣金支出					
2.3 工资支出					
3. 分配外方利润					
(二) 资本项目					
1. 偿还境外借款					
1.1 偿还借款本金					
1.2 偿还利息					
2. 偿还境内借款					
2.1 偿还借款本金					
2.2 偿还利息					
3. 归还投资					
(三) 结汇支出					
(四) 划转他行					
(五) 提取现钞					
外汇支出总计					
四、汇率折算差额					
五、期末余额					

外汇收支计划涉及的计算公式为：

$$\text{外汇收入合计}+\text{期初余额}=\text{外汇支出合计}+\text{期末余额}$$

为了保证年度外汇收支计划的完成,企业还应根据年度计划的要求编制各季度外汇收支实行计划。外汇收支计划应由财务部门和有关职能部门相结合进行编制。正式编制前,企业先要根据上期外汇收支实际完成情况,考虑计划期有关因素的变动情况,对计划期的外汇收支进行预测;经过反复平衡后,再确定正式计划指标,经企业领导批准后执行。

二、外汇收支的日常控制

为了保证外汇收支计划的完成,节约使用外汇,企业必须加强外汇收支的日常控制。

(一) 建立外汇收支指标分管责任制

企业应将外汇收支计划指标下达到企业内部各有关部门。例如,将产品出口创汇指标下达给销售部门负责;进口材料用汇指标下达给供应部门负责;外汇资金借入与归还指标由财务部门负责等,以明确各分管部门的责任。各分管部门还可将指标分解落实到车间、班组。企业还要定期对各部门计划完成情况进行考核,将计划完成的好坏与各部门的经济利益结合起来,促使外汇收支计划顺利完成。

(二) 建立外汇收支审批制度

为了节约使用外汇,对企业的外汇收支,特别是对外汇支出,企业要有严格的审批制度。实际支用外汇时,用汇单位应填写用汇申请单,由企业分管领导审批,数额一般不得超过预算,对数额较大,或者超过预算的外汇支出,应严格控制。

第五节 外汇风险管理

企业的外汇风险是指因外汇汇率变动使企业以外币计价的资产价值以及负债、收入和支出增加或减少,可能产生损失或收益。其结果是不确定的。正确认识外汇风险,及时采取相应对策,是外汇风险管理的主要内容。

一、外汇风险的种类

企业的外汇风险一般可分为以下三类。

(一) 汇率折算风险

按规定,企业的外汇资产都必须按照一定的汇率折算成记账本位币来表示,以便汇总编制企业的财务报告。汇率折算风险是指由于汇率变动,使折算后的外汇资产发生升值或贬值。

(二) 商品交易风险

商品交易风险是指企业用某种外币结算的商品交易(如对外销售产品,从国外购入材料、设备等)中,在成交到收付款的过程,由于汇率变动,用本国货币或另一种外币计算时,可能使收入、支出发生增加或减少的风险。

(三) 外汇借款风险

企业借入某种外币,而以后用另一种货币归还,由于汇率发生了变化,就存在着外汇风险。

(四) 经济风险

经济风险是指汇率变动而引起企业未来现金流量发生变动的风险,如企业产销数量、价格和成本费用等发生变动的风险。

二、外汇汇率预测

要搞好外汇风险管理,企业必须对汇率变动进行预测,以便采取相应对策。影响汇率变动的主要因素有以下几项。

(一) 国际收支状况

如果一国国际收支有顺差,则有利于该国外汇汇率下降;反之,如果一国国际收支有逆差,该国外汇汇率就有可能上升。

(二) 通货膨胀率的高低

一般来说,一国通货膨胀率高,物价上涨快,该国货币的汇价就下跌;反之,一国通货膨胀率低,物价稳定或上涨慢,该国货币的汇价就上升。

(三) 利率水平的高低

一般来说,一国利率水平的相对提高,会引起国际短期资金的内流,该国货币汇率就要趋于上浮;反之,一国利率水平相对降低,就会引起国内短期资金外流,该国货币汇率就要趋于下浮。

除上述外,影响外汇汇率变化的因素还有关税政策、对外贸易政策、外汇管理措施、国际政治局势等。

三、外汇风险管理对策

企业应根据汇率变动趋势的预测,制定相应的外汇风险管理对策,一般有以下几种办法。

(一) 在办理对外收支时,正确选择外币种类

企业在出口收汇时,争取使用硬货币收款;在进口付汇时,争取使用软货币付款。在取得外汇借款时,企业要考虑将来能否以同种货币用于还债,或者借用

可能贬值的货币。

（二）根据汇率变动情况，适当调整商品价格

企业在外销商品时，如果用趋于疲软的货币计价结算，就应适当提高商品价格，将货币贬值的因素考虑在内；在进口原材料、设备时，如果必须用硬货币计价结算，则应考虑货币升值，争取适当压低成交价格，以抵销结算过程中的外汇风险损失。

（三）采用外汇保值条款，交易双方共同承担外汇风险

企业的产品外销如不得不使用软货币时，应争取采用外汇保值条款，即从成交到收汇期间，如收汇货币贬值或贬值超过双方商定的幅度时，应由买卖双方按一定比例承担外汇风险损失。企业从国外进口原材料、设备时，如对方要求支付硬货币，则企业应与卖方商定采用货币风险条款，即在付汇时，如结算货币币值上升或上升超过双方商定的幅度时，应由买卖双方按照一定比例承担外汇风险。

（四）采用外汇期权套期保值

外汇期权就是对外汇的买卖选择权，其基本做法是：当交易收款以某种外币表示时，在期权市场上买进该外币的"出售权"；当交易付款以某种外币表示时，在期权市场上买进该外币的"购买权"。这样，通过有关的期权买卖可回避汇率变动引起的交易风险。

除上述外，外汇风险管理对策还有外汇筹资多元化等措施。企业还应经常注意外币存款的币种，在汇率变动较大时，作必要的币种变动，防止贬值损失。

练　习　题

一、判断改错题

1. 外汇业务是指以记账本位币以外的货币进行的款项收付、往来结算及计价等业务。（　）

2. 外汇经济风险主要是因汇率变动而引起的商品交易用外币结算发生收支增减的风险。（　）

3. 如果一个国家的国际收支发生逆差，可能导致该国外汇汇率下降。（　）

4. 一般来说，一个国家的利率水平相对降低，就会引起国际短期资金内流，该国货币汇率就要趋于上浮。（　）

5. 企业以人民币向银行兑换外币，银行须按当天市场汇价的中间价计算企业应得的外币。（　　）

6. 企业收到投资者的出资额，如需折合为记账本位币，其“实收资本”账户应按合同、协议中约定的折合汇率计算。（　　）

二、填空题

1. 汇率折算风险是指由于汇率变动，折算后的（　　）发生（　　）或（　　）的风险。

2. 我国外汇管理实行（　　）（　　）和（　　）的原则。

3. 外汇主要包括（　　）（　　）和（　　）等。

4. 外汇汇率的标价方法有（　　）和（　　）。

5. 外汇管理体制改革的内容主要是（　　）（　　）（　　）和（　　）。

6. 汇率是外汇买卖的价格，可分为（　　）（　　）和（　　）。

三、单项选择题

1. 因汇率变动而引起的企业未来现金流量发生变动的风险是（　　）。

A. 汇率折算风险　　B. 外汇借款风险

C. 商品交易风险　　D. 经济风险

2. 企业的有关“资产”账户和“实收资本”账户如因折合汇率不同而产生折合记账本位币差额，应作（　　）处理。

A. 盈余公积　　B. 实收资本　　C. 资本公积　　D. 公益金

3. 企业在经营期间发生的汇兑净损益应作（　　）处理。

A. 计入财务费用　　B. 弥补经营亏损

C. 计入清算损益　　D. 计入开办费

4. 目前，我国在市场上运作的外汇汇率是（　　）。

A. 官方汇率　　B. 浮动汇率

C. 固定汇率　　D. 市场调剂汇率

5. 按制度规定，企业收到投资者出资额需折合为记账本位币的，在没有合同、协议情况下，其“实收资本”账户的折合汇率应按（　　）计算。

A. 约定汇率　　B. 固定汇率　　C. 市场汇率　　D. 浮动汇率

6. 为避免汇率变动而产生的风险，在办理对外收支时应采用的相应对策是(　　　　)。

A. 调整银行借款利率　　B. 选择外币种类

C. 调整商品价格　　D. 建立外汇审批制度

四、多项选择题

1. 下列货币和以货币表示的结算支付手段中,属于外汇的有(　　　　)。

A. 外国铸币　　B. 外国银行借款凭证

C. 外国债券　　D. 外国储蓄凭证

2. 下列项目中,属于我国外汇管理体制改革内容的有(　　　　)。

A. 外汇留成制度　　B. 外汇收入结汇制

C. 外汇支付售汇制　　D. 人民币汇率并轨

3. 我国外汇管理的原则有(　　　　)。

A. 集中管理　B. 统一经营　C. 收支两条线　D. 定额管理

4. 下列情况中,属于汇率变动因素的有(　　　　)。

A. 国际收支顺逆差　　B. 通货膨胀率高低

C. 利率水平高低　　D. 借款还款币种不同

5. 下列项目中,属于允许在外汇指定银行开立外汇账户的项目有(　　　　)。

A. 境外借款收入　　B. 发行外币股票收入

C. 外汇留成收入　　D. 境外企业投资收入

五、名词解释

1. 外汇　　2. 汇率

3. 外汇风险　　4. 外汇市场

5. 汇兑损益　　6. 结汇制

六、简答题

1. 我国外汇管理的原则是什么?

2. 加强企业外汇管理的意义何在?

3. 产生外汇风险的情况有哪几种?

4. 汇兑损益应如何确认和处理?

5. 影响外汇汇率变动的主要因素是什么?

6. 外汇汇率如何标价?

第十章

财务分析

内容提示 本章主要阐述财务分析的基础知识。通过学习，学生应了解财务分析的含义和作用，明确财务分析的内容和资料来源，掌握财务分析的方法和评价指标，学会运用财务分析与评价的指标，对企业经济活动过程进行分析、判断、预测财务状况的技能。

第一节 财务分析概述

财务分析是指通过对财务报表的有关数据资料，对企业的经济活动过程和结果进行分析，以了解、判断企业财务状况和经营成果，预测发展趋势，发现存在问题，并提出改进举措的书面报告。

一、企业财务分析的作用

企业财务分析的作用在于动态地使用财务报表，满足企业内部和外部投资者以及经营管理者的特定要求。其主要作用如下。

（一）为企业管理者提供财务分析信息，促进企业内部管理

对企业管理者来说，通过财务分析，能利用有关分析资料，了解企业财务状况，规范企业财务行为，评价各种投资方案，测定企业管理效率，预测经济效益，指导企业生产经营的开发。

（二）为企业外部投资者提供决策依据

企业外部投资者（包括潜在的和现在的投资者、融资者）的投资目的虽不相同，但关心投资报酬和投资风险的愿望是共同的。财务分析可以为他们提供有关企业经营成果和财务状况各方面的信息，帮助有关单位或投资者进行投资分析和选择，从而有利于作出正确的决策。

(三) 为社会提供企业财务信息,促进证券市场的正常运行

企业经营的优劣、投资风险的大小、盈利的高低等因素对证券市场颇有影响,上市公司定期地向社会公布企业财务分析资料,可以及时、真实地反映企业经营成果和财务状况,从而稳定证券投资者的心态,稳定股票、债券价格,促进证券市场正常运转。

二、财务分析的内容

在市场经济条件下,企业由产品经营转向资本经营,财务分析的内容应围绕企业资本结构、资金营运、获利能力、偿债能力和发展能力等方面进行。由于企业管理者、股东、债权人的目的不同,其应用财务分析各有不同的分析重点,但是其核心是分析企业效绩。财务分析的内容主要包括以下几个方面。

(一) 资本结构

资金是企业赖以生存和发展的基础。因此,对企业资本结构的分析,主要从企业长期负债、短期负债、所有者权益等来源所取得的资金之间以及资金使用,是否保持合理的比例关系方面进行分析。只有比例合理,才能有稳定的经济基础,使企业提高经受挫折能力,从而得以稳步发展。

(二) 资金营运

运用资金是否充分有效,是决定企业经营水平的前提。企业资金的多少,可以表现为经营能力的大小,有效地经营可以使企业增加收入,加速资金周转。因此,只有分析企业是否有效地运用资金,才能判断企业是否提高获取较多收入的能力。

(三) 获利能力

获利能力的大小是衡量企业经营好坏的重要标志。一般来说,经营良好、管理有方的企业具有较强的获利能力。因此,分析获利能力是企业具有活力和发展前途的重要内容。

(四) 偿债能力

偿债能力大小的分析,是判断企业财务状况稳定与否的重要内容。企业偿债能力强,可以举债筹集资金来获取利益;反之,偿债能力差,则使企业陷入困境,甚至危及企业生存。

(五) 发展能力

在当前市场竞争激烈,生产技术迅速发展的时代,企业必须求生存、求发展,

从而使企业自身立于不败之地。因此,分析企业发展能力,能促使企业提高扩大再生产的增长速度,增强市场竞争的实力,使企业健康成长。

三、财务分析的形式

企业的生产经营活动千头万绪,内外关系错综复杂,开展财务分析要因地制宜、因事制宜,采用多种多样的形式。

(一)综合分析与重点分析

按分析内容不同,财务分析可分为综合分析和重点分析。

综合分析也称全面分析,是指对企业财务活动的全貌进行的分析。它主要是通过企业生产经营活动、财务活动和管理状况等各个方面的资料进行综合研究,进行详细、系统的分析。

重点分析是指对企业的重点问题进行分析。虽然同样的资料可能与各个企业的利害关系不同,但各有侧重点。概括起来,重点分析主要是对企业的资本结构、营运能力、获利能力、偿债能力和发展能力等方面选择重点进行分析。

(二)内部分析与外部分析

按分析者不同,财务分析可分为内部分析和外部分析。

内部分析是指企业经营管理者对本企业财务活动的分析。它主要分析企业的生产经营状况、财务活动的真实状态,以提高企业经营管理水平。

外部分析是指企业外部单位或投资者根据各自需要而进行的分析。例如,银行或其他金融机构分析企业的偿债能力,即进行信用分析。又如,投资者对所要投资的企业进行的分析,即进行投资分析。再如,国家财税部门对企业纳税状况的分析等。

(三)流动性分析与收益性分析

按分析目的不同,财务分析可分为流动性分析和收益性分析。

流动性分析主要是指对企业资金安全性的分析。通过流动性分析,企业可以了解企业流动资金与流动负债的关系、他人投入资本与自有资本的关系、自有资本与固定资产的关系等。

收益性分析主要是指企业获利能力的分析。通过收益性分析,企业可以了解企业投资资本与利润的比例,以判断企业获利能力。

(四)资产负债表分析、利润表分析与现金流量表分析

按分析资料来源的不同,财务分析可分为资产负债表分析、利润表分析和现

金流量表分析。

通过对资产负债表和现金流量表进行分析,企业可以了解营运资金的来源和运用,现金的流入和流出情况,即流动性分析;通过对利润表进行分析,可以了解自身收益情况,即收益性分析。同时,企业还可以将资产负债表分析、利润表分析与现金流量表分析结合起来进行综合分析。

（五）定量分析与定性分析

按分析方法不同,财务分析可分为定量分析和定性分析。

定量分析是指通过对各类财务指标的分析,评价企业财务状况规律性变化的分析。

定性分析是通过对影响企业财务状况变化的宏观因素及企业内部的经营管理因素,评价企业基本状况的分析。

四、财务分析的资料来源及步骤

（一）财务分析的资料来源

财务分析的资料来源主要有各种核算资料。它包括会计报表、日常核算资料和核算外资料。

会计报表资料主要有资产负债表、利润表和现金流量表。会计报表中有大量数据,可以根据需要计算各种比率。资产负债表反映企业一定时日的各项资产和负债情况,可以为计算、分析和考核企业的流动比率、速动比率及资产负债率等指标提供资料。利润表反映企业一定期间的获利情况,可以为计算、分析和考核企业的总资产报酬率、资本收益率、社会贡献率、社会积累率、销售利润率等指标提供资料。现金流量表反映企业特定时期的营运资金和现金流入、流出情况,可以为分析企业资金变现能力、外部融资、货币流通、偿债能力等各项指标提供资料。

日常核算资料主要有各种会计账簿、凭证、单据等明细记录资料。因为这些资料比报表更为详细,可以较为详细地反映财务活动变动情况及个别经济业务的具体事实,以补充会计报表的不足。

核算外资料是指各种政策规定、制度、调查报告、预测方案、可行性研究等。因为这些资料广泛,涉及企业各个方面,内容丰富,有较高的参考价值,有助于发现问题的症结,证实财务分析中所发现问题的真实性,能为进一步开展财务分析指明方向。

（二）财务分析的步骤

为了使财务分析有条不紊地进行，企业一般采取以下几个步骤。

1. 拟订计划，确立分析标准

企业开展财务分析工作，要有明确的目的。首先，企业要拟订计划，包括分析的内容及所包含的详细项目，所需资料及其来源，以及完成财务分析工作的时间及进度等方面。其次，企业要确立财务分析的标准，即确定比较分析的标准。没有比较就没有鉴别，财务分析应着重于比较，比较必须有一个客观的标准，以本期实际数与这一标准进行比较。一般来说，比较分析的标准有：

(1) 以企业财务计划为标准。财务计划应以准确、科学为前提，因为计划是否标准，会直接影响分析的质量和结果。

(2) 以历史资料为标准。以本期数与历史同期数进行对比分析，以判断企业本期的经营成果与财务状况，但以历史资料为标准应注意剔除一些异常因素，以正常情况为着眼点。

(3) 以同行业平均水平为标准。因为不同企业在生产经营规模、资金实力、地理环境等方面存在着差异，因此不能直接相比。一般来说，同一行业的平均水平比较具有客观性，但分析时还要注意剔除不同企业之间的一些特殊情况。

2. 收集资料、积累和整理资料

这是开展财务分析的基础。在正常情况下，企业平时应注意各种资料的收集和积累，所收集的资料要求时间越长越好，一般要求保留8～10年的资料，便于选择。

在财务分析工作中，从各方面取得的数据资料，往往不能直接用来分析，企业需要在分析前进行整理、归类和加工。首先，企业应将收集的资料进行整理归类，分类时要按分析的需要，依时间先后排列，必要时可予以编号。其次，企业应对资料进行加工，对重复的、过时的、相互矛盾的资料应予剔除，去芜存菁，然后将资料分成数字和文字加以整理。

对数字整理的方法很多，常用的是将数字简化。简化数字最简单的方法是将数字舍去次要尾数，化成简单的整数，如千元、万元，一般不会影响分析的正确性，且简单明了，便于计算。简化数字资料还可以将一些明细的数字归类，用一个总数来代替，如企业生产经营的一些小产品，数量零星，品种很多，分析时可归为一类，用一个数字表示，大大方便了分析工作。此外，简化数字还可将一些指标用相对数、平均数、比重、比率、指数等方法进行换算和计算。

对文字的整理，一般是对企业的基本情况的整理。这是财务分析的前言，需要简明扼要，如企业历史、市场范围、股本总额、股东人数、投资公司、子公司、职工人数等。

3. 采用分析方法进行分析评价

对企业的业绩进行评价，是财务分析的关键。虽然在这一阶段中企业要进行一系列的数字计算，但计算不是目的，而是要把计算的结果加以解释分析。解释分析的方法很多，通常有以下几种：

(1) 筛选法。通过对有关数据的对比、测算以及对指标差异的观察，可获得不少初步印象，企业对于这些现象要进行分析，严格筛选，去伪存真，去粗取精，由表及里地分析各种数字与相关资料的衔接和一致性。

(2) 逻辑推理法。企业的财务活动包含着错综复杂的各种联系，是个复杂的研究对象，要从众多的经济现象中进行观察和预测，注意防止只看表面现象。企业要运用逻辑推理的方法，由表及里、由浅入深，通过事物的内在联系，透过现象看本质，概括出规律性的东西，掌握经济活动的规律，才能作出科学的判断。通常采用的逻辑推理的方法有：从一般经济现象推论到个别或特殊的"演绎法"；从个别或特殊的经济现象推论到一般的"归纳法"，以及根据已知的经济现象来推论相类似的"类推法"等。

(3) 求同、求异法。在开展财务活动过程中，所观察分析的诸现象中，有共同性质的，也有不同性质的，对这些现象，企业可以通过分组对比、解剖、计算、分析，从中找出其研究问题的共同因素，或者通过观察分析，发现其中具有与其他现象的不同因素，而这一因素经过调查证明却是一个带有普遍意义的，用这种求同或求异的方法来观察分析财务活动中的现象对于所造成差异的各个因素及其影响程度的具体原因是有效的。

4. 作出结论，进行决策

对企业的经营成果和财务活动作出评价是财务分析的一个重要步骤，也是最后一道程序。企业开展财务分析的目的，就是要在分析、研究、评估的基础上，对企业的经营成果和财务活动给予评价，总结工作中的优缺点，挖掘企业潜在因素，对于成绩应加以巩固发扬，对于存在问题则迅速采取措施予以解决，从而进一步提高企业经营管理水平。

五、财务分析的方法

企业财务分析的方法包括技术分析方法与基本分析方法。技术分析方法是数量分析方法,即定量分析的方法;基本分析方法是一般分析方法,即定性分析的方法。

(一) 技术分析方法

技术分析方法主要运用各类财务指标及其变化关系来评价企业的经营情况及财务状况的。财务评价指标是对财务目标阶段性的回顾和总结,是以定量方式表现财务规律变化的方法。财务指标评价可以为企业的财务决策和计划提供数据。

财务分析的技术方法包括比较分析法、趋势分析法、因素分析法、比率分析法等。现代企业的财务分析比较侧重于运用比较分析法和比率分析法。现将几种常用的技术方法简述于后。

1. 比较分析法

比较分析法也称对比分析法,是通过两个或两个以上相关指标进行对比确定数量差异的一种方法。比较分析法是财务分析最常用的一种方法,常用来说明两个事物间的联系与差距。财务分析过程包括比较、分解、综合三个阶段,其中比较分析是基础。在实际工作中,比较分析法的形式有实际指标与计划指标对比、同一指标纵向对比、同一指标横向对比三种形式。这三种比较形式分别揭示企业业绩完成、发展趋势和先进程度。

(1) 实际指标与计划指标对比。这种形式用来说明企业业绩的计划完成情况和程度,分析实际与计划的差异,为进一步的财务分析提供依据。但企业在进行此项比较中,应注意计划本身的先进性与可行性。

(2) 同一指标纵向对比。这种形式是同一指标在不同时间上的对比,一般是用本期实际指标与历史指标进行对比(上期或历史先进)。通过比较,企业可以观察自身经营状况、财务活动的发展趋势,有助于规划未来,及时发现萌芽状态的新生事物与薄弱环节。

(3) 同一指标横向对比。这种形式是同一指标在不同条件下的对比,一般是用本企业与同类型、同行业企业相比,用来发现差距,吸收先进、促使指标朝先进方向发展。

企业在运用比较分析法时要注意指标的可比性与指标差异的确定:指标可比性是指要求指标间口径相同,包括指标内容、计算方法、评价标准、时间单位等方面的一致性,以及业务经营规模和业务范围的基本一致性。指标差异的确定是指差异如果是绝对数,则采用两个指标相减的差额来表示;如果是相对数，则应两个指标相除，以取其两者之比率来表示。

2. 趋势分析法

趋势分析法又称水平分析法，是企业财务分析中所常见的一种动态分析方法。它是比较分析法的延伸。趋势分析法有定基动态比率和环比动态比率两种。

(1) 定基动态比率。它是以某一时期的数值为固定基数而计算的动态比率。即将连续数年(一般 3 年以上)的财务报表以第 1 年或选择某 1 年份作为基期，计算每期各项指标对基期同一项目的趋势百分比，借以表示其在各期间的上、下变动趋势，从而判断企业经营成果和财务状况。在实际工作中，企业一般选择第 1 年作为基期，如果第 1 年不适宜，也可选择其他年份。其计算公式为：

$$定基动态比率=\frac{分析期数值}{固定基期数值}$$

【例 10-1】 某企业 20×1—20×5 年商品销售额资料如表 10-1 所示。

表 10-1

20×1—20×5 年销售额情况表

单位：元

年 份	20×1	20×2	20×3	20×4	20×5
销售额	10 000	12 000	13 000	15 000	18 600

设以 20×1 年为基期，20×5 年的动态比率为：

$$20\times5\ 年与\ 20\times1\ 年的动态比率=\frac{18\ 600}{10\ 000}=1.86$$

(2) 环比动态比率。它是以每一分析期的前期数值为基数数值而计算出来的动态比率。

仍按表 10-1 资料，分别以上年为基期，则其各年环比比率为：

$$20\times2\ 年与\ 20\times1\ 年的动态比率=\frac{12\ 000}{10\ 000}=1.2$$

$$20\times3\ 年与\ 20\times2\ 年的动态比率=\frac{13\ 000}{12\ 000}=1.08$$

$$20\times4\ 年与\ 20\times3\ 年的动态比率=\frac{15\ 000}{13\ 000}=1.15$$

$$20\times5\ 年与\ 20\times4\ 年的动态比率=\frac{18\ 600}{15\ 000}=1.24$$

3. 因素分析法

因素分析法又称因素替代法,是对某项综合指标的变动原因按其内在的组合因素进行数量分析,用以确定各个因素对指标的影响程度和方向的方法。因素分析法有连锁替代法(或连环替代法)和差额分析法两种。

(1) 连锁替代法。其计算程序为:

一是确定影响对财务指标变动的因素,列出关系式。

二是对影响这项经济指标的各项因素进行分析,决定每一因素的排列顺序,逐项进行替代。

三是逐项计算各个因素的影响程度。

四是将各因素影响程度进行验证。

【例 10-2】 某企业 20×5 年有关原材料损耗资料如表 10-2 所示。

表 10-2

原材料损耗情况表

金额单位:元

项　　目	计划数	实际数	差异数
原材料	400 000	480 000	+80 000
损耗率	1%	1.1%	+0.1%
材料损耗额	4 000	5 280	+1 280

因为:

原材料×损耗率=材料损耗额

第一步,材料计划损耗:

400 000×1%=4 000(元)　①

第二步,逐项替代,先替代原材料(假定损耗率不变):

480 000×1%=4 800(元)　②

再替代损耗率(假定原材料不变):

480 000×1.1%=5 280(元)　③

第三步,分析各因素对材料损耗的影响程度:

由于原材料金额变动的影响②式－①式:

$$4\ 800-4\ 000=+800(\text{元})$$

由于材料损耗率变动的影响③式－②式：

$$5\ 280-4\ 800=+480(\text{元})$$

第四步，验证，两个因素共同影响使材料损耗增加1 280元：

$$800+480=1\ 280(\text{元})$$

(2) 差额分析法。这是直接用实际数与相对数之间的差额来计算各因素对指标变动的影响程度的方法。

【例10-3】 承[例10-2]，仍用表10-2资料：

由于材料金额变动而影响材料损耗额：

$$(480\ 000-400\ 000)\times 1\%=+800(\text{元})$$

由于材料损耗率变动而影响材料损耗额：

$$480\ 000\times(1.1\%-1\%)=+480(\text{元})$$

两个因素共同影响，使材料损耗发生的差异为：

$$800+480=1\ 280(\text{元})$$

4. 比率分析法

在错综复杂，相互联系的经济现象中，某些指标之间存在着一定的关联，这种关联可组成各种比率。

比率分析法就是将两项存在关联、相互依存、相互影响的财务指标进行计算，形成比率，据以分析评价企业财务状况和经营水平的一种方法。它是从财务现象到财务本质的一种深化。比率分析法比比较分析法更具有科学性、可比性，它可以适用于不同经营规模企业之间的对比。在市场经济条件下，财务分析比较注重企业的财务支付能力、营运能力及盈利能力的分析，因此比率分析法已成为当前财务分析的主要方法。

比率指标有以下三种：

(1) 结构比率。结构比率是指某项经济指标的各个组成部分与总体的比率。它反映了部分与总体的关系，如流动资产与总资产的比率、库存商品与流动资产的比率等。其计算公式为：

$$\text{构成比率}=\frac{\text{某个组成部分数值}}{\text{总体数值}}$$

(2) 效率比率。效率比率是指某项经济活动中的所费与所得的比率。它反映了投入与产出的关系,如利润项目与营业收入项目对比,可计算销售利润率;利润项目与资本项目对比,可计算资本利润率等指标。

(3) 相关比率。相关比率是指以某个项目与其有关但又不同的项目加以对比所得的比率。它反映了有关经济活动的相互关系,如流动资产与流动负债对比,可以计算出流动比率据以判断企业短期偿债能力。

比率分析法计算简便,计算结果容易判断,而且可使某些指标在不同规模的企业之间进行比较。但在运用这一方法时,企业也应注意对比项目的相关性、对比口径的一致性和衡量标准的科学性。

对各项比率指标的计算公式、评价作用、评价标准在以下几节中阐述。

(二) 基本分析方法

基本分析方法即一般分析方法,主要运用全面观点来观察问题,从相互联系中分析各个因素的影响方向和程度,在实际工作中就是通过收集影响企业财务变化的客观因素,以及企业内部的经济、管理等因素来评价企业的基本状况。

第二节 营运能力分析

对企业绩效的分析和评价,主要要从企业的营运能力、盈利能力、偿债能力和发展能力几个方面着手。本节先介绍企业营运能力的分析及评价指标,其他方面的内容将分别在以后各节进行介绍。

营运能力是指企业经营的效率高低,即资金周转的速度快慢及其有效性。营运能力的分析评价指标主要有总资产周转率、流动资产周转率、存货周转率、应收账款周转率、不良资产比率、资产损失比率等。

一、总资产周转率

总资产周转率是指企业一定时期销售收入净额与平均资产总额之比。它是衡量资产投资规模与销售水平之间的配比情况的指标。其计算公式为:

$$\text{总资产周转率(次数)}=\frac{\text{销售收入净额}}{\text{平均资产总额}}$$

式中的销售收入净额是指当期销售总额减去销售折扣与折让以后的数额,平均资产总额是指企业全部资产的年初数与年末数的平均值。

企业在运用总资产周转率分析评价资产使用效率时，还要结合销售利润一起分析，对资产总额中的固定资产应按净值与原值分别计算分析。

总资产周转率越高，说明企业销售能力越强，资产投资的效益越好。

【例 10-4】 某企业 20××年销售收入净额为 450 万元，平均资产总额为 150 万元。其总资产周转率为：

$$总资产周转率(次数)=\frac{450}{150}=3(次)$$

二、流动资产周转率

流动资产周转率是指企业一定时期销售收入净额与平均流动资产总额之比，即企业在一定时期内流动资产可以周转的次数。它是分析评价企业资产利用效率的又一基本指标。其计算公式为：

$$流动资产周转率(次数)=\frac{销售收入净额}{平均流动资产总额}$$

式中的平均流动资产总额是指企业流动资产总额的年初数与年末数的平均值。这个指标的周转次数越多，说明流动资产周转速度越快，利用效率越高。

企业在分析评价流动资产周转速度时还可用流动资产周转期指标，它是指流动资产周转一次需要的时间。其计算公式为：

$$流动资产周转期(天数)=\frac{平均流动资产总额}{日销售收入净额}$$

这个指标表明流动资产周转一次的天数。周转天数越少，说明流动资产周转速度越快，利用效果越好。

【例 10-5】 某企业 20××年销售收入为 1 800 万元，平均流动资产为 450 万元。其流动资产周转次数和天数为：

$$流动资产周转率(次数)=\frac{1\,800}{450}=4$$

$$流动资产周转期(天数)=\frac{450}{1\,800\div 360}=90$$

企业在使用这个指标时，对平均流动资产的计算一般为(期初流动资产＋期末流动资产)÷2，企业内部使用时，应按月、按旬平均计算。

三、存货周转率

在分析流动资产周转率、了解流动资产总的周转速度的基础上，企业要进一步分析流动资产中个别项目的周转速度,可以增强对企业经营效率的了解程度。特别是其中存货周转率尤为重要,因为存货在流动资产中占有极大的比重。

存货周转率是对流动资产周转率的补充说明,是衡量企业销售能力及存货管理水平的综合性指标。它是销售成本与平均存货之比。其计算公式为:

$$存货周转率(次数)=\frac{销售成本}{平均存货}$$

式中的销售成本是指企业销售产品、商品或提供劳务等业务的实际成本;平均存货是指企业在生产经营过程中为销售或用于储备的材料、成品等物资的年初数与年末数的平均值。

同流动资产周转率一样,存货周转率越高,表示存货周转速度越快,利用效率越好。

分析存货周转速度也可以用存货周转期来表示。存货周转期的计算公式为:

$$存货周转期(天数)=\frac{平均存货}{日销售成本}$$

存货周转期越短,说明存货周转速度越快,利用效率也就越好。

评价存货周转速度快慢取决于周转次数和周转天数的多少,周转次数越多,周转天数越少,存货的周转速度就越快。但并非周转次数越多越好、周转天数越少越好,出现这些情况,可能是存货太少或库存经常不足所致。这样就会导致商品脱销,丧失销售机会。因此,企业对存货周转率的评价应注意两点:一是要注意存货的结构,有否存在积压、滞销的存货;二是要注意其他企业和行业水平。

企业在使用和计算存货周转率指标时,存货的计价方法(月末一次加权平均法、移动加权平均法、先进先出法、个别计价法等)在一个年度内应保持一致,不能随意更换,否则会掩盖成本的真相。

此外,工业企业的存货包括原材料、在产品和库存商品三个部分,也可以分别加以计算。其计算公式为:

$$原材料周转率(次数)=\frac{耗用原材料成本}{平均原材料存货}$$

$$在产品周转率(次数)=\frac{制造成本}{平均在产品存货}$$

$$库存商品周转率(次数)=\frac{产品销售成本}{平均库存商品存货}$$

四、应收账款周转率

应收账款是企业流动资产除存货外的另一重要项目。应收账款周转率是指企业一定时期内赊销净收入与平均应收账款余额之比。它是对流动资金周转率的补充说明,是衡量企业应收账款周转速度及管理效率的指标。其计算公式为:

$$应收账款周转率(次数)=\frac{赊销收入净额}{平均应收账款余额}$$

一般来说,应收账款周转率越高越好,它反映收回货款速度快,资产流动性强,可以减少和避免坏账损失。企业在使用和计算这个指标时应注意以下几点:

(1) 应收账款应为扣除坏账准备后的净值。

(2) 平均应收账款以(期初应收账款+期末应收账款)÷2 进行计算。

(3) 销售收入以赊销净收入计算,但在一般报表分析时或与其他单位比较时,可按总销售收入计算。

评价应收账款的周转速度还可以用应收账款回笼期指标来进行分析。其计算公式为:

$$应收账款回笼期=\frac{平均应收账款余额}{平均日赊销收入}$$

或

$$应收账款回笼期=\frac{360}{应收账款周转率}$$

应收账款回笼期也是表明应收账款平均变现速度的指标。它反映收回应收账款所用的时间。回笼期越短,说明收回货款的速度越快,资产流动性越强;反之,回笼期越长,说明收回货款速度越慢,收款情况越差,产生坏账可能性越大。

【例 10-6】 某企业 20××年商品赊销净额为 36 000 元,平均应收账款余额为 7 200 元。其周转速度如下:

$$应收账款周转率=\frac{36\ 000}{7\ 200}=5(次)$$

$$应收账款回笼期=\frac{7\ 200}{100}=72(天)$$

五、不良资产比率

不良资产比率是指企业年末不良资产总额占年末资产总额的比重。它是从企业资产管理角度对企业资产营运状况进行分析的补充指标。其计算公式为:

$$不良资产比率=\frac{年末不良资产总额}{年末资产总额}$$

式中的年末不良资产总额是指企业资产中难以参加正常生产经营运转的部分,主要包括3年以上的应收账款、积压商品物资和不良投资等;年末资产总额是指企业全部资产的年末总数。

一般来说,不良资产比率越小越好,0是最好水平。这个指标越高,表示企业不能正常参加经营运转的资金越多,资金利用效率越差。

【例10-7】 某企业20××年年末资产总额为300万元,其中不能正常参加经营运转的资金为15万元,其不良资产比率为:

$$不良资产比率=\frac{15}{300}=0.05$$

六、资产损失比率

资产损失比率是指企业一定时期待处理资产损失净额占资产总额的比重。它是分析判断企业资产损失对资产营运状况的直接影响的指标,也是对企业资产营运状况分析的补充指标。其计算公式为:

$$资产损失比率=\frac{待处理资产损失净额}{年末资产总额}$$

式中的待处理资产损失净额是指企业待处理流动资产净损失、待处理固定资产净损失及固定资产毁损、待报废三项的合计数。

这个指标也是越小越好,0是最好水平。

第三节　盈利能力分析

盈利能力是指企业获取利润的能力。它是衡量企业经营效果的重要指标。企业盈利能力的分析可以从不同的角度进行。常用的盈利能力分析指标有总资产报酬率、净资产收益率、资本保值增值率、营业利润率、成本费用利润率、经营亏损挂账比率等。

一、总资产报酬率

总资产报酬率是指企业一定时期内获得的投资报酬与资产总额之间的比率。它是以投资报酬为基础来分析评价企业获利能力。总资产报酬率是评价企

业通过投资(包括净资产和负债在内的全部资产的总体)获利能力的,也是分析和评价企业资产运营效益的基本指标。其计算公式为:

$$总资产报酬率=\frac{利润总额+利息支出}{平均资产总额}\times 100\%$$

式中的利润总额是指企业实现的全部利润,即税前利润;利息支出是指企业在生产经营过程中实际支出的借款利息、债券利息等;平均资产总额是指企业资产总额年初数与年末数的平均值。

总资产报酬率一般是越高越好,它表明企业获利能力强,运用全部资产所获得的经济效益好。企业在运用这个指标时,一般可作自身的纵向比较,也可与同行业、先进水平进行横向比较。

为了正确计算总资产报酬率,企业对资产总额及利润的数据,也可作适当调整。资产总额可根据资产负债表中的资产总额剔除一些不能为本期带来效益的资产,如积压滞销的存货、闲置的固定资产、在建工程等;对利润的计算可按未扣除所得税以前的收益计算;固定资产应按净值计算。

【例 10-8】 某企业 20××年税前利润为 25 万元,利息支出为 5 万元,年平均资产总额为 200 万元。其总资产报酬率为:

$$总资产报酬率=\frac{25+5}{200}\times 100\%=15\%$$

二、净资产收益率

净资产收益率是指企业一定时期内的净利润与平均净资产之比。它是衡量投资者投入资本的获利能力与企业资本运营的综合效益的基本指标。其计算公式为:

$$净资产收益率=\frac{净利润}{平均净资产}\times 100\%$$

净资产收益率反映了自有资本的获利能力,表示每 1 元净资产所获取的净利润。一般来说,净资产收益率越高,说明资本带来的利润越多,利用效果越好。如果净资产收益率高于银行利息率,则适当举债对投资者是有利的;反之,低于银行利率,则过多负债会影响投资者利益。

【例 10-9】 某企业 20×1 年实收资本总额为 150 万元,净利润为 18 万元;20×0年实收资本总额为 140 万元,净利润为 15.4 万元。比较资本收益率情况如下:

$$20\times 0\text{年资本收益率}=\frac{15.4}{140}\times 100\%=11\%$$

$$20\times 1\text{年资本收益率}=\frac{18}{150}\times 100\%=12\%$$

三、资本保值增值率

资本保值增值率是指企业本年末所有者权益扣除客观增减因素后同年初所有者权益的比率。它反映了当年资本的实际增减变动情况,是分析评价国有和国有控股企业经营效益的补充指标。其计算公式为:

$$\text{资本保值增值率}=\frac{\text{扣除客观增减因素后的年末所有者权益}}{\text{年初所有者权益}}\times 100\%$$

式中扣除客观增减因素后的年末所有者权益是指《国有资产保值增值考核试行办法》中规定的国家资本金及其权益因客观因素增加额和国家资本金及其权益因客观因素减少额两大类。

这个指标反映了资本的保全性和增值性,指标数值越高,表明企业的资本保全状况越好,所有者权益增长越快,债权人的债务越有保障,企业发展的后劲越足。

四、营业利润率

营业利润率是指企业一定时期利润与营业收入之间的比率。它是以营业收入为基础分析评价企业获利能力,反映营业收入的收益水平,分析评价企业经营效益的补充指标。营业利润率反映每 1 元营业额所获得的利润。一般来说,营业利润率越高,企业获利能力越强,营业收入的收益水平越高。其计算公式为:

$$\text{营业利润率}=\frac{\text{销售利润}}{\text{营业收入}}\times 100\%$$

企业分析营业收入的收益水平,一般使用营业利润率,如果企业投资收益和其他业务利润过大时,则可使用主营业务利润率。其计算公式为:

$$\text{主营业务利润率}=\frac{\text{主营业务利润}}{\text{销售净收入}}\times 100\%$$

【例 10-10】 某企业 20××年有关利润资料如表 10-3 所示,请计算毛利率、主营业务利润率、营业利润率、总利润率、净利润率。

表 10-3

20××年利润资料

单位:万元

项　　目	全年累计数
营业收入	416
营业成本	270
税金及附加	7
销售费用	22
管理费用	29
财务费用	6
投资收益	8
营业利润	90
营业外收入	3
营业外支出	1
利润总额	92
所得税费用	23
净利润	69

(1) 营业收入减营业成本为毛利。

$$毛利率=\frac{416-270}{416}\times100\%=\frac{146}{416}\times100\%=35.1\%$$

(2) 营业收入减营业成本、税金及附加、销售费用、管理费用、财务费用为主营业务利润。

$$主营业务利润率=\frac{416-270-7-22-29-6}{416}\times100\%=\frac{82}{416}\times100\%=19.71\%$$

(3) 主营业务利润加投资收益为营业利润。

$$营业利润率=\frac{82+8}{416}\times100\%=\frac{90}{416}\times100\%=21.63\%$$

(4) 营业利润加营业外收支为利润总额。

$$总利润率=\frac{90+3-1}{416}\times100\%=\frac{92}{416}\times100\%=22.12\%$$

(5) 利润总额减所得税费用为净利润。

$$净利润率=\frac{92-23}{416}\times100\%=\frac{69}{416}\times100\%=16.59\%$$

五、成本费用利润率

成本费用利润率是指企业一定时期利润总额与成本费用总额的比率。它反映企业为取得利润而付出的代价,是从企业成本费用支出方面补充评价企业收益能力的指标。其计算公式为:

$$成本费用利润率=\frac{利润总额}{成本、费用总额}\times100\%$$

式中的成本费用总额是指企业营业成本、销售费用、管理费用、财务费用的总和。

【例 10-11】 某企业费用成本为 327 万元,净利润额为 69 万元,其成本费用利润率为:

$$成本费用利润率=\frac{69}{327}\times100\%=21.1\%$$

六、经营亏损挂账比率

经营亏损挂账比率是指企业经营亏损挂账额与年末所有者权益总额的比率。它反映由于企业经营亏损挂账而导致的对所有者权益的侵蚀程度,是分析评价企业经营效益的补充指标。其计算公式为:

$$经营亏损挂账比率=\frac{经营亏损挂账}{年末所有者权益总额}\times100\%$$

式中的经营亏损挂账是指企业因经营管理不善而导致的亏损挂账资金。

这个指标越高,表明企业经营亏损挂账越多,经营中的问题也越多,企业留存收益受到的侵蚀越大。该指标越小越好,最好是 0。

第四节　偿债能力分析

企业偿债能力是指企业对各种到期债务偿付的能力。如果企业到期不能偿付债务,则表示企业偿债能力不足,财务状况不佳。偿债能力分短期偿债能力和长期偿债能力,其评价指标也各有侧重。

企业偿债能力的衡量，主要是对其资产和负债的分析,资产大于负债,说明企业具有偿债能力；反之，则偿债能力不足。资产越多，偿债能力越强。

偿债能力分析的主要指标有流动比率、速动比率、现金流动负债比率、资产负债率、已获利息倍数、长期资产适合率、产权比率等。

一、流动比率

流动比率是指企业一定时期流动资产与流动负债之比。即企业用来偿付每1元流动负债所具有的流动资产额。它是衡量企业短期偿债能力的常用比率。其计算公式为：

$$流动比率=\frac{流动资产}{流动负债}$$

式中的流动资产是指企业可以在1年或超过1年的一个营业周期内变现或耗用的资产;流动负债是指企业偿还期在1年或超过1年的一个营业周期以内的债务。

【例10-12】 某企业20××年12月31日流动资产总额为180万元,流动负债总额为100万元。其流动比率为：

$$流动比率=\frac{180}{100}=1.8$$

流动比率的评价标准,一般以2∶1左右较好。流动比率过高,虽然表示企业流动性大,有足够的变现资产来偿债,但并不说明有足够的现金可以还债,也可能存货积压,应收账款增多,因此还要结合现金流量进行分析,如果现金不足,则说明企业资金过多滞留在流动资产形态上,未能参加生产经营运转;流动比率过低,则说明企业资金不足,偿债能力低下。国际上此指标公认的标准比率为2,我国较好的水平是1.5左右。在运用这一指标时,要因行业而异,只有与同行业比较,或与本企业历史水平进行比较,才能知道这个比率的高低,同时还要结合资产结构、周转及现金流量,如果周转性差,则评价标准还可适当降低。

二、速动比率

速动比率是指企业一定时期速动资产(流动资产－存货)与流动负债之比。即企业用来偿付每1元流动负债所具有的速动资产额。它是衡量企业近期偿债能力、评价企业流动资产变现能力强弱的指标，又称酸性测验比率。其计算公式为：

$$速动比率=\frac{速动资产}{流动负债}$$

式中的速动资产是企业在较短时间内能变为现金的流动资产，但不包括存货、预付款项等，因为存货要通过销售经应收款项后才能变现，其流动性相对较差。所以，速动资产变现能力强，具有较强的偿债能力。

【例 10-13】 承[例 10-12]，设流动资产总额 180 万元中，存货为 75 万元。其速动比率为：

$$速动比率=\frac{180-75}{100}=\frac{105}{100}=1.05$$

速动比率的评价标准一般以 1∶1较妥当，这表示企业有较好的偿债能力；比率过高，资金往往滞留在应收款项形态上；比率过低，则又表示企业支付能力不足。企业在运用这个指标时，也要因行业各异，没有统一标准。

三、现金流动负债比率

对短期偿债能力的评价，除流动比率、速动比率指标外，还要结合现金流动负债比率指标一起来进行综合评价。

现金流动负债比率是指企业一定时期经营现金净流量对流动负债的比率。现金类资产包括现金及其等价物。它是从现金流量角度来衡量企业即期偿债能力的比率。其计算公式为：

$$现金流动负债比率=\frac{年经营现金净流量}{年末流动负债}$$

式中的年经营现金净流量是指一定时期内由企业经营活动产生的现金及其等价物的流入量与流出量的差额。

现金流动负债比率高，说明企业经营活动产生的现金净流入较多，企业应急能力也就强，具有较大的举债能力，但是，闲置过多的现金也是不经济的；比率过低，说明企业经营活动产生的现金净流入较少，应急能力越差。一般认为，评价现金比率的标准以适度为好。

四、资产负债率

资产负债率亦称负债比率或杠杆比率，是指企业一定时期负债总额与资产总额之比，即每 1 元资产所承担负债的数额。它是分析评价企业绩效的基本指标。也是国际公认的衡量企业负债偿还能力和经营风险的重要指标。其计算公式为：

$$资产负债率=\frac{负债总额}{资产总额}$$

式中的负债总额是指企业承担的各项短期负债和长期负债的总和;资产总额是指企业拥有的各项资产价值的总和。

【例 10-14】 某企业的负债总额为 100 万元,资产总额为 180 万元,其资产负债率为：

$$资产负债率=\frac{100}{180}=0.56$$

这个指标反映了在企业总资产中债权人所提供的比重。因此比率越大，说明在企业总资产中由债权人提供的部分越多，企业负债就多，举债就困难;如果比率较小，说明在企业总资产中由债权人提供的部分越少，企业财力较强，债权保障程度较高,但也反映了企业利用债权人提供资金进行生产经营从而增强获利能力的机会较少。因此，这个指标的评价标准，一般以 50%左右为好。国际上一般公认为 60%比较好。

五、已获利息倍数

已获利息倍数是指企业在一定时期内利润总额加上利息支出与利息支出之比。它是衡量企业偿付借款利息的承担能力和保证程度的指标。其计算公式为：

$$已获利息倍数=\frac{利润总额+利息支出}{利息支出}$$

式中的利润总额是指税后利润加上所得税;利息支出是指支付的全部利息,包括计入费用的利息和计入资产的利息。

【例 10-15】 某企业 20××年利润总额为 8 万元,利息支出为 2 万元,其已获利息倍数为：

$$已获利息倍数=\frac{8+2}{2}=5(倍)$$

这个指标的评价标准要视行业水平或企业历史水平而定,一般按利润较低的水平评价。这个指标的倍数越高,说明企业承担利息的能力越强;如果倍数小于 1,则表示企业的获利能力无法承担举债经营的利息支出,债务风险很大。[例 10-15]说明该企业已获利息保障为 5 倍,假如,行业水平或企业历史水平为

6倍,则该企业弥补利息费用的安全程度则较低,债权人的投资风险较大。

六、长期资产适合率

长期资产适合率是指企业所有者权益与长期负债之和同固定资产与长期投资之和的比率。这个指标从企业资源配置结构方面反映企业的偿债能力,是分析评价企业偿还负债能力的补充指标。其计算公式为:

$$长期资产适合率=\frac{所有者权益+长期负债}{固定资产+长期投资}$$

式中的所有者权益是指所有者权益总额的年末数;长期负债是指偿还期在1年或超过1年的一个营业周期以上的债务;固定资产是企业固定资产总额的年末数;长期投资是指投资期限在1年或超过1年的一个营业周期以上的投资。

长期资产适合率在反映企业偿债能力的同时,还反映了企业资金使用的合理性。该指标一般以数值较高为好;但是过高,则会导致融资成本增加的问题。从理论上分析,该指标≥1较好,但究竟多少高合适,要结合企业具体情况,参照行业水平确定。

七、产权比率

产权比率是指负债总额与所有者权益的比率。它反映企业所有者权益对债权人权益的保障程度,是企业财务结构稳健与否的重要标志。其计算公式为:

$$产权比率=\frac{负债总额}{所有者权益}$$

这个指标越小,表明企业长期偿债能力越强,债权人权益的保障程度越高,承担风险越小。企业在评价这个指标是否适度时,应从提高获利能力与增强偿债能力两方面进行综合分析,企业应在保障得以偿债的前提下尽可能提高产权比率。

第五节　企业发展能力分析

分析评价企业的发展能力,主要是观察企业的经营规模、资本增值、支付能力、生产经营成果、财务成果等增长状况,从而评价企业绩效。企业发展能力的分析及评价指标主要有销售(营业)增长率、资本积累率、总资产增长率、固定资产成新率、3 年利润平均增长率和 3 年资本平均增长率等。

一、销售(营业)增长率

销售(营业)增长率是指企业本年销售(营业)收入增长额同上年销售(营业)收入总额的比率。它表明比上年销售(营业)收入的增减变动情况,是分析评价企业成长状况和发展能力的基本指标。企业通过对销售(营业)增长率进行分析,可以衡量自身经营水平和市场占有能力,预测企业经营业务拓展趋势。其计算公式为:

$$销售(营业)增长率=\frac{本年销售(营业)增长额}{上年销售(营业)收入总额}\times 100\%$$

式中的本年销售(营业)增长额是本年销售(营业)收入减去上年销售(营业)收入的差额;上年销售(营业)收入总额是企业上年全年的销售(营业)收入总额。

【例 10-16】 某企业产品销售收入上年为 2 500 万元,本年为 2 875 万元,其销售增长率为:

$$销售增长率=\frac{2\,875-2\,500}{2\,500}\times 100\%=15\%$$

销售(营业)增长率的指标值如果大于 0,表示企业本年销售(营业)收入增长,指标值越高,表示增长速度越快,市场前景越好;如果小于 0,则表示销售(营业)收入下降,说明产品滞销、市场份额萎缩。企业在对该项指标分析时,可结合历年销售(营业)水平、市场占有情况、行业未来发展等方面以及企业前 3 年的销售(营业)收入增长情况作趋势性分析和判断。

二、资本积累率

资本积累率是指企业年末所有者权益的增长额与年初所有者权益总额的比率。它是分析评价企业当年资本积累能力和发展能力的又一基本指标。其计算公式为:

$$资本积累率=\frac{本年所有者权益增长额}{年初所有者权益总额}\times 100\%$$

式中的本年所有者权益增长额是指企业本年所有者权益的年末数减去年初数的差额。

【例 10-17】 某企业所有者权益年初为 500 万元,年末为 550 万元,其资本积累率为:

$$资本积累率=\frac{550-500}{500}\times 100\%=10\%$$

这个指标体现了企业当年资本积累情况和资本的保全性和增长性。指标值越高，表明企业的资本积累增长越多，资本保全性越强。一般来说，指标值至少要达到 0；如少于 0，则说明企业资本流失，要查明原因，予以改进。

三、总资产增长率

总资产增长率是指企业本年总资产增长额同年初资产总额的比率。它反映了企业本年资产规模的扩张速度，是分析评价企业发展能力的重要补充指标。其计算公式为：

$$总资产增长率=\frac{本年总资产增长额}{年初资产总额}\times 100\%$$

式中的本年总资产增长额是指资产总额年末数减去年初数的差额。

这个指标表明了企业本年内资产经营规模扩张的速度。指标值越高，说明经营规模扩张速度越快。

四、固定资产成新率

固定资产成新率是指企业当期固定资产净值同平均固定资产原值的比率。它反映了企业所拥有的固定资产新旧程度，是分析评价企业发展能力的主要补充指标。其计算公式为：

$$固定资产成新率=\frac{平均固定资产净值}{平均固定资产原值}\times 100\%$$

这个指标体现了企业固定资产更新的快慢和发展能力。指标越高，表明固定资产较新，对扩大再生产发展的可能性较大。

五、3 年利润平均增长率

3 年利润平均增长率是表明企业利润连续 3 年增长情况的指标，它是体现企业发展能力和趋势的主要补充指标。其计算公式为：

$$3\text{ 年利润平均增长率}=\left(\sqrt[3]{\frac{年末利润总额}{3\text{ 年前年末利润总额}}}-1\right)\times 100\%$$

式中的 3 年前年末利润总额是指企业 3 年前年末的利润总额。如果分析评价 20×4 年企业绩效状况，那么 3 年前年末利润总额即为 20×1 年利润总额的年末数。

这个指标越高,表明企业的积累越多,可持续发展能力就越强,发展潜力也越大;反之,就积累少,持续发展能力小。

六、3 年资本平均增长率

3 年资本平均增长率是表明企业资本连续 3 年积累情况的指标。它也是体现企业发展能力和趋势的主要补充指标。其计算公式为:

$$3\text{年资本平均增长率}=\left(\sqrt[3]{\frac{\text{年末所有者权益总额}}{3\text{年前年末所有者权益总额}}}-1\right)\times 100\%$$

式中的 3 年前年末所有者权益总额是指企业 3 年前年末的所有者权益总额。

这个指标越高,表明企业所有者权益得到保障程度越大,企业可以长期使用的资金越充足,持续发展的能力也越强。

第六节　股票上市公司投资分析

股份公司是以发行股票来筹集企业资本的,股东购买企业股票,必然要关心其投资报酬,特别是每年的股利分配,因此,每股收益以及与之相关的一些财务指标就成为评价股票上市公司获利能力的主要指标,如每股收益额、每股净资产、市盈率、股利报偿率等。

一、每股收益额

每股收益额是指普通股每股的收益额。它是企业税后利润扣除优先股股利与年末普通股发行总股数之比。其计算公式为:

$$\text{每股收益额}=\frac{\text{税后利润}-\text{优先股股利}}{\text{年末普通股发行总股数}}$$

如果股份公司只发行普通股而无优先股,其指标的计算公式为:

$$\text{每股收益额}=\frac{\text{税后利润}}{\text{年末普通股发行总股数}}$$

这一指标既反映了每 1 股的获利水平,同时也是衡量企业经营是否成功的主要指标。指标值越高,表示每股股票所得利润越多,企业盈利能力越强,股东投资效益越好。

【例 10-18】 某股份公司本年度发行普通股股票 1 000 000 股,实现税后利润 200 000 元,无优先股,则普通股每股收益额为:

$$每股收益额=\frac{200\ 000}{1\ 000\ 000}=0.2(元/股)$$

二、每股净资产

每股净资产是指每股的实有资产价值。它是股东权益与年末普通股发行总股数之比。其计算公式为：

$$每股净资产=\frac{股东权益}{年末普通股发行总股数}$$

这个指标越高，表示每股的实有资产价值越大，股东投资效益就越好。

【例 10-19】 某股份公司发行股票 20 万股，其中普通股票 15 万股，优先股票 5 万股。去年普通股股本为 150 万元，优先股股本为 50 万元，保留盈余为 30 万元，今年保留盈余增至 40 万元。其每股净资产今年比去年增加数为：

$$去年每股净资产=\frac{200+30}{15}=15.3(元)$$

$$今年每股净资产=\frac{200+40}{15}=16(元)$$

该股份公司每股净资产今年比去年增加 0.7 元。

三、市盈率

市盈率是指股票每股市价与每股收益额的比值。它是投资者判断股票潜在价值的指标。它表明投资者每获 1 元收益所需付出的投资代价。因此，比值越小，投资性越强。其计算公式为：

$$市盈率=\frac{每股市价}{每股收益额}$$

这个指标的分子、分母倒过来也可以使用，即：

$$投资回报率=\frac{每股收益额}{每股市价}$$

投资回报率反映投资者每投资 1 元所能取得的收益额。因此，比值越高，表示投资者能获得的盈利率越高。它是投资者投资选择的一个重要参考指标。

四、股利报偿率

股利报偿率即股利与市价的比率，是指企业发放的每股股利与股票市场价格之比。它反映了以市价计算的股票投资的现金水平，即投资者可以分得股利的实际报酬率。这是短期投资者所关心的一个重要指标。其计算公式为：

$$股利报偿率=\frac{每股股利}{每股市价}$$

这个指标一般以较高为好。如果企业为了再投资而多留利润的话，那股利报偿率则低，但股东可以通过股票市价上升得到补偿。

【例 10-20】 某股份公司发行普通股 15 万股(每股面值为 1 元)，其去年和今年有关资料如表 10-4 所示。

表 10-4

某股份公司有关资料表

金额单位：元

项　　目	去年	今年
属于普通股的税后利润	165 000	180 000
普通股股利	60 000	60 000
普通股股数(股)	150 000	150 000
每股收益额	1.10	1.20
每股股利额	0.40	0.40
每股市价	11	13

比较今年、去年的市盈率和股利报偿率：

$$去年市盈率=\frac{11}{1.1}=10$$

$$今年市盈率=\frac{13}{1.2}=10.83$$

$$去年股利报偿率=\frac{0.40}{11}=0.036$$

$$今年股利报偿率=\frac{0.40}{13}=0.030$$

上列指标表明，今年比去年市盈率上升而股利报偿率下降，这主要是由于企业税后利润增加而发放股利额未作相应增加，似乎对投资者不利，但实际上由于股票市价上涨，企业可按较高价格出售而获利，不会因股利报酬率下降而遭受损失。

股票上市公司的投资分析评价主要是对企业盈利能力的分析评价，除上述各项指标外，还有判断企业自有资金创利能力的“净资产收益率”、表明市价购入股票为实际资产价值的倍数的“净资产倍率”、分析企业股利分留比例的“股利分配率”等。

总之,企业在分析评价各项指标时,除纵向与本企业不同时期比较外,还可以横向与同行业企业比较,这样才能从社会角度来评价企业绩效和经营管理水平。

第七节　财务综合分析

一、财务综合分析的含义

财务分析的目的在于全面了解企业经营和财务状况,并对企业的经济效益作出合理、系统的评价。

本章前面几节阐述了企业在营运能力、盈利能力、偿债能力和发展能力的指标分析和评价,这些都是以单一的指标分析评价企业某一侧面,难以全面评价企业的经营成果和财务状况,对经济效益作出合理系统的判断。

财务综合分析是将企业的营运能力、盈利能力、偿债能力、发展能力等方面的指标组成一个有机整体,全面地对企业的经营、财务进行分析,并在此基础上作出全面正确的评价。

二、财务综合分析的方法

财务综合分析的方法很多,其中较为广泛应用的是杜邦财务分析体系和沃尔比重评分法。这里主要介绍杜邦财务分析体系(以下简称“杜邦分析法”)。

(一) 杜邦分析法的含义和特点

1. 含义

杜邦分析法是由美国杜邦公司创立并成功运用而得名,它是指利用财务指标之间的内在联系,对企业的经营、理财和经济效益进行系统分析评价的一种方法。

2. 特点

杜邦分析法的特点是全面、系统、简单、明晰。它将各项指标组合为一个系统,将财务分析评价作为一项系统工程,全面分析企业经营、理财、效益各方面的指标相互之间的关系。其具体特点如下：

(1) 指标要素齐全。杜邦分析法运用的分析评价指标齐全，包含了企业在营运能力、盈利能力、偿债能力和发展能力等方面的总体考核要求。

(2) 主辅匹配有序。杜邦分析法所设置的分析评价指标，有核心指标、主要指标和辅助指标，相互搭配有序，能从企业经营、财务状况的各个不同侧面反映不同层次的信息，达到有机统一。

(3) 满足多方需要。杜邦分析法的综合分析能提供多层次、多角度的信息资料，从而满足了企业内部管理层、外部投资者、债权人的决策需要，以及政府经济管理机构的调控等方面需要。

（二）杜邦分析法的运用

1. 分析指标之间的关系

杜邦分析法的运用，主要是自上而下弄清其体系的各分析指标之间的关系，现分别分析如下。

(1) 净资产收益率。净资产收益率的计算公式为：

$$净资产收益率=\frac{净利润}{所有者权益}$$

净资产收益率是一个综合性很强的财务比率指标，它是杜邦分析指标体系的核心。这个指标可以分解为总资产净利率和权益乘数。

$$\begin{aligned}净资产收益率&=\frac{净利润}{资产总额}\times\frac{资产总额}{所有者权益}\\&=总资产净利率\times权益乘数\end{aligned}$$

净资产收益率和总资产净利率、权益乘数三者之间存在着密切的内在联系，净资产收益率的高低要取决于总资产净利率的高低和权益乘数的大小。

(2) 总资产净利率。总资产净利率的综合性也较强，也是一个重要的财务比率。总资产净利率的高低，要从营业净利率和总资产周转率两方面进行分析。营业净利率反映了企业净利润与营业收入的关系，而总资产周转率则表示资产运营的营业成果的综合能力。现将总资产净利率指标分解为：

$$\begin{aligned}总资产净利率&=\frac{净利润}{资产总额}\\&=\frac{净利润}{营业收入}\times\frac{营业收入}{总资产平均余额}\\&=营业净利率\times总资产周转率\end{aligned}$$

(3) 权益乘数。权益乘数反映了所有者权益与总资产的关系。在总资产需要量既定的前提下，负债的多少和权益乘数也有密切关系，它们之间的内在联系为：

$$权益乘数=\frac{资产总额}{所有者权益}=1\div(1-资产负债率)$$

资产负债率是负债总额与资产总额的比率。企业负债经营相对减少所有者权益所占的份额，从而提高权益乘数。当然负债增加对企业也会增加风险和压力，通过分析，可以既合理安排资产又能妥善安排资金结构。

(4) 将净资产收益率和总资产净利率两项分解后的计算公式合并，等于分析体系的核心指标的组成：

$$净资产收益率=\frac{营业}{净利率}\times\frac{总资产}{周转率}\times\frac{权益}{乘数}$$

根据上述指标分析，证实杜邦分析法自上而下的系统剖析，不仅揭示了企业各项财务指标的结构关系，而且还能了解各项指标之间变动影响的因素，可以为企业提高经济效益开辟新的思路。

2. 杜邦分析法的运用

【例 10-21】 某公司 20××年有关财务资料如表 10-5 和表 10-6 所示。

表 10-5

资产负债表(简表)

编制单位:某公司　　　　20××年 12 月 31 日　　　　单位：万元

资　　产	期末余额	负债和所有者权益	期末余额
货币资金	525	短期借款	235
交易性金融资产	25	应付票据	220
应收票据	35	应付账款	525
应收账款	405	预收款项	30
其他应收款	96	应付职工薪酬	135
存货	700	应付股利	120
流动资产合计	1 785	应交税费	45
长期股权投资	470	其他应付款	35
固定资产	1 350	流动负债合计	1 345

（续表）

资　　产	期末余额	负债和所有者权益	期末余额
无形资产	210	长期借款	500
非流动资产合计	2 030	负债合计	1 845
		实收资本	1 600
		资本公积	89
		盈余公积	156
		未分配利润	125
		所有者权益合计	1 970
资产总计	3 815	负债和所有者权益总计	3 815

表 10-6

利润表（简表）

编制单位:某公司　　20××年度　　单位：万元

项　　目	本期金额
一、营业收入	6 000
减：营业成本	4 100
税金及附加	200
销售费用	400
管理费用	800
财务费用	100
加：投资收益	150
二、营业利润	550
加：营业外收入	8
减：营业外支出	3
三、利润总额	555
减：所得税费用	138.75
四、净利润	416.25

说明：(1) 资产负债表和利润表为简表。

(2) 资产负债表中货币资金包括库存现金 75 万元,银行存款 450 万元。

(3) 资产负债表中资产总计的上年年末余额为 3 685 万元。

根据该公司资产负债表(简表)和利润表(简表)有关资料,制成杜邦分析图,如图 10-1 所示。

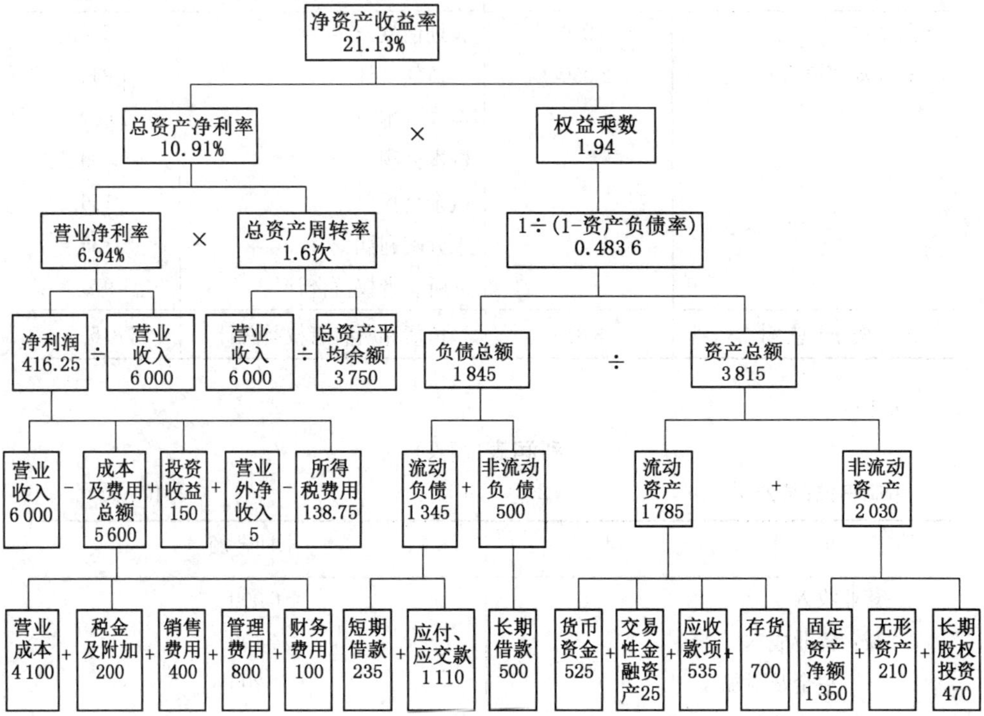

图 10-1　杜邦分析图

利用杜邦分析法计算的有关指标如下：

$$净资产收益率=\frac{净利润}{所有者权益}\times100\%=\frac{416.25}{1\,970}\times100\%=21.13\%$$

$$总资产净利率=\frac{净利润}{总资产}\times100\%=\frac{416.25}{3\,815}\times100\%=10.91\%$$

$$权益乘数=\frac{资产总额}{所有者权益}=\frac{3\,815}{1\,970}=1.94$$

$$营业净利率=\frac{净利润}{营业收入}\times100\%=\frac{416.25}{6\,000}\times100\%=6.94\%$$

$$总资产周转率=\frac{营业收入}{总资产平均余额}=\frac{6\,000}{3\,750}=1.6(次)$$

练 习 题

一、判断改错题

1. 在国有资本金绩效评价的修正指标中，权重最大的是资本保值增值率。（　　）

2. 在计算速动资产时，要扣除存货等项目的原因在于这些项目的价值变动较大。（　　）

3. 评价企业营运能力主要是分析其经营效果。（　　）

4. 计算已获利息倍数时，其利息支出包括财务费用中的利息费用和资本化利息。（　　）

5. 提高销售利润率的主要途径是增加资本金和提高劳动生产率。（　　）

6. 提高现金比率不但能增加资产的流动性，还能使机会成本增加。（　　）

二、填空题

1. 财务分析的内容主要包括（　　　　）（　　　　）（　　　　）（　　　　）和（　　　　）等方面。

2. 现代企业财务分析常用的技术方法有（　　　　）（　　　　）（　　　　）和（　　　　）等。

3. 国际公认的衡量企业负债偿还能力和经营风险的重要指标是（　　　　）。

4. 衡量企业短期偿债能力的常用指标有（　　　　）（　　　　）和（　　　　）。

5. 评价流动比率的标准以（　　　　）左右较好，比率过高并不说明（　　　　），要结合（　　　　）进行分析。

6. 评价股票上市公司获利能力的主要指标有（　　　　）（　　　　）（　　　　）和（　　　　）等。

三、单项选择题

1. 速动比率与流动比率的区别在于在计算时扣除了流动资产中变现能力较差的项目，如（　　　　）。

A. 无形资产　　B. 应收账款　　C. 应收票据　　D. 存货

2. 下列指标中，能反映企业偿债能力的是（　　　　）。

A. 销售利润率　　B. 应收账款回笼期

C. 已获利息倍数　　D. 总资产报酬率

3. 下列指标中，能反映企业即期偿债能力的是(　　)。

A. 流动比率　　B. 现金流动负债比率

C. 资产负债率　　D. 已获利息倍数

4. 资产营运能力的强弱，主要取决于企业的(　　)。

A. 现金流量　　B. 劳动生产率

C. 资金周转速度　　D. 资产总额

5. 衡量企业盈利能力的核心指标是(　　)。

A. 净资产收益率　　B. 资产利润率

C. 资本保值增值率　　D. 销售利润率

6. 在财务分析中，关心企业有无支付能力、能否保证及时偿还债务的主体是(　　)。

A. 企业所有者　　B. 企业债权人

C. 企业经营者　　D. 经济管理机构

四、多项选择题

1. 企业财务分析的基本内容包括(　　)等。

A. 偿债能力分析　　B. 盈利能力分析

C. 营运能力分析　　D. 周转能力分析

2. 常用的财务分析方法有(　　)等。

A. 趋势分析法　　B. 因素分析法

C. 比率分析法　　D. 结构分析法

3. 分析企业盈利能力时可以运用的指标有(　　)。

A. 净资产收益率　　B. 总资产报酬率

C. 总资产周转率　　D. 资本保值增值率

4. 下列指标中，用于分析企业长期偿债能力的有(　　)。

A. 资产负债率　B. 产权比率　　C. 流动比率　　D. 速动比率

5. 能更直接反映产品销售获利能力的指标包括(　　)。

A. 主营业务利润率　　B. 资产利润率

C. 成本费用利润率　　D. 毛利率

6. 应收账款周转率高，表明企业(　　)。

A. 变现速度快、账龄较短　　B. 资产流动性强、偿债能力强

C. 库存现金增加　　D. 坏账损失少

五、名词解释

1. 比较分析法
2. 因素分析法
3. 比率分析法
4. 流动资产周转率
5. 营运能力
6. 市盈率

六、简答题

1. 试简述企业财务分析的作用。
2. 为什么比率分析法是当前企业财务分析的主要技术方法?
3. 什么是盈利能力?怎样对其进行分析?
4. 什么是偿债能力?如何对其进行分析?
5. 对速动比率应如何评价?
6. 如何评价资产负债率指标?

七、业务计算题

1. 某企业20××年A产品生产工人工资有关资料如表10-7所示。

表10-7

A产品生产工人工资有关资料

项目	单位	计划数	实际数
产量	件	100	120
产品单位工时	小时	8	9
每小时工资	元	20	19
工资合计	元	16 000	20 520

请采用连环替代法计算各因素变动对工资总额的影响。

2. 某公司20××年度有关财务资料如下:

(1) 应收账款80 000元,占流动资产的25%。

(2) 流动比率为2∶1。

(3) 应付账款占流动负债的50%。

(4) 存货占流动资产的50%。

(5) 固定资产是存货的$\frac{1}{2}$。

(6) 所有者权益是流动资产的75%。

(7) 实收资本是未分配利润的5倍。

(8) 短期借款为交易性金融资产的2倍。

试计算表 10-8 中列示的资产负债表(简表)中项目的数额。

表 10-8

资产负债表(简表)

编制单位:某公司　　20××年 12 月 31 日　　单位:元

资　　产	金　额	负债和所有者权益	金　额
银行存款		应付账款	
交易性金融资产		短期借款	
应收账款		实收资本	
存货		未分配利润	
固定资产			

3. 某公司有关财务资料如下:

(1) 20××年 12 月 31 日资产负债表(简表)有关资料如表 10-9 所示。

表 10-9

资产负债表(简表)

编制单位:某公司　　20××年 12 月 31 日　　单位:元

资　　产	金　额	负债和所有者权益	金　额
库存现金	10 000	短期借款	60 000
银行存款	90 000	应付账款	120 000
应收账款	140 000	应交税费	20 000
减:坏账准备	20 000	长期借款	420 000
应收账款净额	120 000	实收资本	560 000
存货	180 000	未分配利润	60 000
预付账款	40 000		
流动资产合计	440 000		
固定资产原价	950 000		
减:累计折旧	150 000		
固定资产净值	800 000		
总　　计	1 240 000	总　　计	1 240 000

(2) 20××年度销售净收入 2 400 000 元,利润 120 000 元。

试计算该公司 20××年资产负债率、流动比率、速动比率、净资产收益率、销售利润率等指标。

4. 某公司20××年有关财务指标如下：

(1) 销售收入为1 000 000元。

(2) 流动比率为2.2。

(3) 速动比率为1.2。

(4) 销售利润率为5%。

(5) 自有资金利润率为25%。

(6) 流动负债与所有者权益比率为1∶2。

(7) 应收账款与销售额比率为1∶10。

(8) 产权比率为80%。

试根据上述资料编制简化资产负债表(见表10-10)。

表10-10

资产负债表(简表)

编制单位:某公司　　20××年12月31日　　单位: 元

资　　产	金　额	负债和所有者权益	金　额
货币资金		流动负债	
应收账款		非流动负债	
存货		负债合计	
流动资产合计		实收资本	
固定资产		所有者权益合计	
总　　计		总　　计	

5. 某公司20××年资产负债表(简表)和利润表(简表)有关项目资料如表10-11和表10-12所示。

表10-11

资产负债表(简表)

编制单位:某公司　　20××年12月31日　　单位: 万元

资　　产	金　额	负债和所有者权益	金　额
流动资产:		流动负债:	
货币资金	41	短期借款	25
应收账款	30	应付账款	65
应收票据	5.4	应交税费	21
存货	128	非流动负债:	
长期待摊费用	4	长期借款	60

（续表）

资　　产	金　额	负债和所有者权益	金　额
非流动资产：		所有者权益：	
长期投资	12.5	实收资本	100
固定资产	71.5	盈余公积	10
无形资产	3.6	未分配利润	15
总　　计	296	总　　计	296

表 10-12

利润表(简表)

编制单位:某公司　　　　20××年 12 月　　　　单位：万元

项　　　目	金　额
一、营业收入	625
减：营业成本	375
税金及附加	25
销售费用	10
管理费用	55
财务费用	20
加：投资收益	25
二、营业利润	140
加:营业外收入	15
减：营业外支出	12.5
三、利润总额	167.5
减：所得税费用	33.5
四、净利润	134

试计算下列财务指标：

(1) 流动比率。

(2) 速动比率。

(3) 现金比率。

(4) 资产负债率。

(5) 产权比率。

(6) 营业利润率。

(7) 总资产净利率。

(8) 净资产收益率。

(9) 存货周转率。

(10) 流动资产周转率。

6. 某公司20××年有关财务资料如下:

(1) 业务计算题5中的20××年12月31日资产负债表(简表)和20××年度利润表(简表)。

(2) 20××年资产负债表(简表)中资产总计的上年年末余额为304万元。

试根据上述资料绘制杜邦分析图,并列出算式。

各章练习题参考答案

第一章　财务管理概述

一、判断改错题

1. 错(企业财务管理是组织财务活动和处理财务关系的一项经济活动。)
2. 错(企业筹集资金的渠道是投资者投资和向银行及金融机构借入。)
3. 对
4. 错(企业与政府之间的关系是强制无偿的分配关系。)
5. 对
6. 错(企业财务活动中的分配活动不包括企业向职工支付工资。)

二、填空题

1. 价值管理　信息反馈　控制和调节
2. 宏观环境　微观环境
3. 扩大财务成果　提高经济效益　实现企业价值最大化
4. 时间因素
5. 事前控制　事中控制　事后控制
6. 供给　需求

三、单项选择题

1. A　2. B　3. C　4. D　5. B　6. D

四、多项选择题

1. AD　2. ACD　3. ABC　4. ABD　5. ABC　6. ABCD

五、名词解释

1. 财务管理是指组织财务活动和处理财务关系的一项经济管理工作。它是企业管理的一个重要组成部分。

2. 财务关系是指企业在各项财务活动中与政府、投资者、债权债务人及企业内部各单位和职工之间的关系。

3. 市场观念是指企业在一切工作中以市场为导向,参与市场竞争,在竞争中求生存、求发展的观念。

4. 资金时间价值是指资金在运动中由于时间因素所增加的价值。

5. 财务预测是指根据企业财务活动的历史资料，结合企业现实情况，对企业未来财务状况所作的预计和测算。

6. 财务计划是指企业在一定时期内，以货币形式综合反映企业资金运动和财务成果的形成和分配的计划。

六、简答题

1. 企业财务活动的主要内容是资金的筹集、投放、营运和收益分配等。

2. 企业财务活动的特点主要有：

(1) 对企业的资金活动及其形成的财务活动进行组织监督和调节。

(2) 及时取得市场信息，作出相应的决策方案。

(3) 控制和调节企业生产经营活动。

3. 企业财务关系体现在企业与政府的强制无偿的分配关系，企业与投资者的受资和投资的关系，企业与债务人、债权人和其他关系人之间的信用、结算关系，企业与内部各单位之间的计价结算关系以及企业与职工之间的支付报酬关系等方面。

4. 企业财务管理的宏观环境包括政治环境、经济环境、金融市场环境及法律环境等。

5. 我国企业当前财务管理的总目标是在不断改善财务状况的条件下，扩大财务成果，提高经济效益，实现企业价值最大化。具体目标有：一要使企业生存下去，不为市场淘汰；二要不断发展，扩大生产经营规模，提高竞争能力；三要获利，在生产活动中要求以尽可能少的资产占用和耗费获取更多的经济效益。

6. 搞好企业财务管理，应改变旧的传统观念，树立新的市场观念，主要有：

(1) 参与市场竞争观念。应敢于在竞争中求生存、发展。

(2) 经济效益观念。在经营活动中，力争以尽可能少的耗费和占用，取得更多的经济效益。

(3) 资本保值增值观念。保证资本权益不受任何侵蚀。

(4) 价值观念。主要是资金时间价值观念和投资风险价值观念。

第二章　资金时间价值

一、判断改错题

1. 错(风险报酬是投资者因冒风险而获得的超过资金时间价值的报酬。)

2. 错(在利息率和计息期相同的情况下，复利终值和复利现值应互为倒数。)

3. 错(永续年金只有现值而没有终值。)

4. 对

5. 错(财务风险是企业因筹集借入资金而增加或丧失偿债能力和企业利润的可变性。)

6. 错(永续年金是无限期的等额收付款,没有终止时期,也没有终值,是普通年金的特殊形式。)

二、填空题

1. 收付款项　复利现值

2. 时间因素　价值量

3. 时间价值　风险因素　通货膨胀

4. 收付系列款项　期初等额

5. 利润　利息

6. 本金　贴现值

三、单项选择题

1. D　2. A　3. B　4. C　5. A　6. C

四、多项选择题

1. AD　2. BD　3. ABCD　4. ABC　5. ABC　6. AC

五、名词解释

1. 递延年金是指第一次收付款发生时间为在间隔若干期以后,而不是在第一期开始的,是普通年金的特殊形式。

2. 利率是指一定时间内利息数额与本金的百分比。它有名义利率与实际利率之分。

3. 市场风险是指那些对所有企业产生影响的因素所引起的风险,如战争、自然灾害、通货膨胀,经济衰退等因素。

4. 风险报酬是指投资者因冒风险进行投资而获得的超过资金时间价值的报酬。

5. 永续年金是指无限期的等额收付款。它没有终止时期,没有终值,现值是一个无穷大的期限后付年金的现值,可通过普通年金现值推算而得。

6. 偿债基金是指未来某一时点所偿还的债务或者积累的资金而分次等额提取形成的存款准备金。其性质相当于年金存款,也可获得按复利计算的利息。

六、简答题

1. 资金时间价值是指一定量的资金投入企业生产经营或存入银行后，会得到一定的利润或利息。它是资金在运动中由于时间因素而形成价值量的差额，也称货币时间价值。而利率是一定时间内本金与利息数额的比率，通常用百分比来表示，包括时间价值、风险因素和通货膨胀的因素。

2. 财务风险又称筹集风险，是指企业因筹集借入资金而增加丧失偿债能力和企业利润的可变性。

3. 要获利必定有风险，企业应采取避免、减少、转移、接受等对策规避风险。究其对策，对一些预计损失较大的项目，一般采取消除隐患，加强防范的措施，控制造成风险因素，必要时也可放弃项目，尽量将投资项目风险降至最低程度。对一些风险较低，损失较小的项目，在企业有经济能力前提下也可以采取企业自保、提取准备基金，或将损失计入费用成本等企业内部消化的办法。

4. 复利是指除本金计算利息外，还将期间所生利息加入下期本金一并计算利息。复利终值是本金按复利计算的若干期后的本利和。

其计算公式为：$F = P \cdot (1+i)^n$ [即本利和 = 本金 × (1 + 利率)^{期数}]

5. 年金是指在相同间隔时间内陆续收入或付出的一定等额的款项。年金的形式有普通年金、即付年金、递延年金和永续年金等。

6. 其间关系甚密。在其他条件不变的前提下，投入生产经营过程的资金量越多，资金时间价值越大，增值越多；资金周转速度越快，实现价值增值越多。

七、业务计算题

1. $F = P(1+i)^n = 100\,000 \times (1+6\%)^{10} = 100\,000 \times 1.7908 = 179\,080$(元)

2. 10 年后的终值 $= 100\,000 \times \left(1+\dfrac{6\%}{2}\right)^{10\times 2} = 100\,000 \times (1+3\%)^{20}$

$$= 100\,000 + 1.8061 = 180\,610(\text{元})$$

3. 实际利率 $= \dfrac{24\,000}{400\,000} \times 100\% = 6\%$

4. 实际利率 $= \dfrac{6\,000}{300\,000 - 6\,000} \times 100\% = 2.04\%$

5. 甲企业：

$$\text{年金现值} = 150\,000 \times \frac{1-(1+6\%)^{-4}}{6\%} = 150\,000 \times 3.465 = 519\,750(\text{元})$$

乙企业：

$$\text{年金现值} = 200\,000 \times \frac{1-(1+6\%)^{-3}}{6\%} = 200\,000 \times 2.673 = 534\,600(\text{元})$$

甲企业分4年还款方式有利。

第三章　筹集资金管理

一、判断改错题

1. 对

2. 错(用简单法计算银行信用利息率的公式是：实际利息率 $=\frac{实际支付利息}{贷款数额}\times 100\%$。)

3. 错(融资租赁的租金计算方法常用的有全均等分偿法和均等分偿法两种。)

4. 错(利用债务资本，一方面可以降低企业资本成本，增加每股盈余。但是另一方面债务增加必然伴随风险，使资本成本增加。)

5. 错(采用盈余公积筹集资金方式，无需支付筹资费用，可以降低筹资成本。)

6. 对

二、填空题

1. 法人资本金　外商资本金

2. 股份合作制企业　私营企业

3. 出资比例　出资期限

4. 发行价格　市场价格

5. 短期负债集资　长期负债集资

6. 担保贷款　无担保贷款

三、单项选择题

1. C　2. D　3. A　4. B　5. C　6. D

四、多项选择题

1. ACD　2. ABD　3. ABC　4. BCD　5. AD　6. ACD

五、名词解释

1. 盈余公积又称保留盈余，是指企业税后利润中留归企业使用的资金。

2. 借入资金是指企业向银行及其他金融机构或其他企业和个人借入的资金。

3. 商业信用是指企业在商品交易中由于延期付款、预收货款或延期交货而形成的一种借贷关系。它是企业之间的一种直接信用行为。

4. 融资租赁是指由出租人按照承租人的需要在较长合同或契约时期内提供给承租人使用固定资产的一种信用业务。

5. 资金成本是指为筹集资金和使用资金而付出的代价。它包括资金占用费和资金筹集费。

6. 财务杠杆是指资本结构中长期负债的运用。它对每股收益有影响。

六、简答题

1. 资本金是指企业所有者投入的资金，即企业在国家工商行政管理部门登记的注册资金。资本金按提供资金的所有者划分可分为国家资本金、法人资本金、个人资本金和外商资本金等。

2. 股票是指股份有限公司为筹集资金而发行的一种有价证券。股票按不同标准划分，可以分为记名股票和不记名股票，普通股票和优先股票，面值股票和无面值股票。

3. 长期负债是指偿还期在1年或超过1年的一个营业周期以上的债务。它包括长期借款、长期债券、融资租赁等。

4. 采用租赁筹资方式的优点有：

(1) 能及时解决承租人的资金困难。

(2) 不受价格变动影响。

(3) 限制较少，风险较小。

5. 银行信用是指企业向银行及其他金融机构借入的期限不到1年的短期借款。银行信用的成本计算取决于贷款利率的高低。计算利息率的方法一般有在借款到期计算利息的一次支付法、按实际支付利息和贷款数额计算利息的贴现法、将利息附加到各期还款的本金中的附加法三种。

6. 筹资风险是指企业因筹集借入资金而增加丧失偿债能力的可能性和企业利润的可变性的风险。影响筹资风险的因素很多，主要的因素是受经营风险的影响和资本结构比例的影响。

七、业务计算题

1. 第1年应付租金数＝60 000＋3 000＋(300 000×6%)＝81 000(元)

第2年应付租金数＝60 000＋(240 000×6%)＝74 400(元)

第3年应付租金数＝60 000＋(180 000×6%)＝70 800(元)

第4年应付租金数＝60 000＋(120 000×6%)＝67 200(元)

第5年应付租金数＝60 000＋(60 000×6%)＝63 600(元)

2. $债券成本率=\frac{5\,000\times 8\%\times(1-25\%)}{5\,000\times(1-2\%)}\times 100\%=\frac{400\times 75\%}{5\,000\times 98\%}\times 100\%=6.12\%$

3. $债券成本率=\frac{1\,000\times 10\%\times(1-25\%)}{1\,000\times 105\%\times(1-4\%)}\times 100\%=\frac{100\times 75\%}{1\,050\times 96\%}\times 100\%=7.44\%$

4. 债券发行价格$=\sum_{t=1}^{4}\frac{1\,000\times6\%}{(1+5\%)^{t}}+\frac{1\,000}{(1+5\%)^{4}}=1\,035.5$(元)

第四章　营运资金管理

一、判断改错题

1. 错(流动资产包括货币资金、交易性金融资产、应收款项、预付款项及可变现的存货资产。)

2. 错(应收账款作用在于扩大商品销售,增加市场份额、减少库存积压。)

3. 错(存货包括外购商品,产成品,自制半成品,在产品,材料,包装物和低值易耗品。)

4. 对

5. 对

6. 错(流动负债具有流动性强、期限短、成本低和风险较大的特点。)

二、填空题

1. 取得　储存　缺货

2. 某种存货　支出　购置成本　订货成本

3. 品德　能力　资本　抵押品　经济情况

4. 机会成本　管理成本　短缺成本　转换成本

5. 直接法　间接法

6. 并存性　继起性

三、单项选择题

1. D　2. A　3. B　4. C　5. A　6. C

四、多项选择题

1. AD　2. BD　3. BCD　4. ABC　5. ABC　6. ABC

五、名词解释

1. 营运资金是企业从事生产经营活动的基础,是指流动资产减去流动负债后的余额。

2. 流动资产是指企业可以在1年(含1年)或者超过1年的一个正常营业周期中变现、出售或耗用的资产。

3. 货币资金是指企业在生产经营活动中停留在货币形态的资金。它包括现金、银行存款和其他货币资金。

4. 流动负债是指在1年(含1年)或者超过1年的正常营业周期中予以清

偿的债务。

5. 存货是指企业在日常活动中持有以备出售的产成品或商品，处在生产过程中的在产品，在生产过程或劳务过程中耗用的材料和物料等。

6. 应收账款是指企业对外销售产品，提供劳务应向购货单位及接受劳务单位收取的款项所形成的一种资产。

六、简答题

1. 5C 评估法是西方企业对客户信用调查评估常用的方法，其内容包括品德、能力、资本、抵押品和经济情况五项，因其每项目内容都以 C 为第一个字母，故而得名。

2. 流动资产的主要特点有：流动性大，周转期短；在资金循环过程中存在着资金分布的并存性和资金运动的继起性；随着资金周转速度的快慢变化，不断改变其价值。

3. 控制存货资金的方法主要有：确定经济订货批量、制定订货点和存货分类等。

4. 存货按其用途可分为外购商品、产成品、自制半成品、产成品、材料、包装物、低值易耗品等。

5. 确定最佳现金余额的主要因素是机会成本、管理成本、短缺成本和转换成本。

6. 存货的管理主要是通过控制存货定额、存货成本和存货持有量三方面进行管理。采取的措施有三：一是确定存货定额，二是制定存货资金预算，三是控制存货持有量。

七、业务计算题

1. A 产品在产品定额$=\frac{10\,000\times720}{360}\times10\times70\%=140\,000$(元)

2.

最佳现金持有量测算表

单位：元

方案	现金持有量	机会成本	短缺成本	相关总成本
甲	5 000	600	2 800	3 400
乙	10 000	1 200	1 250	2 450
丙	15 000	1 800	500	2 300
丁	20 000	2 400	0	2 400

以丙方案的相关总成本最低，15 000 元为现金最佳持有量。

3. (1) 经济进货批量$=\sqrt{2\times1\,440\times40\div2}=240$(次)

(2) 经济进货批量的存货相关总成本$=\sqrt{2\times1\,440\times40\times2}=480$(元)

(3) 经济进货批量平均占用资金$=240\times20\div2=2\,400$(元)

(4) 年度最佳进货批次$=1\,440\div240=6$(次)

4.

现金预算表

编制单位:某公司　　　　20××年度　　　　单位:元

项　目	预计金额
一、净利润	1 500 000
加:计提的资产减值准备	30 000
固定资产折旧	120 000
无形资产摊销	35 000
长期待摊费用摊销	28 000
处置固定资产、无形资产和其他长期资产的损失(收益以“－”号填列)	51 800
固定资产报废损失	42 000
财务费用(收益以“－”号填列)	108 000
投资损失(收益以“－”号填列)	—
递延所得税资产减少(增加以“－”号填列)	—
递延所得税负债增加(减少以“－”号填列)	—
存货的减少(增加以“－”号填列)	90 000
经营性应收项目的减少(增加以“－”号填列)	100 000
经营性应付项目的增加(减少以“－”号填列)	250 000
其他	
二、经常活动产生的现金流量净额	354 000
加:投资筹资活动产生的现金流入量	1 068 000
其中:收回投资收到的现金	620 000
取得投资收益收到的现金	90 000
处置固定资产、无形资产和其他长期资产收回的现金净额	58 000

（续表）

项　　目	预计金额
其他	—
吸收投资收到的现金	—
借款收到的现金	300 000
减:投资筹资活动产生的现金流出量	748 000
其中:处置固定资产、无形资产和其他长期资产所支付的现金	580 000
投资支付的现金	
偿还债务支付的现金	120 000
分配股利、利润或偿付利息支付的现金	48 000
三、现金流量净增加额(或减少额)	674 000
加:期初现金余额	498 000
四、期末现金余额	1 172 000

5. 租入现值$=28\ 500\times\frac{1-(1+8\%)^{-10}}{8\%}=28\ 500\times6.7101$

$=191\ 237.85$(元)

现价一次付清 200 000 元,以融资租赁为有利。

6. $28\ 000\times\left[\frac{1-(1+3\%)^{-10}}{3\%}\right]\times(1+3\%)=28\ 000\times8.5302\times1.03=246\ 011$(元)

以融资租入方案为好。

第五章　非流动资产管理

一、判断改错题

1. 错(按现行制度规定,为生产商品、提供劳务、出租或经营管理而持有的、使用寿命超过一个会计期间的有形资产,企业作为固定资产处理。)

2. 错(固定资产的计价,应按取得时的实际支出入账。)

3. 对

4. 对

5. 错(使用寿命不确定的无形资产不摊销。)

6. 错(无形资产特点之一是隐性存在,不具有物质实体,是隐性存在的资产。)

7. 错(清算机构在清理企业财产后,发现企业资不抵债,应立即向人民法院申请破产。)

8. 错(经营性国有资产主要是全民所有制企业、集体企业、合营企业中属于国家投资所形成的一切资产。)

二、填空题

1. 原始价值　折余价值　重置价值
2. 历史成本计价　效益计价　行业对比计价
3. 固定资产账面净值　营业外收入　营业外支出
4. 有限期无形资产　无限期无形资产
5. 列入固定资产价值
6. 转让所有权　转让使用权
7. 真实性　公平性　科学性　可行性
8. 收益现值法　重置成本法　现行市价法　清算价格法　其他评估法

三、单项选择题

1. A　2. B　3. B　4. A　5. D　6. C　7. A　8. C

四、多项选择题

1. BCD　2. AC　3. ABCD　4. BD　5. ACD　6. BCD　7. ABD　8. AC

五、名词解释

1. 固定资产是指使用期限较长,单位价值在规定标准以上,并在使用过程中始终保持其原有物质形态的资产。

2. 无形资产是指企业拥有或者控制的、没有实物形态的、可辨认的非货币性长期资产。无形资产具有较大的经济价值,且能为企业在较长时期内带来效益。

3. 长期待摊费用是指不能全部计入当年损益,应当在以后年度内分期摊销的各项费用。

4. 开办费是指企业除购建固定资产以外的所有在筹建期间发生的费用。它包括工资、办公费、差旅费、印刷费、培训费、律师费、企业设立登记费,以及不计入固定资产和无形资产购建成本的汇兑损益、利息支出等。

5. 在建工程是指尚未完工或虽已完工但尚未交付使用的固定资产和技术

改造工程。它包括施工前期准备、正在施工中和虽已完工但尚未交付使用的建筑和安装工程。

6. 固定资产有形损耗是指物质损耗,包括使用损耗和自然损耗。使用损耗是指由于磨损、腐蚀等原因所造成的物质损耗;自然损耗是指由于风吹、日晒、雨淋而生锈、腐烂、风化等因素所形成的损耗。

7. 国有资产是指属于国家所有的,并由国家行使所有权的,能以货币计量的一切经济资源。

8. 剩余财产是指企业全部清算财产扣除清算损益、清偿债务和缴纳所得税后的剩余部分。

六、简答题

1. 无形资产的计价方法有实际成本法和现值法两种。实际成本法是指以取得某项无形资产实际发生的成本作为计价标准的方法,它一般用于外购和自创的无形资产;现值法是指以无形资产在使用期内可获得的收益或以企业需支付该项无形资产使用费总额的现值作为计价标准的方法。

2. 企业因取得固定资产期间所发生的借款利息,以是否交付使用为界限,固定资产交付使用前应计入固定资产价值,交付使用后应直接计入当期费用。

3. 固定资产折旧是指固定资产在使用过程中逐渐损耗而转移到费用中去的那部分价值。其依据是损耗程度。

4. 双倍余额递减法是加速折旧方法的一种,是指在不考虑预计残值的情况下,用直线法折旧率的双倍去乘以固定资产在每一会计期间的期初账面净值,从而确定当期折旧额的一种方法。

5. 确定无形资产价值,应遵循历史成本计价原则、效益计价原则和行业对比计价原则。

6. 租入固定资产改良支出是指企业从其他单位以经营租赁方式租入的固定资产。其所有权属于出租人,企业依合同享有使用权,负责租入固定资产的修理和改良支出。因承租企业不拥有租入固定资产所有权,因此不能作为增加租入固定资产价值处理,而应作为长期待摊费用处理。

7. 清算损益是指清算收益减去清算损失和清算费用后的差额。清算收益大于清算损失和费用后的差额为清算净收益;清算收益小于清算损失和清算费用后的差额为清算净损失。清算收益包括企业清算中发生的财产盘盈、财产变价净收入，因债权人原因确实无法归还的债务和清算期间的经营收益等；清算损失包括清算中发生的财产盘亏，确实无法收回的债权，以及清算期间的经营损失等。清算费用包括清算期间发生的法定清算机构成员的工资、差旅费、办公费、公告费、诉讼费及清算过程中所必需的其他支出等。

8. 国有资产的内容包括经营性国有资产、非经营性国有资产、资源性国有资产和国有无形资产四个方面。

七、业务计算题

1. 该土地使用权的价值$=2\,000\times100\times\frac{1-(1+6\%)^{-20}}{6\%}=200\,000\times11.4699$

$=2\,293\,980$(元)

2. 原值$=1\,900+100=2\,000$(万元)

年折旧额$=\frac{2\,000-200}{20}=90$(万元)

3. (1) 增加的投资额$=200\,000-90\,000=110\,000$(元)

(2) 固定资产净损失$=121\,000-90\,000=31\,000$(元)

(3) 新设备每年增加的折旧额$=\frac{200\,000-20\,000}{5}=36\,000$(元)

4. (1) 固定资产周转率$=\frac{1\,000\,000}{500\,000}=2$(次)

(2) 固定资产利润率$=\frac{100\,000}{500\,000}\times100\%=20\%$

5.

(1)

清 算 损 益 表

20××年 1 月 1 日至××月××日　　单位：元

清算损失	金额	清算收益	金额
原材料	15 000	库存商品盘盈	8 000
变卖存货损失	18 000	变卖固定资产收入	20 000
注销无形资产	20 000		
坏账损失	10 000		
清算费用	25 000		
合计	88 000	合计	28 000

清算净损失$=88\,000-28\,000=60\,000$(元)

(2)

盈亏分配资本净额表

20××年××月××日　　　　　　　　　单位：元

盈　亏　分　配	金　　额	投资人权益净额	金　　额
清算前未弥补亏损	100 000	甲方资本	600 000
加：清算损失	60 000	减：分配亏损额	96 000
合　　计	160 000	净额	504 000
分配		乙方资本	400 000
甲方	96 000	减：分配亏损额	64 000
乙方	64 000	净额	336 000

第六章　对外投资管理

一、判断改错题

1. 对

2. 错(间接投资是企业通过购买被投资企业发行的股票的一种投资。)

3. 错(交易性金融资产期末计价应采用公允价值计价。)

4. 错(投资决策静态的分析方法有投资回收期法和投资报酬率法两种。)

5. 错[计算投资回收期的公式是:原始投资金额÷(预计年增加利润额+年折旧额)。]

6. 对

7. 错(基金投资按变现方式划分可分为开放型基金和封闭性基金两种)

二、填空题

1. 货币资金　实物　无形资产

2. 收益性　安全性　合法性　合理性

3. 利率风险　流动性风险　违约风险　购买力风险

4. 静态分析法　动态分析法

5. 年平均利润　原始投资额

6. 现金流入量　现金流出量　净现金流量

7. 投资于股票、普通股、优先股

三、单项选择题

1. B　2. C　3. C　4. C　5. A　6. A　7. C

四、多项选择题

1. ABD 2. BC 3. AC 4. BD 5. ABCD 6. BCD 7. ABD

五、名词解释

1. 现金流量是指企业在投资一个项目时所引起的现金支出和现金收入的数量。它是分析评价投资方案的重要指标。

2. 有价证券是指记载一定金额,代表财产所有权、请求权或债权、债券的一种证书。其内容包括享有财产所有权的股票,享有债权的债券,及享有请求权的货币证券。

3. 对外投资是指企业直接向其他单位投资。其投资方式有单项投资、联营投资或中外合资、合作经营投资等。

4. 市盈率是指股票的每股市价与每股盈余的比率。它是计算股票价值的一个实用指标。

5. 贝塔系数即β系数,是计量个别股票随市场移动趋势的指标。它可以反映个别指标对于平均风险股票的变动程度,是股票投资决策的重要依据。

6. 净现金流量是指现金流入量减去现金流出量后的净额。

7. 基金投资是指通过基金股份或收益凭证等有价证券,集合众多投资者进行规模性专业投资,实行利益共享风险共担的一种金融投资工具。

六、简答题

1. 一般来说,债券投资的风险较小。其风险主要有利率和期限的风险、流动性风险、公司债券违约风险、通货膨胀引起购买力风险等。

2. 对外直接投资与其他单位联营的方式主要有三种:

(1) 与其他单位组织新的经济实体,经有关部门核准登记,具有法人资格,独立承担民事责任。

(2) 与其他单位(包括外资企业)共同经营,联营各方按出资比例或协议约定承担民事责任。

(3) 与其他单位订立联营合约,确定各方权利和义务,联营各方各自独立经营,各自承担民事责任。

3. 对外投资必须掌握的原则有:

(1) 收益性原则,力争获取最大收益。

(2) 安全性原则,必须保证资金安全。

(3) 合法性原则,投资行为必须合法。

(4) 合理性原则,各项投资必须符合企业整体目标和利益。

4. 直接向其他单位投资的作用主要有:

(1) 可以利用企业现有资源,发挥优势,进行优势互补,取得较好效益。

(2) 可以实行企业多角化经营、分散投资风险、提高经济效益。

(3) 可以提高企业专业化水平,扩大经营规模。

(4) 可以引进外资、技术,进入国际市场,扩大出口创汇。

5. 股票投资价值是指股票在证券市场买卖的价格。不同的情况有不同的价值观念:

(1) 票面价值,是股票的票面金额,是发行股票的价格基础。

(2) 设立价值,是根据公司章程规定设立的股本和发行股数所确定的价值。

(3) 账面价值,是公司账面上每股占公司净资产的金额,与票面价值和市场价值都不一致。

(4) 市场价值,是股票在市场交易中的价值,即股票的价格。

(5) 投资价值,即股票的内在价值,是投资人在投资时从理论上计算的估计价值。

(6) 清算价值,是企业清算时,股东应得到的每股的实际价值。

6. 有价证券投资的主要特征有:

(1) 收益性好,证券投资报酬一般在银行存款利率之上。

(2) 流通性强,证券投资灵活,可以长期,也可以短期。

(3) 风险性大,证券投资收益率不稳定。

7. 对投资基金的评价指标有投资基金价值、投资基金增值和有价证券周转率。其计算公式如下:

(1) 投资基金价值以基金单位净值表示。

$$基金单位净值=\frac{基金净资产净值总额(基金总资产额-基金总负债额)}{基金单位总份数}$$

(2) 投资基金增值以基金收益率表示。

$$基金收益率=\frac{\begin{matrix}年末基金单\\位持有份数\end{matrix}\times\begin{matrix}年末基金\\单位净值\end{matrix}-\begin{matrix}年初基金单\\位持有份数\end{matrix}\times\begin{matrix}年初基金\\单位净值\end{matrix}}{年初基金持有份数\times年初基金单位净值}$$

(3) 基金投资如果全部是有价证券则用有价证券周转率表示。

$$有价证券周转率=\frac{证券年销售净额}{证券资产年平均余额}$$

七、业务计算题

1. 债券价值 $=1\,000\times(1+3\times6\%)\times(1+7\%)^{-3}$

$=1\,000\times1.18\times0.8163=963.23$(元)(0.8163 为复利现值系数)

市价低于理论价,值得购买。

2. 债券价值 $=(60\times2.673)+(1\,000\times0.8163)$

$=160.38+816.3=976.68$(元)(2.673 为年金现值系数)

市价低于理论价,值得购买。

3. 投资收益率 $=\dfrac{(950-900)+1\,000\times6\%}{900}\times100\%=12.22\%$

4. 股东权益 $=4\times3\,000=12\,000$(万元)

负债总额 $=\dfrac{x}{x+12\,000}=60\%$　　$x=18\,000$(万元)

利息支出 $=18\,000\times5\%=900$(万元)

税后利润 $=(6\,000-900)\times(1-30\%)=3\,570$(万元)

每股股利 $=\dfrac{3\,570\times60\%}{3\,000}=0.714$(元)

股票价值 $=\dfrac{0.714}{15\%}=4.76$(元)

5. 3 年后可增加投资额 $=200\,000\times5\%\times3=30\,000$(元)

6. 用年金现值计算:

$$年金现值=25\,000\times\frac{1-(1+6\%)^{-10}}{6\%}=25\,000\times7.3601=184\,003(元)$$

此项投资对企业有利,可大于借款额 34 003 元。

7. 基金净资产价值总额 $=3\,000-800=2\,200$(万元)

基金单位净值 $=2\,200\div1\,000=2.20$(元)

第七章　成本费用管理

一、判断改错题

1. 错(产品制造成本是由直接材料、直接工资、制造费用和其他直接支出组成的。)

2. 对

3. 错(对于几种产品共同发生的费用,必须采用一定方法分配计入各种产品的生产成本。)

4. 错(本期发生的制造费用,不一定会直接影响本期的损益。)

5. 对

6. 错(工业企业本期发生的业务招待费应直接计入当期损益。)

二、填空题

1. 目标成本　计划期成本水平　发展趋势

2. 直接材料　直接工资　制造费用　废品损失

3. 高低点法　回归分析法　加权平均法

4. 直接成本　间接成本

5. 预计售价－预计销售费用－应交税费－目标销售利润

6. 生产经营　直接

三、单项选择题

1. D　2. D　3. B　4. A　5. A　6. D

四、多项选择题

1. ACD　2. ABD　3. BCD　4. ABC　5. ABD　6. BC

五、名词解释

1. 成本费用是指企业生产经营过程中为获得营业收入而发生的各种耗费。

2. 制造成本是指企业生产产品的直接材料、直接工人工资、制造费用和其他直接支出所组成的产品生产成本。

3. 期间费用是指企业在一定会计期间发生的与生产经营无直接关系、不计入产品生产成本而直接体现当期损益的费用,如管理费用、财务费用、销售费用。

4. 管理费用是指企业为管理和组织生产经营活动所发生的各项费用,如公司经费、劳动、待业保险费、咨询服务费、税金等。

5. 财务费用是指企业筹集生产经营资金而发生的各项费用,如利息支出、汇兑损失、金融机构手续费等。

6. 销售费用是指企业在销售产品、商品、自制半成品,以及提供劳务过程中所发生的各项费用,如装卸、运输费、手续费、销售机构经费等。

六、简答题

1. 降低工业企业成本费用的基本途径有:

(1) 提高劳动生产率、减少单位产品劳动时间。

(2) 节约原材料和能源消耗。

(3) 合理使用机器设备,提高生产设备利用率。

(4) 减少废品损失,提高产品质量。

(5) 加强期间费用管理,减少间接费用。

2. 制造费用是指企业在生产经营过程中所发生的与生产经营有直接关系的生产成本费用。它包括企业各个生产单位(分厂、车间)为生产产品所发生的各种费用。

期间费用是指企业在一定会计期间发生的与生产经营无直接关系的成本费用。它包括为管理和组织企业生产经营活动所发生的各项管理费用,为筹集企业生产经营资金而发生的各项财务费用,为销售企业产品、商品和提供劳务过程中发生的各项销售费用。

制造费用与期间费用的区别在于:制造费用应按期分配直接计入产品生产成本,而期间费用则不计入产品生产成本,直接体现为企业当期损益。

3. 确立成本费用范围,要划清几个界限:

(1) 划清收益性支出与资本性支出的界限。收益性支出应作为当期费用;资本性支出应分期摊入各受益期。

(2) 划清成本费用与营业外支出的界限。与生产经营有直接关系的支出应计入成本;营业外支出与生产经营无关,应作当期损益处理。

(3) 划清本期成本费用与下期成本费用的界限,要按照权责发生制的原则确立成本费用支出。应由本期负担的成本费用,即使未支出,也应预提计入本期成本费用;应由本期和以后各期负担的费用,支付后应作为待摊费用处理,分期摊入成本费用。

(4) 划清在产品成本和产品成本界限,要按照成本计算方法和受益原则正确计算。

(5) 划清各种产品成本的界限。凡是一种产品,可以直接计入各项直接成本费用;凡是几种产品,必须采用一定的分配标准,在几种产品之间进行分配,计入产品成本。

4. 工业企业的成本费用应包括直接成本费用和间接成本费用,直接成本费用即产品制造成本;间接成本费用即期间费用,包括管理费用、财务费用和销售费用。

5. 产品成本预测的主要内容有目标成本预测、计划期成本水平预测和产品成本发展趋势预测等。

七、业务计算题

1. $y=a+bx$

单位变动成本$(b)=\frac{41\,360-26\,000}{480-240}=\frac{15\,360}{240}=64$(元)

固定成本$(a)=41\,360-64\times480=10\,640$(元)

预测 2022 年总成本$(y)=10\,640+64\times500=42\,640$(元)

预测 2022 年单位成本$=42\,640\div500=85.28$(元)

2.

相关资料表

年份	产量(件)	总成本(元)	$x\cdot y$	x^2
2017	24	260	6 240	576
2018	36	352	12 672	1 296
2019	40	362	14 480	1 600
2020	48	413	19 824	2 304
2021	46	401	18 446	2 116
合计	194	1 788	71 662	7 892

单位变动成本$(b)=\frac{5\times71\,662-194\times1\,788}{5\times7\,892-194^2}=\frac{11\,438}{1\,824}=6.27$(元)

固定成本$(a)=\frac{1\,788-6.27\times194}{5}=\frac{571.62}{5}=114.32$(元)

预测 2022 年总成本$(y)=114.32+50\times6.27=427.82$(元)

预测 2022 年单位成本$=427.82\div50=8.56$(元)

3. 2022 年预计产品总成本$=\frac{10\,000\times1+9\,500\times2+9\,800\times3+9\,000\times4}{1+2+3+4}+\frac{19\times1+20\times2+21\times3+18\times4}{1+2+3+4}\times400$

$=9\,440+19.4\times400=17\,200$(元)

2022 年预计产品单位成本$=17\,200\div400=43$(元)

第八章　收入、利润和利润分配管理

一、判断改错题

1. 错[用售价倒扣的方法制定产品出厂价的计算公式是:零售价－批零差价－进批差价×(1－增值税税率)。]

2. 错(销售趋势预测的方法,常用的有:简单平均法、加权平均法、回归分析法和市场调查法等。)

3. 对

4. 错(决定商品销售收入的主要因素是商品销售量和商品销售价格。)

5. 对

6. 错(企业在上年销售中发生的销售退回和折让应冲减当月销售收入。)

7. 错(企业的应纳税所得额与会计上的利润总额因税法规定与会计处理的不完全一致,以致两者出现差额。)

8. 错(企业发生年度亏损,可用下 1 年的税前利润弥补。)

9. 对

10. 错(企业提取法定盈余公积,如果已达到注册资本 50%,可不再提取。)

11. 对

12. 对

二、填空题

1. 单位产品制造成本　单位产品毛利

2. 产生　发展　成熟　饱和　衰亡

3. 商品发出　货款收到

4. 主营业务收入　其他业务收入

5. 出厂价格　批发价格　零售价格

6. 产品制造成本　期间费用　企业纯收入

7. 弥补亏损　转增资本金

8. 税后利润

9. 弥补亏损和转增资本

10. 转增资本金　25%

11. 以前年度　本年度

12. 无利润　股利

三、单项选择题

1. C　2. D　3. B　4. A　5. C　6. C　7. B　8. B　9. C 10. C　11. D　12. A

四、多项选择题

1. ABC　2. BD　3. AC　4. BCD　5. ABD　6. ABC　7. AC 8. BC　9. ACD　10. BCD　11. ABCD　12. BCD

五、名词解释

1. 收入是指企业在日常活动中形成的导致所有者权益增加的、与所有者投入资本无关的经济利益的总流入。

2. 主营业务收入是指企业从事主要经营业务所取得的收入，如工业企业的产品销售收入、工业性劳务收入、商业企业的商品销售收入等。

3. 销售净收入是指销售收入扣除销货退回、销货折让等以后的净收入。

4. 其他业务收入是指企业除产品、商品销售以外的非经常性兼营业务交易所产生的收入，如材料销售、外购商品销售、包装物出租、固定资产出租、无形资产转让以及运输、装卸等非工业性劳务收入。

5. 售价倒扣法是指制定产品出厂价格的一种方法。它的计算公式为：

(市场零售价－批零差价－进批差价)×(1－增值税税率)

6. 商品价格是商品价值的货币表现。它与销售收入有着密切的联系，加强商品价格管理是财务管理的重要内容。

7. 营业利润是指企业从事经营活动所取得的利润，即销售利润。它是企业利润的主要来源，其计算公式为：

主营业务利润＋其他业务利润－销售费用－管理费用－财务费用＋投资收益＝营业利润

8. 主营业务利润是指生产企业从事产品销售、流通企业从事商品销售活动所获得的利润。它是销售业务的主要构成部分。其计算公式为：

主营业务净收入－主营业务成本－税金及附加＝主营业务利润

9. 其他业务利润是指企业除商品销售以外的其他销售活动所获得的利润。其计算公式为：

其他业务收入－其他业务成本－其他业务费用－其他业务税金及附加＝其他业务利润

10. 投资净收益是指企业对外投资所取得的收益减去对外投资所发生的损失后的净额。它是利润总额的构成部分。

11. 利润分配是指企业对税后净利润进行的分配。利润分配的项目有：弥补以前年度亏损、提取法定盈余公积和任意盈余公积、向投资者分配股利等。

12. 目标利润是指企业在计划期经过努力能够达到的利润水平。它是企业计划期生产经营活动综合经济效益的集中反映。

六、简答题

1. 加强企业收入管理，就是要及时取得销售收入。其意义在于：

(1) 可以保证企业再生产过程正常进行。

(2) 可以实现企业盈利。

(3) 可以加速企业资金周转。

2. 确认企业销售收入实现的标志是客户取得相关商品的控制权。

3. 产品定价的原则有三：一是要以产品价值为基础，使产品的价格基本符合其价值；二是要遵守国家价格政策，维护国家和消费者利益；三是要坚持按质论价，优质优价，低质低价。

4. 产品的出厂价格是指产品生产企业将产品销售给商品流通企业或其他生产企业所使用的价格。它是由产品的生产成本、销售税金和销售毛利(包括期间费用和利润)三部分构成的。

5. 预测销售趋势常用的方法有简单平均法、加权平均法、回归分析法和市场调查法。简单平均法简便易行，适用于销售量稳定的产品短期销售；加权平均法可以避免各期销售量差异平均化的缺点，适用于各期销售量有较大变化的产品；回归分析法一般可用于长期销售预测；市场调查法是定性预测方法，可结合上述几种定量预测方法进行，以提高销售预测的准确性。

6. 对产品进行市场调查应从三方面进行:一是对产品目前处于的不同寿命周期进行调查;二是对消费者情况包括经济、习惯、职业、爱好方面的差异进行调查;三是对同行业的竞争力情况进行调查(包括同类产品的品种、质量、包装、价格、售后服务等)。

7. 企业的利润总额是由营业利润、营业外收支净额等内容构成的。其计算公式为:

$$\text{利润总额} = \text{营业利润} + \text{营业外收入} - \text{营业外支出}$$

8. 企业缴纳所得税后的净利润,除国家另有规定外,一般按以下顺序进行:

(1) 弥补以前年度亏损。

(2) 提取法定盈余公积。

(3) 提取任意盈余公积。

(4) 向投资者分配股利。

9. 利润分配的原则有:

(1) 遵守财经法规,保证国家财政收入和企业生产经营需要。

(2) 兼顾企业所有者、经营者和职工的利益,考虑企业的长远利益和职工近期利益。

(3) 提高企业自我发展能力和承受风险能力，优先考虑企业积累，同时兼顾投资者利益。

(4) 处理好企业内部积累和职工利益的关系。

10. 营业外收入是指与企业生产经营无直接关系的各项收入。它包括非流动资产处置利得、接受捐赠、无法支付的应付款项等。

11. 营业外支出是指与企业生产经营无直接关系的各项支出。它包括固定资产报废净损失、公益救济性捐赠支出、赔偿金、违约金等罚款支出。

12. 量本利分析法是指利用产销量、成本和利润的依存关系，根据预计的销售量、销售价格和计划成本费用资料，确定计划期目标销售利润总额的一种方法。其计算公式为：

$$\begin{matrix}\text{预计销}\\\text{售数量}\end{matrix}\times\left(\begin{matrix}\text{预计单}\\\text{位售价}\end{matrix}-\begin{matrix}\text{预计单位}\\\text{变动成本}\end{matrix}\right)-\begin{matrix}\text{固定成}\\\text{本总额}\end{matrix}=\begin{matrix}\text{目标销售}\\\text{利润总额}\end{matrix}$$

七、业务计算题

1. $$\begin{matrix}\text{6 月份}\\\text{销售量}\end{matrix}=\frac{2\,500\times1+2\,800\times2+3\,200\times3+3\,000\times4+2\,800\times5}{1+2+3+4+5}$$

$$=\frac{43\,700}{15}=2\,913.33\text{(件)}$$

2.

甲产品销售量预测计算表

年度(n)	间隔期(x)	销售量(y)	x^2	xy
2016	−2	600	4	−1 200
2017	−1	700	1	−700
2018	0	800	0	0
2019	1	750	1	750
2020	2	700	4	1 400
$n=5$	$\sum x=0$	$\sum y=3\,550$	$\sum x^2=10$	$\sum xy=250$

根据表中资料：

$$a=\frac{3\,550}{5}=710\quad b=\frac{250}{10}=25$$

2021 年时间序数为 3。则：

$$2021\text{ 年预计销售量}=710+25\times3=785\text{(件)}$$

3. 年度目标销售利润＝9 000×(1 350－750)－270 000

＝5 130 000(元)

4. A、B产品销售总收入＝1 200×200＋800×1 000＝1 040 000(元)

A、B产品销售总成本＝840×200＋600×1 000＝768 000(元)

A、B产品销售总费用＝48×200＋32×1 000＝41 600(元)

A、B产品销售总税金＝60×200＋40×1 000＝52 000(元)

A产品销售利润＝(1 200－840－60)×200＝60 000(元)

B产品销售利润＝(800－600－40)×1 000＝160 000(元)

A、B产品销售利润＝60 000＋160 000＝220 000(元)

5. 其他业务收入＝100 000×(1＋10％)＝110 000(元)

其他业务利润＝110 000×$\left(\frac{6\ 000}{100\ 000}\times 100\%+2\%\right)$＝8 800(元)

营业外收入＝5 000×(1－10％)＝4 500(元)

营业外支出＝8 000×(1－10％)＝7 200(元)

6.

利润总额计划表

编制单位:甲企业　　　　20××年度　　　　单位: 元

项　　　　目	金　　额
一、营业收入	1 150 000
减: 营业成本	869 200
税金及附加	52 000
销售费用	41 600
管理费用	60 000
财务费用	10 000
二、营业利润	117 200
加: 营业外收入	4 500
减: 营业外支出	7 200
三、利润总额	114 500

7. (1) 2021 年需缴纳所得税。

2021 年应交所得税＝100×25％＝25(万元)

(2) 2021 年可分配股利。

2021 年税后利润＝100－25＝75(万元)

可分配股利基数＝80－180＋(5×15)＋75－15＝35(万元)

8. 剩余资金＝500×(1－20％)－200＝200(万元)

每股股利＝$\frac{200}{100}$＝2(元)

股利发放率＝$\frac{200}{500}$×100％＝40％

第九章　外汇业务管理

一、判断改错题

1. 对

2. 错(外汇经济风险主要是因汇率而引起的企业未来现金流量发生变动的风险。)

3. 错(如果一个国家的国际收支发生逆差,可能导致该国外汇汇率上升。)

4. 错(一般来说,一个国家的利率水平相对降低,就会引起国内短期资金外流,该国货币汇率就要趋向下浮。)

5. 错(企业以人民币向银行兑换外币,银行须按当天市场汇价的卖出价计算企业应得的外币。)

6. 对

二、填空题

1. 外汇资产　升值　贬值

2. 集中管理　统一经营　收支两条线

3. 外国货币　外币有价证券　外币支付凭证

4. 直接标价法　间接标价法

5. 收入结汇制　支付售汇制　人民币汇率并轨　加强外债偿还管理

6. 买入价　卖出价　中间价

三、单项选择题

1. D　2. C　3. A　4. B　5. C　6. B

四、多项选择题

1. ACD　2. BCD　3. ABC　4. BC　5. ABD

五、名词解释

1. 外汇是指一国拥有的外国货币和以外国货币表示的用于国际结算的各

种支付手段。

2. 汇率又称汇价，是指国际结算中一国货币与另一国货币的兑换比率。

3. 外汇风险是指因外汇汇率变动，使企业以外币计价的资产价值以及负债、收入和支出的增加或减少可能产生的损失或收益的风险。

4. 外汇市场是指从事外汇交易的市场。

5. 汇兑损益是指企业发生的外币业务在折合记账本位币时，由于业务发生的时间不同和所采用的汇率不同而产生的账面记账本位币的差额。

6. 结汇制即外汇收入结汇制，它是外汇管理体制改革的主要内容之一。结汇制是指中国境内所有企事业单位、机关和社会团体各类项目的外汇收入，除了部分有规定的外汇收入项目以外，必须按银行挂牌汇率，全部结售给外汇指定银行的制度。

六、简答题

1. 我国外汇管理的原则有：

(1) 一切外汇业务活动均由国家外汇管理部门集中管理。

(2) 一切外汇和国际结算业务统一由国家指定银行和其他经国家外汇管理部门批准的可以经营外汇业务的银行办理。

(3) 收支两条线，不能以外汇收入直接抵作外汇支出。一切外汇收入，及时向指定银行结汇；一切外汇支出，用人民币到指定银行兑付。

2. 加强外汇管理的意义主要有：

(1) 增加国家外汇收入，节约外汇支出，维护国家权益。

(2) 保持外汇收支平衡，发展国民经济。

(3) 降低外汇资金成本，减少外汇风险，提高企业经济效益。

3. 外汇风险有以下三种：

(1) 汇率折算风险，是指由于汇率变动，使折算后的外汇资产产生升值或贬值的风险。

(2) 商品交易风险，是指用外币结算的商品交易，在成交、收款、付款过程中，由于汇率变动产生的收入、支出的减少或增加的风险。

(3) 经济风险，是指因汇率变动而引起的企业未来现金流量发生变动的风险。

4. 外币业务在折合记账本位币时，由于时间不同导致汇率不一致而产生的账面差额，应按月末市场汇率的中间价折合为记账本位币金额，差额作为汇兑损益。汇兑损益的处理原则为：

(1) 企业筹建期内发生的汇兑净损失应计入开办费，按不短于5年期限平均摊销；汇兑净收益按不短于5年期限平均转销，或作弥补经营亏损，或留待并入清算收益。

(2) 企业生产经营期内发生的汇兑损益，应计入财务费用。

(3) 企业清算期内发生的汇兑损益，应计入清算损益。

5. 影响外汇汇率变动的主要因素有：

(1) 国际收支的顺差和逆差，影响外汇汇率下降和上升。

(2) 通货膨胀率的高低，影响外汇汇率下跌和上涨。

(3) 利率水平的提高和降低，影响外汇汇率的上浮和下浮。

6. 外汇汇率标价的方法有直接标价法和间接标价法。直接标价法的汇率表示一定单位的外币可兑换本国货币的金额；间接标价法的汇率表示一定单位的本国货币可兑换外国货币的金额。我国目前采用的是直接标价法。

第十章　财务分析

一、判断改错题

1. 对

2. 错(在计算速动资产时，要扣除存货等项目的原因在于这些项目的变现能力较差。)

3. 错(评价企业营运能力主要是分析其经营效率，即资金周转。)

4. 错(计算已获利息倍数时，其利息支出只包括财务费用中的利息费用，不包括资本化利息。)

5. 错(提高销售利润率的主要途径是扩大销售收入，降低成本费用。)

6. 对

二、填空题

1. 资本结构　资金营运　获利能力　偿债能力　发展能力

2. 比较分析法　趋势分析法　因素分析法　比率分析法

3. 资产负债率

4. 流动比率　速动比率　现金流动负债比率

5. 2∶1　有足够现金可以还债　现金流量

6. 每股收益额　每股净资产　市盈率　股利报偿率

三、单项选择题

1. D　2. C　3. B　4. C　5. A　6. B

四、多项选择题

1. ABC　2. ABC　3. ABD　4. AB　5. AD　6. ABD

五、名词解释

1. 比较分析法是指通过两个或两个以上相关指标进行对比,以确定数量差异的一种方法。

2. 因素分析法是指对某项综合指标的变动原因按其内在的组合因素进行数量分析,用以确定各个因素对指标的影响程度和方向的一种方法。

3. 比率分析法是指将两项相互依存、相互影响的财务指标进行计算,形成比率,以分析评价财务状况和经营水平的一种方法。

4. 流动资产周转率是指企业一定时期的销售净收入额与平均流动资产总额之比,即企业在一定时期内流动资产可以周转的次数。其计算公式为:流动资产周转率$=\frac{\text{销售净收入额}}{\text{平均流动资产总额}}$。

5. 营运能力是指企业经营的效率高低,即资金周转的速度快慢及其有效性。

6. 市盈率是指股票每股市价与每股收益额的比值。比值越小,投资性越强。其计算公式为:市盈率$=\frac{\text{每股市价}}{\text{每股收益额}}$。

六、简答题

1. 企业财务分析的作用主要在于动态地使用财务报表,满足企业内部和外部有关方面的特定需要。其主要作用为:

(1) 为企业内部管理者提供财务分析信息,评价企业管理效率,预测经营效益,指导企业经营,促进企业内部管理。

(2) 为企业外部投资者提供决策依据,帮助有关投资者进行投资分析和选择。

(3) 为社会提供上市公司财务信息,稳定证券市场投资者的心态及证券价格,促进证券市场正常运转。

2. 比率分析法是指将两项相互依存和影响的财务指标进行计算,形成比率,从而评价企业财务状况和经营水平的一种技术方法。它比比较分析法更具科学性、可比性，适用于不同经营规模企业之间的对比。现代企业比较注意财务支付能力、营运能力和盈利能力的分析。比率分析法能从财务现象到财务本质进行深化分析，因此成为当前财务分析的主要方法。

3. 盈利能力是指企业获取利润的能力。它是衡量企业经营效果的重要指标。分析盈利能力，可以从投资报酬、资本保值增值、销售收益水平、成本费用支出，以及经营亏损等方面进行分析，其分析指标有资产报酬率、资本保值增值率、销售利润率、成本费用率、经营亏损挂账比率等。

4. 偿债能力是指企业对各种到期的债务偿付能力。企业偿债能力衡量，主要是对资产和负债的分析，资产大于负债，企业具有偿债能力；反之，偿债能力不足。偿债能力分长期和短期，其分析指标也各有侧重。偿债能力的主要分析指标有资产负债率、已获利息倍数、流动比率、速动比率、现金流动负债比率和长期资产适合率等。

5. 速动比率是指企业在一定时期速动资产（流动资产减去变现能力较差的存货等项目）与流动负债之比。它是衡量企业近期偿债能力的指标。速动比率一般以 1∶1 为好，表示有较好的偿债能力。比率过高，资金往往会滞留在应收款项形态上；比率过低，则又表示支付能力不足。企业在运用这个指标时，要因行业各异，没有统一标准。

6. 资产负债率是分析评价企业绩效的基本指标。它是企业一定时期负债总额与资产总额之比，其计算公式为：$资产负债率=\frac{负债总额}{资产总额}\times 100\%$，即表示每 1 元资产所承担的负债总额。资产负债率是国际公认的衡量企业负债偿还能力和经营风险的重要指标，这个指标一般以 50%左右为好。比率过大，说明企业负债多，举债就困难；反之，说明资产中由债权人提供的部分较少，企业财力较强，但也反映了企业利用举债经营从而增加获利的机会就少。

七、业务计算题

1. (1) 计划数＝100×8×20＝16 000(元)

(2) 实际数＝120×9×19＝20 520(元)

(3) 分析因素：

$$100\times 8\times 20=16\,000(元) \quad ①$$

$$120\times 8\times 20=19\,200(元) \quad ②$$

$$120\times 9\times 20=21\,600(元) \quad ③$$

$$120\times9\times19=20\,520(\text{元}) \qquad ④$$

由于产品数量增加影响额②式－①式＝3 200(元)

由于产品单位工时增加影响额③式－②式＝2 400(元)

由于每小时工资减少影响额④式－③式＝－1 080(元)

三个因素共同影响使工资总额增加 3 200＋2 400－1 080＝4 520(元)

2. (1) 应收账款＝80 000(元)

(2) 流动资产＝80 000×(1÷25%)＝320 000(元)

(3) 流动负债＝320 000÷2＝160 000(元)

(4) 应付账款＝160 000×50%＝80 000(元)

(5) 存货＝320 000×50%＝160 000(元)

(6) 固定资产＝160 000×50%＝80 000(元)

(7) 资产总额＝320 000＋80 000＝400 000(元)

(8) 所有者权益＝320 000×75%＝240 000(元)

(9) 实收资本＝(240 000÷6)×5＝200 000(元)

(10) 未分配利润＝200 000÷5＝40 000(元)

(11) 短期借款＝160 000－80 000＝80 000(元)

(12) 交易性金融资产＝80 000÷2＝40 000(元)

(13) 银行存款－320 000－160 000－80 000－40 000＝40 000(元)

资产负债表(简表)

编制单位:某公司　　20××年 12 月 31 日　　金额单位: 元

资　　产	金　　额	负债和所有者权益	金　　额
银行存款	40 000	短期借款	80 000
交易性金融资产	40 000	应付账款	80 000
应收账款	80 000	实收资本	200 000
存货	160 000	未分配利润	40 000
固定资产	80 000		
总　　计	400 000	总　　计	400 000

3. (1) 资产负债率$=\frac{60\,000+120\,000+20\,000+420\,000}{1\,240\,000}\times100\%$

$$=\frac{620\,000}{1\,240\,000}\times100\%=50\%$$

（2）流动比率$=\frac{10\,000+90\,000+120\,000+180\,000+40\,000}{60\,000+120\,000+20\,000}=\frac{440\,000}{200\,000}=2.2$

（3）速动比率$=\frac{10\,000+90\,000+120\,000}{60\,000+120\,000+20\,000}=\frac{220\,000}{200\,000}=1.1$

（4）净资产收益率$=\frac{120\,000}{560\,000+60\,000}\times100\%=\frac{120\,000}{620\,000}\times100\%=19.35\%$

（5）销售利润率$=\frac{120\,000}{2\,400\,000}\times100\%=5\%$

4.

资产负债表(简表)

编制单位:某公司　　20××年12月31日　　单位:元

资　　产	金　　额	负债和所有者权益	金　　额
货币资金	20 000	流动负债	100 000
应收账款	100 000	非流动负债	60 000
存货	100 000	负债合计	160 000
流动资产合计	220 000	实收资本	200 000
固定资产	140 000	所有者权益合计	200 000
总　　计	360 000	总　　计	360 000

（1）应收账款＝1 000 000÷10＝100 000(元)

（2）利润额＝100 000×5%＝50 000(元)

（3）所有者权益＝50 000÷25%＝200 000(元)

（4）流动负债＝200 000÷2＝100 000(元)

（5）流动资产＝2.2×100 000＝220 000(元)

（6）速动资产＝1.2×100 000＝120 000(元)

（7）存货＝220 000－120 000＝100 000(元)

（8）负债＝200 000×80%＝160 000(元)

（9）非流动负债＝160 000－100 000＝60 000(元)

（10）负债和所有者权益＝160 000＋200 000＝360 000(元)

（11）固定资产＝360 000－220 000＝140 000(元)

（12）银行存款＝220 000－100 000－100 000＝20 000(元)

5.（1）流动比率$=\frac{208.4}{111}=1.88$

（2）速动比率$=\frac{208.4-128-4}{111}=0.69$

(3) 现金比率$=\frac{41}{111}=0.37$

(4) 资产负债率$=\frac{111+60}{296}=0.577$

(5) 产权比率$=\frac{111+60}{125}=1.37$

(6) 营业利润率$=\frac{140}{625}=0.22$

(7) 总资产净利率$=\frac{134}{296}=0.45$

(8) 净资产收益率$=\frac{134}{125}=1.07$

(9) 存货周转率$=\frac{375}{128}=2.93$(次)

(10) 流动资产周转率$=\frac{625}{208.4}=3$(次)

6. (1) 绘制杜邦分析图。

(2) 计算有关指标。

$$净资产收益率=\frac{净利润}{所有者权益}=\frac{134}{125}=1.07$$

$$总资产净利率=\frac{净利润}{总资产}=\frac{134}{296}=0.45$$

$$权益乘数=\frac{资产总额}{所有者权益}=\frac{296}{125}=2.368$$

$$营业净利率=\frac{净利润}{主营业务净收入}=\frac{134}{625}=0.214$$

$$总资产周转率=\frac{主营业务收入}{平均资产总额}=\frac{625}{\frac{304+296}{2}}=2.083(次)$$

$$资产负债率=\frac{负债总额}{资产总额}=\frac{171}{296}=0.5777$$

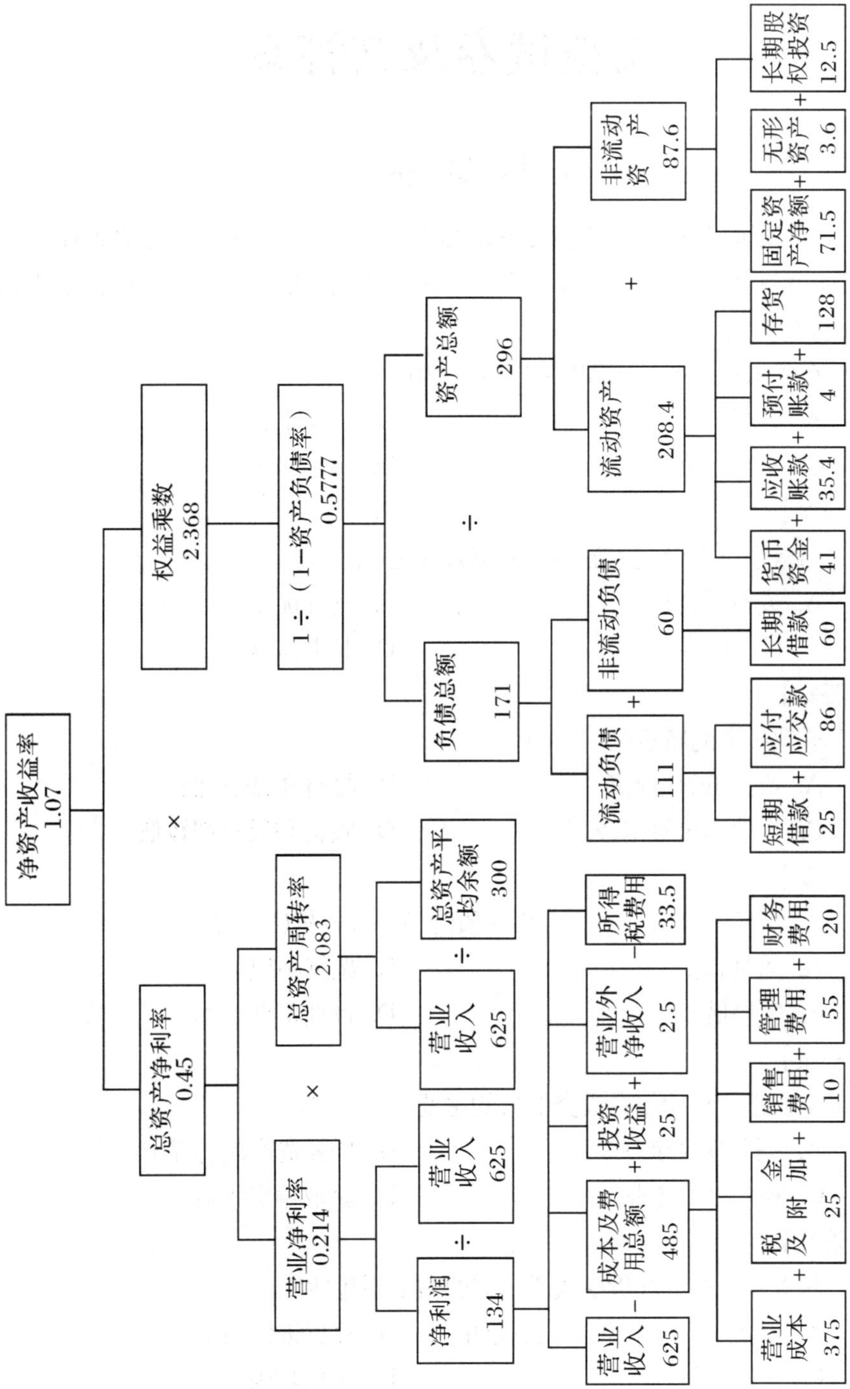
净资产收益率 1.07
×
总资产净利率 0.45
权益乘数 2.368
营业净利率 0.214
×
总资产周转率 2.083
1÷（1−资产负债率） 0.5777
净利润 134
÷
营业收入 625
营业收入 625
÷
总资产平均余额 300
负债总额 171
÷
资产总额 296
营业收入 625
−
成本及费用总额 485
+
投资收益 25
+
营业外净收入 2.5
−
所得税费用 33.5
流动负债 111
+
非流动负债 60
流动资产 208.4
+
非流动资产 87.6
营业成本 375
+
税金及附加 25
+
销售费用 10
+
管理费用 55
+
财务费用 20
短期借款 25
+
应付、应交款 86
长期借款 60
货币资金 41
+
应收账款 35.4
+
预付账款 4
+
存货 128
固定资产净额 71.5
+
无形资产 3.6
+
长期股权投资 12.5

杜邦分析图

模拟试卷及其答案

模拟试卷(一)

一、单项选择题(下列各小题备选答案中,只有一个符合题意的正确答案。请将答案用英文大写编号填入括号内。本题20分,每小题1分,多选、错选、不选均不得分。)

1. 在年末收入或付出款项的年金称为(　　)。

A. 预付年金　　B. 普通年金

C. 永续年金　　D. 递延年金

【答案】B

2. 通常企业资金成本最高的筹资方式是(　　)。

A. 发行普通股　　B. 发行优先股

C. 发行债券　　D. 长期借款

【答案】A

3. 股票投资的特点是(　　)。

A. 收益低,风险高　　B. 收益高,风险低

C. 收益和风险都较高　　D. 收益和风险都较低

【答案】C

4. 下列各项中,属于商业信用性质的筹资方式是(　　)。

A. 短期债券　　B. 票据贴现

C. 短期借款　　D. 商业汇票

【答案】D

5. 企业进行长期债券投资的目的主要是(　　)。

A. 调剂现金余款　　B. 增强资产流动性

C. 控制投资企业　　D. 获取稳定收益

【答案】D

6. 基本经济批量进货模式所依据的假设不包括(　　)。

A. 准确预测一定时期进货总量　　B. 存货进价稳定

C. 允许缺货　　D. 销售均衡

【答案】C

7. 某产品年度销售量为 3 600 件,其经济进货批量为 600 件,则其年度最佳批次为(　　)次。

A. 3　　B. 5

C. 4　　D. 6

【答案】D

8. 下列各项中,不属于信用条件构成要素的是(　　)。

A. 商业折扣　　B. 现金折扣期

C. 现金折扣率　　D. 信用期限

【答案】A

9. 下列各项中,不能用于弥补亏损的是(　　)。

A. 税前利润　　B. 资本公积

C. 未分配利润　　D. 盈余公积

【答案】B

10. 某公司借入年利率 6%的贷款 20 万元,如果每半年复利一次,其实际利率应为(　　)。

A. 6%　　B. 6.6%

C. 6.09%　　D. 12.36%

【答案】C

11. 每年年末存入银行 20 000 元,年利率为 5%,第 4 年年末从银行取出的存款金额是(　　)元。

A. 84 000　　B. 86 202

C. 85 010　　D. 84 310

【答案】B

12. 按制度规定,(　　)的固定资产,可以不提取折旧。

A. 融资租入　　B. 以经营租赁方式租出

C. 修理停用　　D. 以经营租赁方式租入

【答案】D

13. 下列项目中,不属于现金流出的是(　　)。

A. 设备更新支出　　B. 开办费摊销

C. 开办费支出　　D. 支付职工薪酬

【答案】B

14. 不存在财务杠杆作用的筹资方式是(　　)。

A. 发行债券　　B. 发行优先股

C. 发行普通股　　D. 银行借款

【答案】C

15. 企业采用自有资金方式筹集资金,财务风险小,付出的资金成本(　　)。

A. 较低　　B. 较高

C. 时高时低　　D. 等于零

【答案】B

16. 下列费用中,不属于企业管理费用列支的是(　　)。

A. 无形资产摊销　　B. 无形资产转让

C. 技术转让费　　D. 劳动保险费

【答案】B

17. 下列费用中,应计入产品制造成本的是(　　)。

A. 技术开发费　　B. 劳动保险费

C. 职工福利费　　D. 车间办公费

【答案】D

18. 产品的出厂价是产品单位制造成本加上(　　)。

A. 单位产品毛利　　B. 期间费用

C. 单位销售利润　　D. 制造费用

【答案】A

19. 租赁集资的主要缺点是(　　)。

A. 筹资风险高　　B. 筹资额小

C. 资金成本高　　D. 限制条款多

【答案】C

20. 计算发行债券的利息的依据是(　　)。

A. 债券面值　　B. 债券发行价

C. 债券市场价　　D. 协议、合约

【答案】A

二、多项选择题（下列各小题备选答案中，有两个或两个以上符合题意的正确答案，请将选定的答案用英文大写字母分别填入括号内。本题共 20 分，每小题 2 分，多选、少选、错选、不选均不得分。）

1. 下列筹资方式中，属于企业负债的有（　　）。

A. 融资租赁　　B. 发行债券

C. 银行借款　　D. 吸收投资

【答案】ABC

2. 采用普通股筹资方式的缺点主要有（　　）。

A. 筹资风险大　　B. 债务负担重

C. 资金成本高　　D. 控制权分散

【答案】AC

3. 工业投资项目的现金流入主要包括（　　）。

A. 固定资产折旧　　B. 回收流动资金

C. 营业收入　　D. 回收固定资产变现净值

【答案】BCD

4. 分析确定最佳现金持有量应考虑的成本有（　　）。

A. 现金与有价证券的转换成本　　B. 现金短缺成本

C. 现金管理费用　　D. 持有现金的机会成本

【答案】AD

5. 影响企业贡献毛益大小的因素有（　　）。

A. 销售单价　　B. 产销量

C. 单位变动成本　　D. 固定成本

【答案】ABC

6. 与股票投资相比，债券投资的主要缺点有（　　）。

A. 流动性风险大　　B. 投资收益不稳定

C. 购买力风险大　　D. 无经营管理权

【答案】CD

7. 我国外汇管理体制改革后的内容有（　　）。

A. 外汇留成制度　　B. 外汇收入结汇制

C. 外汇支付售汇制　　D. 人民币汇率并轨

【答案】BCD

8. 分析企业盈利能力可以运用的指标有(　　)。

A. 总资产周转率　　B. 总资产报酬率

C. 净资产收益率　　D. 资本保值增值率

【答案】BCD

9. 下列指标中,能更直接反映企业产品销售获利能力的有(　　)。

A. 主营业务利润率　　B. 资产利润率

C. 成本费用利润率　　D. 毛利率

【答案】AD

10. 下列指标中,能反映偿债能力的有(　　)。

A. 速动比率　　B. 存货周转率

C. 资产负债率　　D. 已获利息倍数

【答案】ACD

三、判断题(请在每小题后面的括号内填入判断结果,正确的用"√"表示,错误的用"×"表示。本题共10分,每小题1分,判断正确的得1分,判断错误的扣1分,不判断不得分,不扣分。本类题最低得分为零分。)

1. 企业以实现财富最大化作为财务管理的目标,就是力求企业账面资产总值达到最大。(　　)

【答案】×

2. 资金成本是指企业为筹集资金所必须支付的各种费用。(　　)

【答案】×

3. 在总资产报酬率不变的情况下,资产负债率越低,则自有资金利润率越高。(　　)

【答案】×

4. 提高企业现金流动负债率,不但能增加资产流动性,而且能增加机会成本。(　　)

【答案】√

5. 企业的留存收益是由利润形成的,因此没有资金成本。(　　)

【答案】×

6. 流动负债融资比长期负债融资成本低、时间短、偿债风险也小。(　　)

【答案】×

7. 一般来说,企业采用发行债券筹资方式的资金成本最高。(　　)

【答案】×

8. 股份公司发放股利,将使同期每股收益下降。 ( )

【答案】√

9. 现金持有成本中的管理费用与现金持有量的多少无关。 ( )

【答案】×

10. 如果一个国家的国际收支发生逆差,可能导致该国的外汇汇率下降。 ( )

【答案】×

四、填空题(请在各小题空格内填入正确答案,本题 10 分,每小题 2 分。)

1. 风险按形成的原因分为(　　　)和(　　　)。

【答案】经营风险　财务风险

2. 资金成本包括(　　　)和(　　　)两部分。

【答案】资金筹集费用　资金占用费用

3. 债权投资的风险因素主要有(　　　)(　　　)(　　　)和(　　　)。

【答案】利率风险　流动性风险　违约风险　购买力风险

4. 影响产品成本变动的因素主要有(　　　)(　　　)(　　　)和(　　　)。

【答案】直接材料　直接人工　制造费用　废品损失

5. 我国外汇管理实行(　　　)(　　　)和(　　　)的原则。

【答案】集中管理　统一经营　收支两条线

五、计算分析题(本类题 25 分,第一小题 10 分,第二小题 15 分。各计算项目应列出计算过程,计算结果应标明计量单位,有小数点的保留两位小数。要求分析或说明理由的,要有文字阐述。)

1. 某公司今年年末所有者权益总额为 4 500 万元,普通股3 000万股。资本结构为长期负债占 55%,所有者权益占 45%,无需要付息的流动负债。所得税税率为 25%,预计明年平均利率为 10%。

董事会安排明年资金,提出:

(1) 计划年度分配现金股利 0.05 元/股。

(2) 为新投资项目筹集 200 万元资金。

(3) 维持现有资本结构,不增发新股,不举借短期借款。

要求：测算实现董事会上述要求所需的息税前利润。

【答案】

(1) 发放现金股利所需税后利润=0.05×3 000=150(万元)

(2) 投资项目所需税后利润=2 000×45%=900(万元)

(3) 计划年度的税后利润=150+900=1 050(万元)

(4) 税前利润$=\frac{1\,050}{1-25\%}=1\,400$(万元)

(5) 计划年度借款利息$=\left(\frac{4\,500}{45\%}\times55\%+2\,000\times55\%\right)\times10\%=660$(万元)

(6) 息税前利润=1 400+660=2 060(万元)

2. 某公司20××年12月31日资产负债表所列资料如下：

资产负债表(简表)

编制单位:某公司　　　　单位：万元

资　　产	金　额	负债及所有者权益	金　额
货币资金	520	应付账款	□
应收账款	□	应交税费	500
存货	□	非流动负债	□
固定资产净额	5 880	负债合计	□
无形资产	400	实收资本	5 000
		未分配利润	□
		所有者权益合计	□
资产合计	9 040	负债及所有者权益合计	□

补充资料：

(1) 年末流动比率1.5。

(2) 产权比率0.6。

(3) 存货周转率,以销售额和期末存货计算为16次;以销售成本和期末存货计算为11.5次。

(4) 本年毛利6 300万元。

要求：计算下列项目,并列出计算过程。

(1) 计算资产负债表中空格的数字。

(2) 计算有形资产负债率及有形净值负债率。

【答案】

(1) 销售收入÷存货=16(次)

销售成本÷存货=11.5(次)

销售收入÷存货−销售成本÷存货=4.5(次)

销售毛利=销售收入−销售成本=6 300(万元)

存货=6 300÷4.5=1 400(万元)

(2) 应收账款净额=9 040−520−1 400−5 880−400=840(万元)

流动负债=流动资产÷流动比率=(520+840+1 400)÷1.5=1 840(万元)

应付账款余额=流动负债−应交税费=1 840−500=1 340(万元)

(3) 产权比率=0.6=负债总额÷所有者权益

资产总额=负债总额+所有者权益总额=9 040(万元)

所有者权益=9 040−0.6×所有者权益总额=9 040÷1.6=5 650(万元)

未分配利润=5 650−5 000=650(万元)

(4) 负债总额=9 040−5 650=3 390(万元)

非流动负债=3 390−1 840=1 550(万元)

有形资产总值=9 040−400=8 640(万元)

有形资产负债率=3 390÷8 640=0.39

有形净值负债率=3 390÷(8 640−3 390)=0.65

六、综合题(本题15分。凡要求计算的项目,均须列出计算过程,计算结果要标明计量单位,如有小数点要保留两位小数,两位后四舍五入。有要求分析或说明理由的要有文字说明。)

某公司20××年资产负债表(简表)如下:

资产负债表(简表)

编制单位:某公司　　20××年12月31日　　金额单位:万元

资　　产	金　额	负债及所有者权益	金　额
货币资金	50	流动负债合计	110
应收账款净额	65	非流动负债合计	145
存货	80	负债合计	255
预付账款	15		
流动资产合计	210	所有者权益合计	355
固定资产净值	400		
总　计	610	总　计	610

该公司20××年的销售净收入507万元(其中赊销净额为285万元),净利润为126.75万元。20××年年初所有者权益为350万元。

要求:根据上述资料:

(1) 计算20××年流动比率、速动比率、产权比率、资产负债率。

(2) 计算20××年应收账款周转率、固定资产周转率和总资产周转率。

(3) 计算20××年销售净利率、净资产收益率和资本保值增值率。

【答案】

(1) 流动比率 $=\frac{210}{110}=1.91$

速动比率 $=\frac{210-80-15}{110}=1.05$

产权比率 $=\frac{255}{355}=0.72$

资产负债率 $=\frac{255}{610}\times 100\%=41.8\%$

(2) 应收账款周转率 $=\frac{285}{65}=4.38$(次)

固定资产周转率 $=\frac{507}{400}=1.27$(次)

总资产周转率 $=\frac{507}{610}=0.83$(次)

(3) 销售净利率 $=\frac{126.75}{507}\times 100\%=25\%$

净资产收益率 $=\frac{126.75}{355}\times 100\%=35.7\%$

资本保值增值率 $=\frac{355}{350}\times 100\%=101.43\%$

模拟试卷(二)

一、单项选择题(下列各小题备选答案中只有一个符合题意的正确答案,请将答案用英文大写编号填入括号内。本题20分,每小题1分,多选、错选、不选均不得分。)

1. 下列项目中,不属于普通股股东权利的是(　　)。

A. 公司管理权　　B. 优先分配剩余财产权

C. 分享盈余权　　D. 优先认股权

【答案】B

2. 股份有限公司的管理目标是(　　)。

A. 产值最大化　　B. 每股收益最大化

C. 股东财富最大化　　D. 利润最大化

【答案】C

3. 企业流动资金投入通常发生在(　　)。

A. 建设期末　　B. 计算期初

C. 建设期初　　D. 经营期末

【答案】A

4. 最关心企业资本保值增值状况的主体是(　　)。

A. 企业债权人　　B. 企业经营者

C. 上级主管部门　　D. 企业所有者

【答案】D

5. 下列指标中,可衡量企业短期偿债能力的指标是(　　)。

A. 产权比率　　B. 流动比率

C. 已获利息倍数　　D. 流动资产周转率

【答案】B

6. 在一定时期内每期期初等额收款、付款的是(　　)。

A. 永续年金　　B. 即付年金

C. 普通年金　　D. 递延年金

【答案】B

7. (　　)是筹措短期资金的常用筹资方式。

A. 商业信用　　B. 发行债券

C. 发行股票　　D. 融资租赁

【答案】A

8. 股份公司的税后利润应当先(　　)。

A. 支付股利　　B. 提取法定公积金

C. 弥补以前年度亏损　　D. 提取任意公积金

【答案】C

9. 原来流动比率大于1,现在以20 000元缴纳应交税费,则现在的流动比率是(　　)。

A. 上升　　B. 下降

C. 不变　　D. 无法确定

【答案】A

10. 与股票筹资相比,银行借款的缺点是(　　)。

A. 筹资成本高　　B. 财务风险大

C. 筹资速度慢　　D. 借款弹性差

【答案】B

11. 某公司拟在5年后以银行存款200 000元购买汽车一辆,银行利率为6%,该公司现在应存入的款项是(　　)元。

A. 149 460　　B. 140 000

C. 167 050　　D. 156 060

【答案】A

12. 某企业投资1 000万元于某项目,建设期内利息支出100万元,预计该项目投产后每年净现金流量为176万元,年平均利润为132万元,该项目投资报酬率为(　　)。

A. 13.2%　　B. 16%

C. 12%　　D. 17.6%

【答案】C

13. 某企业上年度初与年度末的所有者权益分别为500万元和600万元,其资本保值增值率为(　　)。

A. 167%　　B. 83%

C. 120%　　D. 20%

【答案】C

14. 现金是一种资产,它的特点是(　　)。

A. 流动性强、盈利性差　　B. 流动性差、盈利性强

C. 流动性和盈利性均强　　D. 流动性和盈利性均差

【答案】A

15. 某公司资产总额为12 000万元,负债总额为4 000万元,该公司累计发行债券应不超过(　　)万元。

A. 1 600　　B. 2 400

C. 3 200　　D. 4 800

【答案】C

16. 任何经济预测的准确性都是相对的,预测的时间越短,不确定的程度就(　　)。

A. 越高　　B. 越低

C. 越不确定　　D. 等于零

【答案】B

17. 在赊销业务中,企业允许购货方从购货到付款的间隔时间是(　　)。

A. 付款时间　　B. 折扣期限

C. 信用期限　　D. 信用条件

【答案】C

18. 决定产品销售收入的主要因素是产品的销售量和(　　)。

A. 产品销售价格　　B. 产品销售利润

C. 产品销售成本　　D. 产品销售质量

【答案】A

19. 企业先将自有的固定资产卖给出租人,然后再将此项固定资产租回使用,这种融资租赁方式属于(　　)。

A. 直接租赁　　B. 经营租赁

C. 杠杆租赁　　D. 售后租回

【答案】D

20. 下列项目中,属于具有债务和权益双重特性的混合性筹资方式是(　　)。

A. 商业信用　　B. 可转换债券

C. 留存收益　　D. 应付债券

【答案】B

二、多项选择题(下列各小题备选答案中有两个或两个以上符合题意的正确答案,请将选定的答案用英文大写字母分别填入括号内。本题共20分,每小题2分,多选、少选、错选、不选均不得分。)

1. 影响汇率变动的因素有(　　)。

A. 国际收支顺、逆差　　B. 通货膨胀率高低

C. 利率水平高低　　D. 借款还款的币种不同

【答案】BC

2. 自企业宣布终止前6个月至终止日止期间,下列行为中,属于无效的有(　　)。

A. 提前偿还未到期债务　　B. 隐匿私分财产

C. 处理积压物资　　D. 偿付到期债务

【答案】AB

3. 下列指标中,用于分析企业长期偿债能力的有(　　)。

A. 流动比率　　B. 资产负债率

C. 速动比率　　D. 产权比率

【答案】BD

4. 应收账款周转率高,表明企业(　　)。

A. 变现速度快　　B. 资产流动性强

C. 坏账损失少　　D. 账龄短

【答案】ABCD

5. 按收款、付款次数和时间的不同,年金可分为(　　)等形式。

A. 递延年金　　B. 后付年金

C. 永续年金　　D. 间隔年金

【答案】ABC

6. 下列指标中,用以表示风险大小的指标有(　　)。

A. 标准离差　　B. 标准离差率

C. 概率　　D. 期望值

【答案】CD

7. 计算经营期净现金流量时,与折旧额性质相同的项目有(　　)。

A. 无形资产摊销额　　B. 回收额

C. 长期待摊费用摊销额　　D. 净利

【答案】AC

8. 股票投资的优点有(　　)。

A. 购买力风险低　　B. 投资收益高

C. 收入稳定　　D. 拥有控股权

【答案】ABD

9. 下列方法中,属于固定资产重估方法的有(　　)。

A. 重置成本法　　B. 物价指数法

C. 加权平均法　　D. 国家定价法

【答案】ABD

10. 固定利率债券比变动利率债券风险大的因素有(　　)。

A. 利率风险　　B. 再投资风险

C. 购买力风险　　D. 变现力风险

【答案】AC

三、判断题(请在每小题后面的括号内填入判断结果,正确的用"√"表示,错误的用"×"表示。本题共10分,每小题1分,判断正确的得1分,判断错误的扣1分,不判断不得分、不扣分。本类题最低得分为零分。)

1. 因为抵押借款要有抵押品作抵押,因此资金成本一般要比非抵押借款低。(　　)

【答案】×

2. 企业流动比率越高,说明偿还短期债务的流动资产保证程度越强,有足够的现金还债。(　　)

【答案】×

3. 企业的业务量不论如何变动,其相关范围内的固定成本总额始终不变。(　　)

【答案】√

4. 债券投资的收益主要是利息,为此债券投资必须要考虑资金时间价值。(　　)

【答案】×

5. 运用因素分析法时,企业可按各因素的依存关系排列顺序,依次替代;也可任意更换其顺序,结果相同。(　　)

【答案】×

6. 一般来说,已获利息倍数越大,企业偿还债务的可能性也越大。(　　)

【答案】√

7. 存货的经济批量是指达到最低的订货成本的批量。(　　)

【答案】×

8. 一般来说,一个国家的利率水平相对降低,就会引起国际短期资金内流,该国货币汇率就要趋于上浮。(　　)

【答案】×

9. 清算机构在清理企业财产以后,发现资不抵债,应将清算事务移交人民法院。(　　)

【答案】×

10. 国家以社会管理者身份取得的各项税收等收入，也属于国有资产收益，要纳入国有资产经营预算。 (　　)

【答案】×

四、填空题(请在各小题空格内填入正确答案。本题共10分，每小题2分。)

1. 年金按收付款的时点不同，可以分为(　　　)(　　　)(　　　)和(　　　)。

【答案】普通年金　即付年金　递延年金　永续年金

2. 融资租赁按出租资产取得的方式可以分为(　　　)(　　　)和(　　　)三种形式。

【答案】直接租赁　租回租赁　杠杆租赁

3. 按规定(　　　)(　　　)和(　　　)不能用于支付股利。

【答案】资本公积　盈余公积　股本

4. 国有资产的内容包括(　　　)(　　　)(　　　)和(　　　)。

【答案】经营性国有资产　非经营性国有资产　资源性国有资产国有无形资产

5. 企业从税后利润中提取的盈余公积可用于(　　　)经过批准也可用于(　　　)。

【答案】弥补亏损　转增公积金

五、计算分析题(本类题25分，第一小题15分，第二小题10分。各计算项目应列出计算过程。计算结果应标明计量单位，有小数点的保留两位小数，两位后四舍五入。要求分析或说明理由的，要有文字阐述。)

1. 某公司20××年有关财务资料如下：

(1) 流动比率为3。

(2) 速动比率为1.78。

(3) 赊销收入为72万元。

(4) 净利润为4万元。

(5) 平均收账期为40天。

(6) 自有资金利润率为12.5%。

(7) 期初应收账款为7.5万元。

(8) 期初所有者权益为30万元。

要求：填列资产负债表(简表)中的数字。

资产负债表(简表)

编制单位:某公司　　　　20××年12月31日　　　　单位:万元

资　产	金　额	负债和所有者权益	金　额
货币资金	8	流动负债	(4)
应收账款	(1)	非流动负债	(5)
存货	(2)	所有者权益	(6)
固定资产净额	25		
总　计	(3)	总　计	(7)

【答案】

(1) 应收账款周转率$=\frac{360}{40}=9$(次)

应收账款$=\frac{72}{9}=8$(万元)

(2) $\frac{8+8+\text{存货}}{9}=3$

存货=11(万元)

(3) 总资产=8+8+11+25=52(万元)

(4) $\frac{8+8}{\text{流动负债}}=\text{速动比率}=1.78$

流动负债=9(万元)

(5) 非流动负债=52−9−32=11(万元)

(6) $\frac{4}{\text{所有者权益}}=12.5\%$

所有者权益=32(万元)

(7) 负债和所有者权益总计=9+11+32=52(万元)

2. 某公司预计明年税后利润为200万元,发行在外的普通股为100万股。

要求:(1) 设该股票市盈率为5倍,计算其股票价值。

(2) 预计其盈余的60%用于发放现金股利,股票获利率为2%,计算其股票价值。

【答案】

(1) 每股盈余=200÷100=2(元)

股票价值＝2×5＝10(元)

(2) 股利总值＝200×60%＝120(万元)

每股股利＝120÷100＝1.20(元)

股票价值＝$\frac{1.20}{2\%}$＝60(元)

六、综合题(本题 15 分。要求计算的项目，均须列出计算过程，计算结果要标明计量单位，如有小数点要保留两位小数，两位后四舍五入。有要求分析或说明理由的，要有文字说明。)

某公司 20××年资产负债表(简表)如下：

资产负债表(简表)

编制单位:某公司　　　　20××年 12 月 31 日　　　　单位: 万元

资　　产	金　额	负债和所有者权益	金　额
货币资金	40	应付账款	40
交易性金融资产	□	短期借款	□
应收账款净额	□	非流动负债	□
存货	160	实收资本	200
固定资产净值	□	未分配利润	□
资产合计	□	负债和所有者权益合计	□

其他有关财务指标如下：

(1) 非流动负债是所有者权益的$\frac{1}{3}$。

(2) 短期借款是非流动负债的 0.5。

(3) 未分配利润是实收资本的 20%。

(4) 应收账款周转率为 5(次)。

(5) 销售毛利率为 20%。

(6) 产品赊销净额为 400 万元。

(7) 总资产周转率为 2.5 次。

要求：根据上列资料，将正确数字填入资产负债表空格，并计算存货周转率、销售收入和销售成本(在表外列出计算过程)。

【答案】

资产负债表

编制单位:某公司　　20××年12月31日　　单位:万元

资　　产	金　额	负债和所有者权益	金　额
货币资金	40	应付账款	40
交易性金融资产	40	短期借款	40
应收账款净额	80	非流动负债	80
存货	160	实收资本	200
固定资产	80	未分配利润	40
资产总计	400	负债和所有者权益总计	400

计算过程如下:

(1) 未分配利润＝200×20％＝40(万元)

(2) 所有者权益＝200＋40＝240(万元)

(3) 非流动负债＝240÷3＝80(万元)

(4) 短期借款＝80×0.5＝40(万元)

(5) 流动负债合计＝40＋40＝80(万元)

(6) 总资产周转率$=\frac{销售收入}{资产总额}=2.5$(次)

资产总额＝240＋80＋80＝400(万元)

(7) 销售收入＝400×2.5＝1 000(万元)

(8) 销售成本＝(1－销售毛利率)×销售收入

＝(1－20％)×1 000＝800(万元)

(9) 存货周转率$=\frac{销售成本}{存货}=\frac{800}{160}=5$(次)

(10) 应收账款周转率$=\frac{400}{应收账款余额}=5$(次)

应收账款＝80(万元)

(11) 交易性金融资产＝400－80－160－80－40＝40(万元)

模拟试卷(三)

一、单项选择题(下列各小题备选答案中只有一个符合题意的正确答案,请将答案用英文大写编号填入括号内。本题20分,每小题2分,多选、错选、不选均不得分。)

1. 企业财务管理工作环节的核心环节是(　　)。

A. 财务预测　　B. 财务决策

C. 财务控制　　D. 财务分析

【答案】B

2. 普通年金终值系数的倒数是(　　)。

A. 年金现值系数　　B. 偿债基金系数

C. 复利现值系数　　D. 资本回收系数

【答案】B

3. 下列各项中,属于自然性筹资的是(　　)。

A. 应付账款　　B. 融资租赁

C. 短期借款　　D. 应付债券

【答案】A

4. 一定时间内每期期初等额收付的系列款项,称为(　　)。

A. 即付年金　　B. 普通年金

C. 递延年金　　D. 永续年金

【答案】A

5. 下列筹资方式中,不需考虑筹资费用的筹资方法是(　　)。

A. 银行借款　　B. 发行股票

C. 发行债券　　D. 留存收益

【答案】D

6. 出租人既出租某项资产,又以该项资产为担保借入资金的租赁方式是(　　)。

A. 经营租赁　　B. 直接租赁

C. 杠杆租赁　　D. 售后租回

【答案】C

7. 某投资项目的净现值为500万元,折现率为10%,项目计算为10年,其年等额净回收额为(　　)万元。

A. 31.35　　B. 61.44

C. 79.65　　D. 81.37

【答案】D

8. 投资项目中的现金流出量不包括(　　)。

A. 经营成本　　B. 折旧费用

C. 流动资产投资　　D. 经营成本

【答案】B

9. 在影响客户资信度因素中，决定企业是否给予客户信用的首要因素为(　　)。

A. 偿付能力　　B. 经济状况

C. 信用品质　　D. 资本

【答案】C

10. (　　)指标既是企业盈利能力指标的核心，也是杜邦体系的核心指标。

A. 净资产收益率　　B. 销售利润率

C. 总资产报酬率　　D. 资本保值增值率

【答案】A

二、多项选择题(下列各小题备选答案中，有两个或两个以上符合题意的正确答案，请将选定的答案用英文大写字母分别填入括号内，本类题共 20 分，每小题 2 分，多选、少选、错选、不选均不得分。)

1. 速动资产是流动资产总额扣除(　　)等后的余额。

A. 存货　　B. 银行存款

C. 预付账款　　D. 待处理财产损失

【答案】ACD

2. 影响债券发行价格的因素有(　　)。

A. 票面利率　　B. 债券期限

C. 市场利率　　D. 债券面值

【答案】ABCD

3. 从股东因素考虑，股东限制股利的支付，可以达到(　　)的目的。

A. 稳定收入　　B. 避税

C. 逃避风险　　D. 防止控制权分散

【答案】BD

4. 利润分配政策直接影响企业的(　　)。

A. 经营能力　　B. 市场价值

C. 筹资能力　　D. 盈利水平

【答案】BC

5. 采用现金股利形式，企业必须具备的条件有(　　)。

A. 有足够的现金　　B. 有足够的净利润

C. 有足够的留存收益　　D. 有足够未指明用途的留存收益

【答案】AD

6. 存货的取得成本通常包括(　　)。

A. 订货成本　　B. 购置成本

C. 储存成本　　D. 缺货成本

【答案】AB

7. 企业为交易动机持有的现金,可以用于(　　)。

A. 缴纳税款　　B. 发放股利

C. 补贴灾害　　D. 证券投机

【答案】AB

8. 下列各项中,属于商业货币证券的有(　　)。

A. 商业汇票　　B. 银行汇票

C. 商业本票　　D. 支票

【答案】AC

9. 下列项目中,属于现金流入量项目的有(　　)。

A. 营业收入　　B. 回收流动资金

C. 节约经营成本　　D. 收益留成

【答案】AB

10. 下列各项目中,可构成建设投资内容的有(　　)。

A. 固定资产投资　　B. 无形资产投资

C. 流动资产投资　　D. 开办费投资

【答案】ABD

三、判断题(请在每小题后面括号内填入判断结果,正确的用"√"表示,错误的用"×"表示。本题共20分,每小题2分,判断正确的得2分,判断错误的扣2分,不判断不得分、不扣分。)

1. 一般而言,利率下降,证券价格也下降,利率上升,证券价格也上升。(　　)

【答案】×

2. "财务费用"账户的发生额可以大体上反映企业资金成本的实际数额。(　　)

【答案】×

3. 当经营杠杆系数趋于无穷大时，企业的营业利润率为零。（ ）

【答案】√

4. 企业的最优资金结构是指在一定条件下，使企业自有资金成本最低的资金结构。（ ）

【答案】×

5. 永续年金，既有终值，又有现值。（ ）

【答案】×

6. 事故发生的原因是风险损失。（ ）

【答案】×

7. 风险由风险因素、风险事故和风险损失三个要素组成。（ ）

【答案】√

8. 企业与政府之间的财务关系体现为一种投资与受资的关系。（ ）

【答案】×

9. 影响财务管理的经济环境因素主要包括经济周期、经济发展水平、经济政策和金融市场状况。（ ）

【答案】×

10. 从财务管理角度而言，企业价值是企业全部资产的市场价值，它反映了企业潜在或预期获利的能力。（ ）

【答案】√

四、计算分析题（本类题 40 分，第一小题 5 分，第二小题 10 分，第三小题 10 分，第 4 小题 15 分。各计算项目列出计算过程，计量单位，并用文字说明理由。）

1. 某公司有一项交易，有甲、乙两种付款方式可供选择。

甲付款方式：现付 10 万元，一次结清。

乙付款方式：分 3 年付款，1～3 年各年年初的付款额分别为 3 万元、4 万元、4 万元。

设年利率为 10%。

要求：按现值计算，判断以何种付款方式为优。

【答案】

$P_{甲}=10$(万元)

$P_{乙}=3+4\times(P/A,10\%,2)=3+4\times1.7355=9.942$(万元)

以乙付款方式为好。

2. 某公司以融资租赁方式从租赁公司租入设备,价款为100万元,租期为6年,到期后设备归企业所有,双方商定的折现率为14%,现有两种付款方式可选择。

A. 从租赁当年年末开始每年年末等额付款25万元。

B. 从租赁当年年初开始每年年末等额付款23万元。

要求:

(1) 计算企业应支付的每年先付租金和后付租金。

(2) 根据计算结果判断选择哪种付款方式为好。

【答案】

(1) 等额后付年金=100÷(P/A,14%,6)=100÷3.8887=25.72(万元)

(2) 等额先付年金=100÷[(P/A,14%,5)+1]

=100÷[(3.4331+1)]=22.56(万元)

(3) 25.72万元大于25万元,22.56万元小于23万元,因此A方案为好。

3. 某企业全年需外购商品1 200件,每批进货费用为400元,单位商品年储存成本为6元,该商品每件进价为10元。供货单位规定,客户每批购买数量不足600件,按标准价格计算,每批购买数量超过600件,价格优惠3%。

要求:

(1) 计算该企业进货批量为多少时,才是有利的。

(2) 计算该企业最佳进货次数。

(3) 计算该企业最佳的进货间隔期。

(4) 计算该企业经济进货批量的平均占用资金。

【答案】

(1) ① 在没有折扣的情况下:

$$最佳进货批量=\sqrt{\frac{2\times 1\,200\times 400}{6}}=400(件)$$

$$存货成本总额=1\,200\times 10+(1\,200\div 400)\times 400+(400\div 2)\times 6$$
$$=14\,400(元)$$

② 取得折扣3%情况下企业必须按600件进货。

$$存货总成本=1\,200\times 10\times(1-3\%)+(1\,200\div 600)\times 400+(600\div 2)\times 6$$
$$=11\,640+800+1\,800$$
$$=14\,240(元)$$

③ 通过计算，进货批量 600 件的总成本低于进货批量 400 件的总成本，以按 600 件进货有利。

(2) 最佳进货次数＝1 200÷600＝2(次)

(3) 最佳进货间隔期＝360÷2＝180(天)

(4) 平均占用资金＝(600÷2)×10×(1－3%)＝2 910(元)

4. 某公司下设 A、B 两个子公司，A 子公司的投资额为 200 万元，投资利润率为 15%；B 子公司的投资利润率为 17%，剩余收益为 20 万元，某公司要求平均最低投资利润率为 12%。追加投资 100 万元，如果投向 A 子公司，每年可增利润 20 万元，如果投向 B 子公司，每年可增加利润 15 万元。

要求：

(1) 计算追加投资前 A 子公司的剩余收益。

(2) 计算追加投资前 B 子公司的投资额。

(3) 计算追加投资前某公司的投资利润率。

(4) 如果 A 子公司接受追加投资，计算其剩余收益。

(5) 如果 B 子公司接受追加投资，计算其投资利润率。

【答案】

(1) A 子公司的利润额＝200×15%＝30(万元)

A 子公司的剩余收益＝30－200×12%＝6(万元)

(2) B 子公司的利润额＝投资额×17%

B 子公司的剩余收益＝投资额×17%－投资额×12%＝20(万元)

B 子公司投资额＝20÷(17%－12%)＝400(万元)

(3) 某公司追加投资前的投资利润率＝$\frac{200\times15\%+400\times17\%}{200+400}$＝16.33%

(4) A 子公司接受追加投资后的剩余收益＝(200×15%＋20)－(200＋100)×12%＝14(万元)

(5) B 子公司接受追加投资后的投资利润率＝$\frac{400\times17\%+15}{400+100}$＝16.6%

附表一

1 元复利终

期数	1%	2%	3%	4%	5%	6%	7%	8%	9%	10%
1	1.0100	1.0200	1.0300	1.0400	1.0500	1.0600	1.0700	1.0800	1.0900	1.1000
2	1.0201	1.0404	1.0609	1.0816	1.1025	1.1236	1.1449	1.1664	1.1881	1.2100
3	1.0303	1.0612	1.0927	1.1249	1.1576	1.1910	1.2250	1.2597	1.2950	1.3310
4	1.0406	1.0824	1.1255	1.1699	1.2155	1.2625	1.3108	1.3605	1.4116	1.4641
5	1.0510	1.1041	1.1593	1.2167	1.2763	1.3382	1.4026	1.4693	1.5386	1.6105
6	1.0615	1.1262	1.1941	1.2653	1.3401	1.4185	1.5007	1.5809	1.6771	1.7716
7	1.0721	1.1487	1.2299	1.3159	1.4071	1.5036	1.6058	1.7138	1.8280	1.9487
8	1.0829	1.1717	1.2668	1.3686	1.4775	1.5938	1.7182	1.8509	1.9926	2.1436
9	1.0937	1.1951	1.3048	1.4233	1.5513	1.6895	1.8385	1.9990	2.1719	2.3579
10	1.1046	1.2190	1.3439	1.4802	1.6289	1.7908	1.9672	2.1589	2.3674	2.5937
11	1.1157	1.2434	1.3842	1.5395	1.7103	1.8983	2.1049	2.3316	2.5804	2.8531
12	1.1268	1.2682	1.4258	1.6010	1.7959	2.0122	2.2522	2.5182	2.8127	3.1384
13	1.1381	1.2936	1.4685	1.6651	1.8856	2.1329	2.4098	2.7196	3.0658	3.4523
14	1.1495	1.3195	1.5126	1.7317	1.9799	2.2609	2.5785	2.9372	3.3417	3.7975
15	1.1610	1.3459	1.5580	1.8009	2.0789	2.3966	2.7590	3.1722	3.6425	4.1772
16	1.1726	1.3728	1.6047	1.8730	2.1829	2.5404	2.9522	3.4259	3.9703	4.5950
17	1.1843	1.4002	1.6528	1.9479	2.2920	2.6928	3.1588	3.7000	4.3276	5.0545
18	1.1961	1.4282	1.7024	2.0258	2.4066	2.8543	3.3799	3.9960	4.7171	5.5599
19	1.2081	1.4568	1.7535	2.1068	2.5270	3.0256	3.6165	4.3157	5.1417	6.1159
20	1.2202	1.4859	1.8061	2.1911	2.6533	3.2071	3.8697	4.6610	5.6044	6.7275
21	1.2324	1.5157	1.8603	2.2788	2.7860	3.3996	4.1406	5.0338	6.1088	7.4002
22	1.2447	1.5460	1.9161	2.3699	2.9253	3.6035	4.4304	5.4365	6.6586	8.1403
23	1.2572	1.5769	1.9736	2.4647	3.0715	3.8197	4.7405	5.8715	7.2579	8.2543
24	1.2697	1.6084	2.0328	2.5633	3.2251	4.0489	5.0724	6.3412	7.9111	9.8497
25	1.2824	1.6406	2.0938	2.6658	3.3864	4.2919	5.4274	6.8485	8.6231	10.835
26	1.2953	1.6734	2.1566	2.7725	3.5557	4.5494	5.8074	7.3964	9.3992	11.918
27	1.3082	1.7069	2.2213	2.8834	3.7335	4.8823	6.2139	7.9881	10.245	13.110
28	1.3213	1.7410	2.2879	2.9987	3.9201	5.1117	6.6488	8.6271	11.167	14.421
29	1.3345	1.7758	2.3566	3.1187	4.1161	5.4184	7.1143	9.3173	12.172	15.863
30	1.3478	1.8114	2.4273	3.2434	4.3219	5.7435	7.6123	10.063	13.268	17.449
40	1.4889	2.2080	3.2620	4.8010	7.0400	10.286	14.794	21.725	31.408	45.259
50	1.6446	2.6916	4.3839	7.1067	11.467	18.420	29.457	46.902	74.358	117.39
60	1.8167	3.2810	5.8916	10.520	18.679	32.988	57.946	101.26	176.03	304.48

值系数表

12%	14%	15%	16%	18%	20%	24%	28%	32%	36%
1.1200	1.1400	1.1500	1.1600	1.1800	1.2000	1.2400	1.2800	1.3200	1.3600
1.2544	1.2996	1.3225	1.3456	1.3924	1.4400	1.5376	1.6384	1.7424	1.8496
1.4049	1.4815	1.5209	1.5609	1.6430	1.7280	1.9066	2.0872	2.3000	2.5155
1.5735	1.6890	1.7490	1.8106	1.9388	2.0736	2.3642	2.6844	3.0360	3.4210
1.7623	1.9254	2.0114	2.1003	2.2878	2.4883	2.9316	3.4360	4.0075	4.6526
1.9738	2.1950	2.3131	2.4364	2.6996	2.9860	3.6352	4.3980	5.2899	6.3275
2.2107	2.5023	2.6600	2.8262	3.1855	3.5832	4.5077	5.6295	6.9826	8.6054
2.4760	2.8526	3.0590	3.2784	3.7589	4.2998	5.5895	7.2058	9.2170	11.703
2.7731	3.2519	3.5179	3.8030	4.4355	5.1598	6.9310	9.2234	12.166	15.917
3.1058	3.7072	4.0456	4.4114	5.2338	6.1917	8.5944	11.806	16.060	21.647
3.4785	4.2262	4.6524	5.1173	6.1759	7.4301	10.657	15.112	21.199	29.439
3.8960	4.8179	5.3503	5.9360	7.2876	8.9161	13.215	19.343	27.983	40.037
4.3635	5.4924	6.1528	6.8858	8.5994	10.699	16.386	24.759	36.937	54.451
4.8871	6.2613	7.0757	7.9875	10.147	12.839	20.319	31.691	48.757	74.053
5.4736	7.1379	8.1371	9.2655	11.974	15.407	25.196	40.565	64.359	100.71
6.1304	8.1372	9.3576	10.748	14.129	18.488	31.243	51.923	84.954	136.97
6.8660	9.2765	10.761	12.468	16.672	22.186	38.741	66.461	112.14	186.28
7.6900	10.575	12.375	14.463	19.673	26.623	48.039	86.071	148.02	253.34
8.6128	12.056	14.232	16.777	23.214	31.948	59.568	108.89	195.39	344.54
9.6463	13.743	16.367	19.461	27.393	38.338	73.864	139.38	257.92	468.57
10.804	15.668	18.822	22.574	32.324	46.005	91.592	178.41	340.45	637.26
12.100	17.861	21.645	26.186	38.142	55.206	113.57	228.36	449.39	866.67
13.552	20.362	24.891	30.376	45.008	66.247	140.83	292.30	593.20	1 178.7
15.179	23.212	28.625	35.236	53.109	79.497	174.63	374.14	783.02	1 603.0
17.000	26.462	32.919	40.874	62.669	95.396	216.54	478.90	1 033.6	2 180.1
19.040	30.167	37.857	47.414	73.949	114.48	268.51	613.00	1 364.3	2 964.9
21.325	34.390	43.535	55.000	87.260	137.37	332.95	784.64	1 800.9	4 032.3
23.884	39.204	50.066	63.800	102.97	164.84	412.86	1 004.3	2 377.2	5 483.9
26.750	44.693	57.575	74.009	121.50	197.81	511.95	1 285.6	3 137.9	7 458.1
29.960	50.950	66.212	85.850	143.37	237.38	634.82	1 645.5	4 142.1	10 143
93.051	188.83	267.86	378.72	750.38	1 469.8	5 455.9	19 427	66 521	*
289.00	700.23	1 083.7	1 670.7	3 927.4	9 100.4	46 890	*	*	*
897.60	2 595.9	4 384.0	7 370.2	20 555	56 348	*	*	*	*

* >99 999

附表二

1元复利现

期数	1%	2%	3%	4%	5%	6%	7%	8%	9%	10%
1	0.9901	0.9804	0.9709	0.9615	0.9524	0.9434	0.9346	0.9259	0.9174	0.9091
2	0.9803	0.9712	0.9426	0.9246	0.9070	0.8900	0.8734	0.8573	0.8417	0.8264
3	0.9706	0.9423	0.9151	0.8890	0.8638	0.8396	0.8163	0.7938	0.7722	0.7513
4	0.9610	0.9238	0.8885	0.8548	0.8227	0.7921	0.7629	0.7350	0.7084	0.6830
5	0.9515	0.9057	0.8626	0.8219	0.7835	0.7473	0.7130	0.6806	0.6499	0.6209
6	0.9420	0.8880	0.8375	0.7903	0.7462	0.7050	0.6663	0.6302	0.5963	0.5645
7	0.9327	0.8606	0.8131	0.7599	0.7107	0.6651	0.6227	0.5835	0.5470	0.5132
8	0.9235	0.8535	0.7874	0.7307	0.6768	0.6274	0.5820	0.5403	0.5019	0.4665
9	0.9143	0.8368	0.7664	0.7026	0.6446	0.5919	0.5439	0.5002	0.4604	0.4241
10	0.9053	0.8203	0.7441	0.6756	0.6139	0.5584	0.5083	0.4632	0.4224	0.3855
11	0.8963	0.8043	0.7224	0.6496	0.5847	0.5268	0.4751	0.4289	0.3875	0.3505
12	0.8874	0.7885	0.7014	0.6246	0.5568	0.4970	0.4440	0.3971	0.3555	0.3186
13	0.8787	0.7730	0.6810	0.6006	0.5303	0.4688	0.4150	0.3677	0.3262	0.2897
14	0.8700	0.7579	0.6611	0.5775	0.5051	0.4423	0.3878	0.3405	0.2992	0.2633
15	0.8613	0.7430	0.6419	0.5553	0.4810	0.4173	0.3624	0.3152	0.2745	0.2394
16	0.8528	0.7284	0.6232	0.5339	0.4581	0.3936	0.3387	0.2919	0.2519	0.2176
17	0.8444	0.7142	0.6050	0.5134	0.4363	0.3714	0.3166	0.2703	0.2311	0.1978
18	0.8360	0.7002	0.5874	0.4936	0.4155	0.3503	0.2959	0.2502	0.2120	0.1799
19	0.8277	0.6864	0.5703	0.4746	0.3957	0.3305	0.2765	0.2317	0.1945	0.1635
20	0.8195	0.6730	0.5537	0.4564	0.3769	0.3118	0.2584	0.2145	0.1784	0.1486
21	0.8114	0.6598	0.5375	0.4388	0.3589	0.2942	0.2415	0.1987	0.1637	0.1351
22	0.8034	0.6468	0.5219	0.4220	0.3418	0.2775	0.2257	0.1839	0.1502	0.1228
23	0.7954	0.6342	0.5067	0.4057	0.3256	0.2618	0.2109	0.1703	0.1378	0.1117
24	0.7876	0.6217	0.4919	0.3901	0.3101	0.2470	0.1971	0.1577	0.1264	0.1015
25	0.7798	0.6095	0.4776	0.3751	0.2953	0.2330	0.1842	0.1460	0.1160	0.0923
26	0.7720	0.5976	0.4637	0.3604	0.2812	0.2198	0.1722	0.1352	0.1064	0.0839
27	0.7644	0.5859	0.4502	0.3468	0.2678	0.2074	0.1609	0.1252	0.0976	0.0763
28	0.7568	0.5744	0.4371	0.3335	0.2551	0.1956	0.1504	0.1159	0.0895	0.0693
29	0.7493	0.5631	0.4243	0.3207	0.2429	0.1846	0.1406	0.1073	0.0822	0.0630
30	0.7419	0.5521	0.4120	0.3083	0.2314	0.1741	0.1314	0.0994	0.0754	0.0573
35	0.7059	0.5000	0.3554	0.2534	0.1813	0.1301	0.0937	0.0676	0.0490	0.0356
40	0.6717	0.4529	0.3066	0.2083	0.1420	0.0972	0.0668	0.0460	0.0318	0.0221
45	0.6391	0.4102	0.2644	0.1712	0.1113	0.0727	0.0476	0.0313	0.0207	0.0137
50	0.6080	0.3715	0.2281	0.1407	0.0872	0.0543	0.0339	0.0213	0.0134	0.0085
55	0.5785	0.3365	0.1968	0.1157	0.0683	0.0406	0.0242	0.0145	0.0087	0.0053

值系数表

12%	14%	15%	16%	18%	20%	24%	28%	32%	36%
0.8929	0.8772	0.8696	0.8621	0.8475	0.8333	0.8065	0.7813	0.7576	0.7353
0.7972	0.7695	0.7561	0.7432	0.7182	0.6944	0.6504	0.6104	0.5739	0.5407
0.7118	0.6750	0.6575	0.6407	0.6086	0.5787	0.5245	0.4768	0.4348	0.3975
0.6355	0.5921	0.5718	0.5523	0.5158	0.4823	0.4230	0.3725	0.3294	0.2923
0.5674	0.5194	0.4972	0.4762	0.4371	0.4019	0.3411	0.2910	0.2495	0.2149
0.5066	0.4556	0.4323	0.4104	0.3704	0.3349	0.2751	0.2274	0.1890	0.1580
0.4523	0.3996	0.3759	0.3538	0.3139	0.2791	0.2218	0.1776	0.1432	0.1162
0.4039	0.3506	0.3269	0.3050	0.2660	0.2326	0.1789	0.1388	0.1085	0.0854
0.3606	0.3075	0.2843	0.2630	0.2255	0.1938	0.1443	0.1084	0.0822	0.0628
0.3220	0.2697	0.2472	0.2267	0.1911	0.1615	0.1164	0.0847	0.0623	0.0462
0.2875	0.2366	0.2149	0.1954	0.1619	0.1346	0.0938	0.0662	0.0472	0.0340
0.2567	0.2076	0.1869	0.1685	0.1373	0.1122	0.0757	0.0517	0.0357	0.0250
0.2292	0.1821	0.1625	0.1452	0.1163	0.0935	0.0610	0.0404	0.0271	0.0184
0.2046	0.1597	0.1413	0.1252	0.0985	0.0779	0.0492	0.0316	0.0205	0.0135
0.1827	0.1401	0.1229	0.1079	0.0835	0.0649	0.0397	0.0247	0.0155	0.0099
0.1631	0.1229	0.1069	0.0980	0.0709	0.0541	0.0320	0.0193	0.0118	0.0073
0.1456	0.1078	0.0929	0.0802	0.0600	0.0451	0.0259	0.0150	0.0089	0.0054
0.1300	0.0946	0.0808	0.0691	0.0508	0.0376	0.0208	0.0118	0.0068	0.0039
0.1161	0.0829	0.0703	0.0596	0.0431	0.0313	0.0168	0.0092	0.0051	0.0029
0.1037	0.0728	0.0611	0.0514	0.0365	0.0261	0.0135	0.0072	0.0039	0.0021
0.0926	0.0638	0.0531	0.0443	0.0309	0.0217	0.0109	0.0056	0.0029	0.0016
0.0826	0.0560	0.0462	0.0382	0.0262	0.0181	0.0088	0.0044	0.0022	0.0012
0.0738	0.0491	0.0402	0.0329	0.0222	0.0151	0.0071	0.0034	0.0017	0.0008
0.0659	0.0431	0.0349	0.0284	0.0188	0.0126	0.0057	0.0027	0.0013	0.0006
0.0588	0.0378	0.0304	0.0245	0.0160	0.0105	0.0046	0.0021	0.0010	0.0005
0.0525	0.0331	0.0264	0.0211	0.0135	0.0087	0.0037	0.0016	0.0007	0.0003
0.0469	0.0291	0.0230	0.0182	0.0115	0.0073	0.0030	0.0013	0.0006	0.0002
0.0419	0.0255	0.0200	0.0157	0.0097	0.0061	0.0024	0.0010	0.0004	0.0002
0.0374	0.0224	0.0174	0.0135	0.0082	0.0051	0.0020	0.0008	0.0003	0.0001
0.0334	0.0196	0.0151	0.0116	0.0070	0.0042	0.0016	0.0006	0.0002	0.0001
0.0189	0.0102	0.0075	0.0055	0.0030	0.0017	0.0005	0.0002	0.0001	*
0.0107	0.0053	0.0037	0.0026	0.0013	0.0007	0.0002	0.0001	*	*
0.0061	0.0027	0.0019	0.0013	0.0006	0.0003	0.0001	*	*	*
0.0035	0.0014	0.0009	0.0006	0.0003	0.0001	*	*	*	*
0.0020	0.0007	0.0005	0.0003	0.0001	*	*	*	*	*

* <0.0001

附表三

1元年金终

期数	1%	2%	3%	4%	5%	6%	7%	8%	9%	10%
1	1.0000	1.0000	1.0000	1.0000	1.0000	1.0000	1.0000	1.0000	1.0000	1.0000
2	2.0100	2.0200	2.0300	2.0400	2.0500	2.0600	2.0700	2.0800	2.0900	2.1000
3	3.0301	3.0604	3.0909	3.1216	3.1525	3.1836	2.2149	3.2464	3.2781	3.3100
4	4.0604	4.1216	4.1836	4.2465	4.3101	4.3746	4.4399	4.5061	4.5731	4.6410
5	5.1010	5.2040	5.3091	5.4163	5.5256	5.6371	5.7507	5.8666	5.9847	6.1051
6	6.1520	6.3081	6.4684	6.6330	6.8019	6.9753	7.1533	7.3359	7.5233	7.7156
7	7.2135	7.4343	7.6625	7.8983	8.1420	8.3938	8.6540	8.9228	9.2004	9.4872
8	8.2857	8.5830	8.8923	9.2142	9.5491	9.8975	10.260	10.637	11.028	11.436
9	9.3685	9.7546	10.159	10.583	11.027	11.491	11.978	12.488	13.021	13.579
10	10.462	10.950	11.464	12.006	12.578	13.181	13.816	14.487	15.193	15.937
11	11.567	12.169	12.808	13.486	14.207	14.972	15.784	16.645	17.560	18.531
12	12.683	13.412	14.192	15.026	15.917	16.870	17.888	18.977	20.141	21.384
13	13.809	14.680	15.618	16.627	17.713	18.882	20.141	21.495	22.953	24.523
14	14.947	15.974	17.086	18.292	19.599	21.015	22.550	24.214	26.019	27.975
15	16.097	17.293	18.599	20.024	21.579	23.276	25.129	27.152	29.361	31.772
16	17.258	18.639	20.157	21.825	23.657	25.673	27.888	30.324	33.003	35.950
17	18.430	20.012	21.762	23.698	25.840	28.213	30.840	33.750	36.974	40.545
18	19.615	21.412	23.414	25.645	28.132	30.906	33.999	37.450	41.301	45.599
19	20.811	22.841	25.117	27.671	30.539	33.760	37.379	41.446	46.018	51.159
20	22.019	24.297	26.870	29.778	33.066	36.786	40.995	45.752	51.160	57.275
21	23.239	25.783	28.676	31.969	35.719	39.993	44.865	50.423	56.765	64.002
22	24.472	27.299	30.537	34.248	38.505	43.392	49.006	55.457	62.873	71.403
23	25.716	28.845	32.453	36.618	41.430	46.996	53.436	60.883	69.532	79.543
24	26.973	30.422	34.426	39.083	44.502	50.816	58.177	66.765	76.790	88.497
25	28.243	32.030	36.459	41.646	47.727	54.863	63.249	73.106	84.701	98.347
26	29.526	33.671	38.553	44.312	51.113	59.156	68.676	79.954	93.324	109.18
27	30.821	35.344	40.710	47.084	54.669	63.706	74.484	87.351	102.72	121.10
28	32.129	37.051	42.931	49.968	58.403	68.528	80.698	95.339	112.97	134.21
29	33.450	38.792	45.219	52.966	62.323	73.640	87.347	103.97	124.14	148.63
30	34.785	40.568	47.575	56.085	66.439	79.058	94.461	113.28	136.31	164.49
40	48.886	60.402	75.401	95.026	120.80	154.76	199.64	259.06	337.88	442.59
50	64.463	84.579	112.80	152.67	209.35	290.34	406.53	573.77	815.08	1 163.9
60	81.670	114.05	163.05	237.99	353.58	533.13	813.52	1 253.2	1 944.8	3 034.8

值系数表

12%	14%	15%	16%	18%	20%	24%	28%	32%	36%
1.0000	1.0000	1.0000	1.0000	1.0000	1.0000	1.0000	1.0000	1.0000	1.0000
2.1200	2.1400	2.1500	2.1600	2.1800	2.2000	2.2400	2.2800	2.3200	2.3600
3.3744	3.4396	3.4725	3.5056	3.5724	3.6400	3.7776	3.9184	3.0624	3.2096
4.7793	4.9211	4.9934	5.0665	5.2154	5.3680	5.6842	6.0156	6.3624	6.7251
6.3528	6.6101	6.7424	6.8771	7.1542	7.4416	8.0484	8.6999	9.3983	10.146
8.1152	8.5355	8.7537	8.9775	9.4420	9.9299	10.980	12.136	13.406	14.799
10.089	10.730	11.067	11.414	12.142	12.916	14.615	16.534	18.696	21.126
12.300	13.233	13.727	14.240	15.327	16.499	19.123	22.163	25.678	29.732
14.776	16.085	16.786	17.519	19.086	20.799	24.712	29.369	34.895	41.435
17.549	19.337	20.304	21.321	23.521	25.959	31.643	38.593	47.062	57.352
20.655	23.045	24.349	25.733	28.755	32.150	40.238	50.398	63.122	78.998
24.133	27.271	29.002	30.850	34.931	39.581	50.895	65.510	84.320	108.44
28.029	32.089	34.352	36.786	42.219	48.497	64.110	84.853	112.30	148.47
32.393	37.581	40.505	43.672	50.818	59.196	80.496	109.61	149.24	202.93
37.280	43.842	47.580	51.660	60.965	72.035	100.82	141.30	198.00	276.98
42.753	50.980	55.717	60.925	72.939	87.442	126.01	181.87	262.36	377.69
48.884	59.118	65.075	71.673	87.068	105.93	157.25	233.79	347.31	514.66
55.750	68.394	75.836	84.141	103.74	128.12	195.99	300.25	459.45	770.94
63.440	78.969	88.212	98.603	123.41	154.74	244.03	385.32	607.47	954.28
72.052	91.025	102.44	115.38	146.63	186.69	303.60	494.21	802.86	1 298.8
81.699	104.77	118.81	134.84	174.02	225.03	377.46	633.59	1 060.8	1 767.4
92.503	120.44	137.63	157.41	206.34	271.03	469.06	812.00	1 401.2	2 404.7
104.60	138.30	159.28	183.60	244.49	326.24	582.63	1 040.4	1 850.6	3 271.3
118.16	158.66	184.17	213.98	289.49	392.48	723.46	1 332.7	2 443.8	4 450.0
133.33	181.87	212.79	249.21	342.60	471.98	898.09	1 706.8	3 226.8	6 053.0
150.33	208.33	245.71	290.09	405.27	567.38	1 114.6	2 185.7	4 260.4	8 233.1
169.37	238.50	283.57	337.50	479.22	681.85	1 383.1	2 798.7	5 624.8	11 198.0
190.70	272.89	327.10	392.50	566.48	819.22	1 716.1	3 583.3	7 425.7	15 230.3
214.58	312.09	377.17	456.30	669.45	984.07	2 129.0	4 587.7	9 802.9	20 714.2
241.33	356.79	434.75	530.31	790.95	1 181.9	2 640.9	5 873.2	12 941	28 172.3
767.09	1 342.0	1 779.1	2 360.8	4 163.2	7 343.2	2 729	69 377	*	*
2 400.0	4 994.5	7 217.7	10 436	21 813	45 497	*	*	*	*
7 471.6	18 535	29 220	46 058	*	*	*	*	*	*

* >99 999

附表四

1元年金现

期数	1%	2%	3%	4%	5%	6%	7%	8%	9%
1	0.9901	0.9804	0.9709	0.9615	0.9524	0.9434	0.9346	0.9259	0.9174
2	1.9704	1.9416	1.9135	1.8861	1.8594	1.8334	1.8080	1.7833	1.7591
3	2.9410	2.8839	2.8286	2.7751	2.7232	2.6730	2.6243	2.5771	2.5313
4	3.9020	3.8077	3.7171	3.6299	3.5460	3.4651	3.3872	3.3121	3.2397
5	4.8534	4.7135	4.5797	4.4518	4.3295	4.2124	4.1002	3.9927	3.8897
6	5.7955	5.6014	5.4172	5.2421	5.0757	4.9173	4.7665	4.6229	4.4859
7	6.7282	6.4720	6.2303	6.0021	5.7864	5.5824	5.3893	5.2064	5.0330
8	7.6517	7.3255	7.0197	6.7327	6.4632	6.2098	5.9713	5.7466	5.5348
9	8.5660	8.1622	7.7861	7.4353	7.1078	6.8017	6.5152	6.2469	5.9952
10	9.4713	8.9826	8.5302	8.1109	7.7217	7.3601	7.0236	6.7101	6.4177
11	10.3676	9.7868	9.2526	8.7605	8.3064	7.8869	7.4987	7.1390	6.8052
12	11.2551	10.5753	9.9540	9.3851	8.8633	8.3838	7.9427	7.5361	7.1607
13	12.1337	11.3484	10.6350	9.9856	9.3936	8.8527	8.3577	7.9038	7.4869
14	13.0037	12.1062	11.2961	10.5631	9.8986	9.2950	8.7455	8.2442	7.7862
15	13.8651	12.8493	11.9379	11.1184	10.3797	9.7122	9.1079	8.5595	8.0607
16	14.7179	13.5777	12.5611	11.6523	10.8378	10.1059	9.4466	8.8514	8.3126
17	15.5623	14.2919	13.1661	12.1657	11.2741	10.4773	9.7632	9.1216	8.5436
18	16.3983	14.9920	13.7535	12.6896	11.6896	10.8276	10.0591	9.3719	8.7556
19	17.2260	15.6785	14.3238	13.1339	12.0853	11.1581	10.3356	9.6036	8.9601
20	18.0456	16.3514	14.8775	13.5903	12.4622	11.4699	10.5940	9.8181	9.1285
21	18.8570	17.0112	15.4150	14.0292	12.8212	11.7641	10.8355	10.0168	9.2922
22	19.6604	17.6580	15.9369	14.4511	13.1630	12.0416	11.0612	10.2007	9.4424
23	20.4558	18.2922	16.4436	14.8568	13.4886	12.3034	11.2722	10.3711	9.5802
24	21.2434	18.9139	16.9355	15.2470	13.7986	12.5504	11.4693	10.5288	9.7066
25	22.0232	19.5235	17.4131	15.6221	14.0939	12.7834	11.6536	10.6748	9.8226
26	22.7952	20.1210	17.8768	15.9828	14.3752	13.0032	11.8258	10.8100	9.9290
27	23.5596	20.7059	18.3270	16.3296	14.6430	13.2105	11.9867	10.9352	10.0266
28	24.3164	21.2813	18.7641	16.6631	14.8981	13.4062	12.1371	11.0511	10.1161
29	25.0658	21.8444	19.1885	16.9837	15.1411	13.5907	12.2777	11.1584	10.1983
30	25.8077	22.3965	19.6004	17.2920	15.3725	13.7648	12.4090	11.2578	10.2737
35	29.4086	24.9986	21.4872	18.6646	16.3742	14.4982	12.9477	11.6546	10.5668
40	32.8347	27.3555	23.1148	19.7928	17.1591	15.0463	13.3317	11.9246	10.7574
45	36.0945	29.4902	24.5187	20.7200	17.7741	15.4558	13.6055	12.1084	10.8812
50	39.1961	31.4236	25.7298	21.4822	18.2559	15.7619	13.8007	12.2335	10.9617
55	42.1472	33.1748	26.7744	22.1086	18.6335	15.9905	13.9399	12.3186	11.0140

值系数表

10%	12%	14%	15%	16%	18%	20%	24%	28%	32%
0.9091	0.8929	0.8772	0.8696	0.8621	0.8475	0.8333	0.8065	0.7813	0.7576
1.7355	1.6901	1.6467	1.6257	1.6052	1.5656	1.5278	1.4568	1.3916	1.3315
2.4869	2.4018	2.3216	2.2832	2.2459	2.1743	2.1065	1.9813	1.8684	1.7663
3.1699	3.0373	2.9173	2.8550	2.7982	2.6901	2.5887	2.4043	2.2410	2.0957
3.7908	3.6048	3.4331	3.3522	3.2743	3.1272	2.9906	2.7454	2.5320	2.3452
4.3553	4.1114	3.8887	3.7845	3.6847	3.4976	3.3255	3.0205	2.7594	2.5342
4.8684	4.5638	4.2882	4.1604	4.0386	3.8115	3.6046	3.2423	2.9370	2.6775
5.3349	4.9676	4.6389	4.4873	4.3436	4.0776	3.8372	3.4212	3.0758	2.7860
5.7590	5.3282	4.9164	4.7716	4.6065	4.3030	4.0310	3.5655	3.1842	2.8681
6.1446	5.6502	5.2161	5.0188	4.8332	4.4941	4.1925	3.6819	3.2689	2.9304
6.4951	5.9377	5.4527	5.2337	5.0286	4.6560	4.3271	3.7757	3.3351	2.9776
6.8137	6.1944	5.6603	5.4206	5.1971	4.7932	4.4392	3.8514	3.3868	3.0133
7.1034	6.4235	5.8424	5.5831	5.3423	4.9095	4.5327	3.9124	3.4272	3.0404
7.3667	6.6282	6.0021	5.7245	5.4675	5.0081	4.6106	3.9616	3.4587	3.0609
7.6061	6.8109	6.1422	5.8474	5.5755	5.0916	4.6755	4.0013	3.4834	3.0764
7.8237	6.9740	6.2651	5.9542	5.6685	5.1624	4.7296	4.0333	3.5026	3.0882
8.0216	7.1196	6.3729	6.0472	5.7487	5.2223	4.7746	4.0591	3.5177	3.0971
8.2014	7.2497	6.4674	6.1280	5.8178	5.2732	4.8122	4.0799	3.5294	3.1039
8.3649	7.3658	6.5504	6.1982	5.8775	5.3162	4.8435	4.0967	3.5386	3.1090
8.5136	7.4694	6.6231	6.2593	5.9288	5.3527	4.8696	4.1103	3.5458	3.1129
8.6487	7.5620	6.6870	6.3125	5.9731	5.3837	4.8913	4.1212	3.5514	3.1158
8.7715	7.6446	6.7429	6.3587	6.0113	5.4099	4.9094	4.1300	3.5558	3.1180
8.8832	7.7184	6.7921	6.3988	6.0442	5.4321	4.9245	4.1371	3.5592	3.1197
8.9847	7.7843	6.8351	6.4338	6.0726	5.4509	4.9371	4.1428	3.5619	3.1210
9.0770	7.8431	6.8729	6.4641	6.0971	5.4669	4.9476	4.1474	3.5640	3.1220
9.1609	7.8957	6.9061	6.4906	6.1182	5.4804	4.9563	4.1511	3.5656	3.1227
9.2372	7.9426	6.9352	6.5135	6.1364	5.4919	4.9636	4.1542	3.5669	3.1233
9.3066	7.9844	6.9607	6.5335	6.1520	5.5016	4.9697	4.1566	3.5679	3.1237
9.3696	8.0218	6.9830	6.5509	6.1656	5.5098	4.9747	4.1585	3.5687	3.1240
9.4269	8.0552	7.0027	6.5660	6.1772	5.5168	4.9789	4.1601	3.5693	3.1242
9.6442	8.1755	7.0700	6.6166	6.2153	5.5386	4.9915	4.1644	3.5708	3.1248
9.7791	8.2438	7.1050	6.6418	6.2335	5.5482	4.9966	4.1659	3.5712	3.1250
9.8628	8.2825	7.1232	6.6543	6.2421	5.5523	4.9986	4.1664	3.5714	3.1250
9.9148	8.3045	7.1327	6.6605	6.2463	5.5541	4.9995	4.1666	3.5714	3.1250
9.9471	8.3170	7.1376	6.6636	6.2482	5.5549	4.9998	4.1666	3.5714	3.1250

李海波工作室

李海波工作室由我国著名会计学专家李海波教授创办，多年来，李海波会计系列、财经系列教科书在图书市场声誉卓著，深受广大读者的欢迎和有关专家的好评。李海波工作室经政府有关部门批准，已经正式注册，工作室的图书及相关业务呈现了新的发展势头。

李海波工作室邀集会计、经济等各路专家、教授及出版人才，专门从事图书的选题策划和书稿的创作编写以及相关出版业务，兼做有关教育培训、财务咨询等业务。

李海波教授、研究员毕业于中央财经大学，中国注册会计师，享受国务院特殊津贴专家，长期从事会计、财经等专业的教学、研究和高校管理工作；先后兼任中国会计学会理事、中国审计学会理事、中国生产力学会常务理事等职；曾受聘担任教育部全国专科教育人才培养工作委员会副主任，并被收入《中国大学校长名典》和《中国教育名人录》。

多年来，李海波工作室策划了许多高质量的图书。李海波教授主编了《新编会计学原理》《公司会计》《企业会计》《新编成本会计》《新编小型企业会计》《新编审计学》《财务管理》《经济法》《财政与金融》《金融会计》《管理会计》《会计电算化》《统计学》《生产力词典》等 90 多部著作、教材和词典，论文 60 多篇。他主编的图书获得过许多荣誉和奖项，包括“全国优秀畅销书一等奖”“全国优秀教材奖”“优秀教材学术专著奖”“双效书荣誉奖”“建国精品图书奖”等。李海波工作室的新世纪财经系列教科书经受了市场的检验，正在不断地完善和丰富。许多书不断重版、重印，其中《新编会计学原理》再版 20 次，重印 100 多次，发行全国各地，单本发行量 500 多万册。

以李海波名字命名的李海波工作室，在会计、财经等专业图书的策划、编辑、出版等方面积累了丰富的经验，有独特的优势，与出版社有着长期的、良好的合作关系。

立信会计出版社